# 玩爆电商运营

## 运营管理+美工营销+爆款引流+玩法转型

姚嘉儿　编著

电子工业出版社
Publishing House of Electronics Industry
北京·BEIJING

# 内容简介

本书按照进入电商创业的时间线进行讲解，首先是运营管理，包括电商创业、店铺运营和选品等基本知识；其次是美工营销，包括视觉营销和内容营销等基本的营销推广方法；再次是爆款引流，在有了一定的销量后，通过SEO和引流技巧，来打造爆款；最后是玩法转型，在店铺经营面临困境和需要扩展时，可以选择微商或新零售等不同的玩法，来实现成功转型。

本书语言简洁、条理清晰、案例丰富，特别适合想在网上开店创业的初学者全面了解店铺经营的各个细节。同时也适合已经开办了网店，想进一步掌握网店经营技巧的读者；还可作为高校或培训机构电子商务相关专业的参考用书。

未经许可，不得以任何方式复制或抄袭本书之部分或全部内容。

版权所有，侵权必究。

**图书在版编目（CIP）数据**

玩爆电商运营：运营管理+美工营销+爆款引流+玩法转型 / 姚嘉儿编著. -- 北京：电子工业出版社，2021.3
  ISBN 978-7-121-40689-8

Ⅰ.①玩… Ⅱ.①姚… Ⅲ.①电子商务—运营管理 Ⅳ.①F713.365.1

中国版本图书馆CIP数据核字(2021)第039279号

责任编辑：陈晓婕　　特约编辑：俞凌娣
印　　刷：北京虎彩文化传播有限公司
装　　订：北京虎彩文化传播有限公司
出版发行：电子工业出版社
　　　　　北京市海淀区万寿路173信箱　　邮编：100036
开　　本：720×1000　1/16　印张：16.75　字数：428.8千字
版　　次：2021年3月第1版
印　　次：2024年7月第4次印刷
定　　价：69.90元

凡所购买电子工业出版社图书有缺损问题，请向购买书店调换。若书店售缺，请与本社发行部联系，联系及邮购电话：（010）88254888，88258888。
质量投诉请发邮件至zlts@phei.com.cn，盗版侵权举报请发邮件至dbqq@phei.com.cn。
本书咨询联系方式：（010）88254161～88254167转1897。

# PREFACE 序言

让天下没有难做的生意！这是马云的愿景。
让天下没有难运营的店铺！这是我的愿景。

2010年，我进入淘宝。那时候的淘宝没有现在复杂，只是简单地拍照处理一下图片，然后安排宝贝上架发布，做一些简单的宝贝数据就可以正常卖货了，再不济开了直通车就有流量。

我是自学淘宝运营的，没人告诉我如何才能做好淘宝，所以在第一次接触淘宝的时候是亏本的，毕竟那时候我们是线下拿货，有了库存再来开淘宝店铺，由于自己没有经验，所以那时候特别难。

通过自学摸索、看淘宝论坛，我才慢慢地学会怎么做淘宝。最后实在没有办法突破流量的瓶颈，就在2014年报了个线下培训班，全日制学习了三个月后掌握了所有淘宝运营的基础。

所以，我们经常说，打好基础才能建起上层建筑。

**玩爆电商运营**

对于电商来说，一定要有一个"玩"字，没有这个字，我们很难驾驭电商，毕竟互联网的流量千变万化，你玩不好就分分钟成为被玩的对象。

玩爆电商运营通过运营管理、美工营销、爆款引流、玩法转型四个方面，给读者阐述整个电商的玩法层面。

对于新手来说：这是一本让你了解基础运营知识的书籍。
对于老板来说：这是一本让你了解钱花在哪里的书籍。
对于运营人员来说：这是一本让你进步的书籍。

**为什么写书**

感恩在2015年的时候我迷上了微博。在微博上，我不断地将自己在淘宝运营上的知识和感受分享出来，不知不觉间撰写了不少实操类文章。

  我突然就有个想法，能不能系统地帮助一些新手朋友，像我一样成为一个淘宝店铺专职运营者，且能赚钱养家。

  所以我将自己写过的文章做了些整理，希望能帮助大家系统地学习淘宝的运营。

  电商运营是一个需要不断学习、不断进步的事情，不是学到什么知识就够了，它不像我们读大学，读完拿了毕业证就可以了，更像是生活在我们身边的一位朋友，需要我们不断地去读懂其兴趣、爱好、规则、变化、心态，等等。

  最后，感恩你打开这本书，祝你成为一个好的电商运营者，愿你在电商路上不孤独。

姚嘉儿

# CONTENTS 目　录

## 运营管理篇

### 第 1 章　电商之路：多角度掌握电商创业技能 …… 2

- 1.1 电商创业：掘金千亿级的市场红利 …… 3
  - 1.1.1 电商创业究竟该怎么想 …… 3
  - 1.1.2 新手该如何进行电商创业 …… 3
  - 1.1.3 淘宝即将迎来机遇的拐点 …… 4
  - 1.1.4 方式一：线下店铺开淘宝店 …… 5
  - 1.1.5 方式二：传统企业转型电商 …… 8
- 1.2 淘宝创业：学习他人经验，少走弯路 …… 10
  - 1.2.1 新手管理淘宝店铺的基本流程 …… 10
  - 1.2.2 新手开淘宝店需要掌握的技能 …… 11
  - 1.2.3 电商创业合作如何把生意做大 …… 14
  - 1.2.4 打造一支优秀的淘宝创业团队 …… 15
  - 1.2.5 淘宝开店需要了解对手的地方 …… 17
- 1.3 电商变现：快速实现良好的盈利目标 …… 18
  - 1.3.1 电商的基本赚钱渠道 …… 18
  - 1.3.2 电商的高级变现方式 …… 19

### 第 2 章　店铺运营：打造良好的用户体验 …… 22

- 2.1 打通思路，更好地做电商运营 …… 23
  - 2.1.1 做不起来的店铺有哪些特征 …… 23
  - 2.1.2 公司要做小，客户要做大 …… 25

        2.1.3 淘宝天猫店铺运营十大思路 ............................................. 26
        2.1.4 提升电商人工作效率的 10 种思维 ..................................... 30
        2.1.5 淘宝运营人员每天的工作内容 ......................................... 31
        2.1.6 天猫店铺运营的基本执行方案 ......................................... 33
    2.2 淘宝开店，从零开始运营店铺 ................................................. 35
        2.2.1 新开的淘宝店怎么起步 ................................................. 35
        2.2.2 什么样的管理直接影响销售 ............................................. 35
        2.2.3 用心去经营一家店铺非常关键 ........................................... 36
        2.2.4 做个靠谱的个性化电商品牌 ............................................. 37
        2.2.5 千人千面，常见定价策略浅析 ........................................... 37
        2.2.6 客服管理：提升询单数和转化率 ......................................... 39
        2.2.7 电商如何高效做好退换货管理 ........................................... 41
        2.2.8 做好淘宝天猫店铺的年度总结 ........................................... 43
    2.3 店铺工具，提升店铺运营的效率 ............................................. 46
        2.3.1 超级店长：卖家店铺的全方位优化软件 ................................... 46
        2.3.2 千牛卖家工作台：提升卖家的经营效率 ................................... 47
        2.3.3 图片空间：提高页面和商品图片打开速度 ................................. 49
        2.3.4 消费者保障计划：针对买家购物安全的套餐服务 ........................... 51
        2.3.5 淘宝助理：一款免费的客户端工具软件 ................................... 52
        2.3.6 美图淘淘：专为卖家设计的批量图片处理软件 ............................. 53
        2.3.7 淘宝图片助手：一键生成适合淘宝店铺的图片 ............................. 54
        2.3.8 淘宝旺铺：帮助卖家更好地经营店铺提高人气 ............................. 54

# 第 3 章 店铺选品：适合你的才是好产品 ............ 56

3.1 店铺定位：确定好货源渠道 ..................................................... 57
    3.1.1 店铺定位：有目的地挑选货源 ............................................. 57
    3.1.2 人群定位：更精准地定位客户 ............................................. 58
    3.1.3 产品定位：塑造鲜明个性或特色 ........................................... 60
3.2 产品细分：不同类型的款式占比 ................................................. 61
    3.2.1 引流款或爆款（15%） ..................................................... 61
    3.2.2 利润款（70%） ............................................................ 61

3.2.3 活动款（10%）...................................................... 62
　　3.2.4 形象款（5%）....................................................... 63
3.3 产品优化：带动店铺的产品销量 ................................................ 64
　　3.3.1 潜力宝贝的挖掘 ...................................................... 64
　　3.3.2 滞销宝贝的优化 ...................................................... 65
　　3.3.3 细分冷门的产品 ...................................................... 67

# 美工营销篇

## 第 4 章　视觉营销：创意设计提升转化率 ................................. 69

4.1 页面规划：深度定制品牌形象 .................................................. 70
　　4.1.1 店招：店铺的招牌 ...................................................... 70
　　4.1.2 导航：做好宝贝分类 .................................................... 72
　　4.1.3 首页：买家的购物导图 .................................................. 74
4.2 详情页设计：吸引买家点击和下单 .............................................. 75
　　4.2.1 好的淘宝详情页要实现 3 个目标 .......................................... 75
　　4.2.2 描述页、列表页模板左侧展示位 .......................................... 77
　　4.2.3 详情页设计之展示产品 .................................................. 79
　　4.2.4 引导转化之塑造价值 .................................................... 82
　　4.2.5 引导转化之打造零风险承诺 .............................................. 82
　　4.2.6 引导转化之打造稀缺紧迫感 .............................................. 84
4.3 设计工具：学会使用 Photoshop 软件 ........................................... 85
　　4.3.1 基本处理：裁剪与处理淘宝图像文件 ...................................... 85
　　4.3.2 抠图处理：运用抠图技能美化淘宝图像 .................................... 87
　　4.3.3 调色处理：运用颜色调整美化淘宝图像 .................................... 89
　　4.3.4 文案设计：店铺产品文字的输入与编辑 .................................... 90
　　4.3.5 图片美工：增加产品图片的点击率 ........................................ 92

## 第 5 章　内容营销：用内容输出触动消费 ................................. 93

5.1 消费引导：淘宝头条的关键玩法 ................................................ 94

5.1.1 如何申请淘宝头条 ............................................. 94
　　5.1.2 淘宝头条的内容形式 ......................................... 96
　　5.1.3 内容运营与引流技巧 ......................................... 97
5.2 精准引流：淘宝有好货的关键玩法 ................................ 102
　　5.2.1 有好货的报名规则 ............................................ 103
　　5.2.2 有好货的布局设计 ............................................ 104
　　5.2.3 有好货的图文优化 ............................................ 105
5.3 扫货秘籍：必买清单的关键玩法 .................................... 106
　　5.3.1 申请参与必买清单 ............................................ 106
　　5.3.2 必买清单的内容设计 ......................................... 109
　　5.3.3 必买清单的活动资质 ......................................... 110
5.4 短视频：让每一个画面都能吸金 .................................... 113
　　5.4.1 店铺投放：将视频上传到店铺渠道 ........................ 113
　　5.4.2 达人渠道：掌握达人号的渠道投放 ........................ 115
　　5.4.3 站外投放：将短视频分享到其他渠道 ..................... 115
5.5 直播运营：最潮的电商流行新玩法 ................................. 116
　　5.5.1 如何开通：成为淘宝直播主播 .............................. 116
　　5.5.2 如何玩转：直播互动玩法大揭秘 ........................... 118
　　5.5.3 如何经营：视频直播的内容要求 ........................... 119

# 爆款引流篇

## 第 6 章　SEO 优化：提升排名获取搜索流量 ..................... 122

6.1 搜索优化，提升店铺和产品排名 .................................... 123
　　6.1.1 什么是淘宝 SEO ............................................... 123
　　6.1.2 为什么要做好淘宝 SEO ...................................... 123
　　6.1.3 淘宝的搜索模型分析 ......................................... 124
　　6.1.4 淘宝搜索的核心因素 ......................................... 125
　　6.1.5 淘宝的搜索引擎规律 ......................................... 126
　　6.1.6 淘宝首页的搜索规律 ......................................... 127
　　6.1.7 影响宝贝权重的因素 ......................................... 128

6.2 关键词挖掘，提炼优秀的宝贝标题 ......................................................... 130
    6.2.1 宝贝标题的 4 个关键词 ............................................................... 130
    6.2.2 淘宝标题的搜索切词技术 ........................................................... 131
    6.2.3 该不该选择蓝海关键词 ............................................................... 132
    6.2.4 挖掘关键词的 7 种方法 ............................................................... 132
    6.2.5 将关键词组合成优质标题 ........................................................... 133

6.3 标题设计，阅读量破 10 万的标题法则 ................................................. 134
    6.3.1 符号法则 ....................................................................................... 134
    6.3.2 数字法则 ....................................................................................... 136
    6.3.3 知乎体法则 ................................................................................... 137
    6.3.4 对比法则 ....................................................................................... 137
    6.3.5 接地气法则 ................................................................................... 138
    6.3.6 识别度法则 ................................................................................... 138
    6.3.7 夸张法则 ....................................................................................... 139
    6.3.8 名人效应法则 ............................................................................... 140
    6.3.9 用户痛点法则 ............................................................................... 140
    6.3.10 设置悬念法则 ............................................................................. 141

6.4 打造高点击率主图，吸引买家主动下单 ................................................. 142
    6.4.1 什么是宝贝主图及其重要性 ....................................................... 142
    6.4.2 优化主图的注意事项 ................................................................... 144
    6.4.3 主图优化的常用招数 ................................................................... 145

6.5 宝贝上 / 下架时间规划，轻松提升自然排名 ......................................... 149
    6.5.1 什么是宝贝上 / 下架时间 ........................................................... 149
    6.5.2 上 / 下架时间的两种规划思路 ................................................... 150

# 第 7 章 精准引流：获取流量就这么简单 ......................................... 152

7.1 流量解析：更好地进行调整优化 ............................................................. 153
    7.1.1 关键词已经变成了关系词 ........................................................... 153
    7.1.2 怎样才能拥有真正的人脉 ........................................................... 154
    7.1.3 如何找到自己的精准客户 ........................................................... 155
    7.1.4 突破店铺流量的三个技巧 ........................................................... 156

7.1.5 做好新店铺的引流及转化 ...... 158
7.1.6 老客户流量的性价比最高 ...... 160
7.1.7 流量下滑的几个重要原因 ...... 161
7.1.8 没有付费流量,如何提高销量 ...... 162

7.2 引流技巧:相互配合,灵活使用 ...... 164
7.2.1 提高类目流量 ...... 164
7.2.2 店铺收藏引流 ...... 166
7.2.3 淘宝论坛引流 ...... 168
7.2.4 淘宝社区引流 ...... 169
7.2.5 淘宝问答引流 ...... 170
7.2.6 淘宝视频引流 ...... 171
7.2.7 淘宝客引流 ...... 172
7.2.8 淘宝站内活动引流 ...... 175
7.2.9 直通车引流 ...... 177
7.2.10 站外引流 ...... 178
7.2.11 直播引流 ...... 181
7.2.12 淘抢购引流 ...... 182
7.2.13 实体店铺导流 ...... 183

7.3 促销引流:快速引流让生意爆棚 ...... 185
7.3.1 价格促销方案及案例 ...... 185
7.3.2 奖品、会员促销方案 ...... 186
7.3.3 变相折扣、年龄促销 ...... 186
7.3.4 性别促销活动方案 ...... 187
7.3.5 心理与情感促销方案 ...... 188

# 第 8 章 爆款打造:让店铺销量更上一层楼 ...... 189

8.1 爆款分析:揭秘爆款的秘密 ...... 190
8.1.1 打造爆款的好处 ...... 190
8.1.2 挖掘爆款背后的规律 ...... 191
8.1.3 爆款的 3 大关键要素 ...... 192

## 8.2 单品推爆：爆款打造四部曲 194
- 8.2.1 筛选爆款：明确目标 194
- 8.2.2 培养爆款：投放推广 195
- 8.2.3 爆款成长：数据分析 196
- 8.2.4 爆款爆发：评估整改 197

## 8.3 推爆方法：打造爆款的技巧 198
- 8.3.1 新品上新，如何快速破零 198
- 8.3.2 销量低的产品如何提升转化率 199
- 8.3.3 商品上淘宝首页的 8 个方法 201
- 8.3.4 如何让产品尽快进入淘宝品牌库 202
- 8.3.5 单品为王，分析爆款的搭配 203

# 玩法转型篇

# 第 9 章 借力微商：社交平台上的电商应用 206

## 9.1 微商模式：未来人人皆微商 207
- 9.1.1 微商小品牌为何能火 207
- 9.1.2 做好微商的十大基础 209
- 9.1.3 微商的营销模式——淘宝辅销 210
- 9.1.4 微商提升产品转化率的窍门 212
- 9.1.5 微商如何走进客户的心里 213
- 9.1.6 微商调动朋友圈互动的方法 215
- 9.1.7 微商好客服是如何练就的 216
- 9.1.8 微商如何打造个性化品牌 217

## 9.2 微信营销：快速引爆你的人脉 218
- 9.2.1 微信营销的三大特点 218
- 9.2.2 利用微信端销售破零 219
- 9.2.3 用微信做好客户服务 220
- 9.2.4 用朋友圈打造强关系 221
- 9.2.5 用社群圈住精准客户 223

9.2.6 微信营销的八大误区 ......225

9.3 微博营销：缔造微时代个人品牌 ......226

9.3.1 清晰的头像、简单的名字 ......226

9.3.2 要给自己的微博帖子定位 ......228

9.3.3 找到活粉才是最好的传播 ......229

9.3.4 如何让你关注的人知道你 ......231

9.3.5 微博帖子的设计与坚持原创 ......232

9.3.6 热门话题提升微博的价值 ......233

9.3.7 提供的产品一定要靠谱 ......236

9.3.8 用微博橱窗发布商品标签 ......237

# 第10章 新零售电商：重新构建人、货、场 ......240

10.1 电商变局：行业痛点和趋势解读 ......241

10.1.1 淘宝越来越难做了 ......241

10.1.2 电商 2.0 玩法变了 ......243

10.1.3 新零售时代到来了 ......243

10.2 新零售时代，企业如何重构商业模式 ......244

10.2.1 新技术的出现，塑造更多的新消费场景 ......244

10.2.2 全面打通线上云平台、线下实体 O2O 链条 ......245

10.2.3 升级改造生产、流通与销售业态结构 ......247

10.2.4 深入融合商品配送与现代物流技术 ......247

10.2.5 重塑实体门店经营逻辑，逆袭电商 ......248

10.3 零售新物种：未来零售的新玩法 ......249

10.3.1 线下的天猫：淘宝便利店 ......249

10.3.2 WeStore：微信的新零售跨界 ......250

10.3.3 盒马鲜生：精品超市的"网红" ......251

10.3.4 无人门店：亚马逊和阿里巴巴的零售"黑科技" ......252

10.3.5 软件硬件化："三只松鼠"投食店 ......254

10.3.6 智慧门店：卡西欧的云转型 ......255

# 运营管理篇

## 第1章

# 电商之路：多角度掌握电商创业技能

在电商刚兴起时，电商市场还没有饱和，大部分的商家都能获得利润。随着电商行业的发展，现在电商创业竞争越来越大，作为新手，如何去做电商创业，是广大电商新手所关心的问题。创业方法是成功的关键，电商创业的方式有很多种，选择适合自己的才是最正确的。

本章系统、详细地介绍了新手创业的方法，以及创业之后如何运营管理店铺，配以丰富、典型的应用案例进行说明。

- 电商创业：掘金千亿级的市场红利
- 淘宝创业：学习他人经验，少走弯路
- 电商变现：快速实现良好的盈利目标

## 1.1 电商创业：掘金千亿级的市场红利

提到电商创业，大家首先想到的就是淘宝，新手刚进入电商领域时，必定会选择开淘宝店铺来创业。本节着眼于如何利用电商来创业，从新手的角度、资深运营人员的角度、企业老板的角度看电商创业，利用案例和方法总结来给读者讲述如何在创业中挖掘到电商市场红利。

### 1.1.1 电商创业究竟该怎么想

说到创业，大部分人会认为资金很重要，三军未动粮草先行，这是很多想创业的朋友的想法，但是有了钱，真的能成功吗？我并不这样认为。创业除了钱的问题，还有团队、运营项目、办公室、办公用品、税务、管理、财务、服务、产品、客户体验等很多问题，如果你不懂这些，哪怕你做个简单的淘宝店铺也很难成功。

那么在电商人员创业时，100万元能做什么？做淘宝需要投资，投资在哪里？下面介绍创业资金该怎么利用。

➢ 有100万元资金，这是个好的开始，如果选择做淘宝店铺，换我来做肯定没有问题，因为我在电商行业已经从业了8年，有8年的经验做基础，懂得市场、懂得数据、懂得运营、懂得团队管理、懂得用人、懂得选品、懂得服务规则、懂得客户的购买心理等。那么100万元肯定能做好店铺吗？如果没有100%的把握，千万不要全部投入进去。

➢ 开淘宝店铺首先需要投资，具体投资在团队招募、租用办公地点、购买办公用品、注册公司、店铺广告投入、店铺保证金、店铺前期的测款等地方。

➢ 有了资金，更需要着重于运营方法和资源。例如，你要做店铺新品破零，那这里就需要资源。很多店铺的运营人员还是站在店铺运营的角度看问题，如果将运营放宽来看，店铺运营人员要处理的不仅仅是店铺的问题，更要关注身边的资源，懂得利用资源来帮助店铺成长起来。

### 1.1.2 新手该如何进行电商创业

互联网发展迅速，电商创业是目前创业的一个趋势，电商创业成功，将会获得百万元甚至上千万元的利润；如果创业失败，也许会亏得血本无归。随着电商的发展，市场有了一定的饱和度，很多新手在进行电商创业时，都会担忧现在进入电商是否还有机会,那么作为新手,究竟如何去进行电商创业?

新手要在投身电商创业前思考以下因素。

(1)确定好做淘宝店铺,还是天猫店铺。淘宝店铺的费用比较低,保证金1000元(个别类目会超过这个数字);天猫店铺保证金50000元~150000万元,还有店铺申请费用及店铺开业的服务费用。站在个人的角度看,如果你有电商的从业经验,可以考虑开天猫店铺,如果你是电商小白,建议先做淘宝企业店铺。

(2)不管如何,需要注册一家公司。公司类型可以是电商类或者科技类,如果条件允许,再注册一个商标。需要注意的是,要选好目标产品再注册。因为如果没有目标产品,你就不知道该注册哪一类的商标。

(3)了解市场。通过淘宝端,先了解市场情况。例如,选择做什么样的单品、该单品的销量如何、单品客单价多少、单品人气如何、单品竞争对手如何等,这只是一些方面,具体可以找朋友借个店铺,打开店铺的生意参谋分析下商品数据,或者找一个电商店铺的顾问了解开淘宝店铺的情况。

(4)确定自己要做的单品、类目等信息。最好选择自己熟悉的单品、有资源的单品,如果不熟悉,是很难经营的,毕竟需要用单品和客户打交道。

(5)注册淘宝账号—绑定支付宝—开通淘宝店铺。创建什么类型的店铺,你可以先到淘宝端研究,例如是开个人店铺,还是企业店铺或者天猫店铺。

(6)招募团队还是自己做?这个很关键,因为跟资金有很大关系。店铺运营人员的薪资,根据不同地方来看,月薪范围在5000元~50000元不等。此处还涉及美工、推广、策划、客服等工作岗位的工资,需要结合自己所在的地方做简单的了解。

店铺开了以后,具体的运营就需要自己规划,想要成功做起来一个店铺,有这样的三个要素:好产品、好服务、好体验。

### 1.1.3 淘宝即将迎来机遇的拐点

由于电商发展到了一定程度,现在的电商平台已经很难分到流量,而且电商团队的人员流失比较大,特别是一些老板,从传统企业转型到电商淘宝时,还用自己几十年的线下经验做电商,用人不懂得培养与放权,所以这两年淘汰掉了一大批原以为开店就能赚钱的店铺。

再加上"3·15"后阿里严打虚假交易和假货,淘宝基本一直处于洗牌的状态,现在的淘宝需要从流量时代转为内容时代。

最终胜出的优质店铺将继续享受淘宝给予的红利,并得到放大,他们就是那批赚钱的卖家,要知道,真正赚钱的人只会更加低调踏实地做生意,不会到处声张。例如,我做淘宝赚钱了,店铺的业绩超过皇冠级别店铺,但不主动自己去宣传,而是依靠客户、朋友的传播,这样就能达到目的!

曾负责淘宝搜索的鬼脚七说,如今大部分人抱怨5年前的淘宝比现在容易做,如今做淘宝非常艰难。当他翻开自己2008年11月的日记时,发现这段日记中出现了"今天同学问我开淘宝店的事,其实最好的时间已经过去了,早两三年会比较好做"这样一段话。

不管电商行业如何发展,现在的人总会羡慕以前,也许再过5年,又会有人说同样的话。所以,市场现状不是最大的问题,最关键的是行业变化之时你能不能跟上时代的步伐,只有在优胜劣汰的竞争中生存下来,的人才是赢家。

现在做淘宝当然可以赚到钱。目前正处于行业洗牌的关键点,大量劣质卖家被淘宝淘汰,这也许能成为一个全新机遇的拐点。

如今做淘宝店铺,需要做到以下几点,你才能比同行更具有优势。

> 好的产品。
> 特种兵团队。
> 熟练的基础实操知识。
> 个性化品牌形象。
> 超过50%的毛利。
> 一流的服务态度。

目前做淘宝必须要走内容转型、淘宝达人合作的路线,需要投入一定的资金,并做好微博营销、搜索引擎营销等工作。

按照这样的思路,就可以找到属于自己店铺的机遇,越是难做,越是有做好的机会。在拐点时期,会遇到很多不顺的情况,但只要能渡过难关,后面将是一片海洋!

迄今为止,从淘宝平台的交易额数据看,淘宝仍是目前主要的电商平台。我们常说找精准客户、精准用户,最后都是为了成交,而淘宝就是一个好的成交平台!淘宝平台上拥有精准的购物者与"剁手党"。如果你能在拐点看到机遇,那么你的电商人生注定不平凡!

## 1.1.4 方式一:线下店铺开淘宝店

现在很多传统企业的线下店铺选择开淘宝店铺,这种现象比较常见,因为这些企业想给自己多拓展一条电商的销售渠道，但很多人在不了解电商的情况下做电商，这是一个非常不利的事情，为什么呢？如果仅仅只是将线下的东西搬到线上来卖，没有真正去了解电商市场，将很难做起来。

对于线下店铺如何开淘宝店，有哪些需要注意的地方，下面做详细的介绍。

（1）个体户可以选择做淘宝企业店铺。关键在于你的个体户营业执照要有附带的银行对公账号，因为企业店铺开通的支付宝是对公账号，没有对公账号的个体户创建不了淘宝企业店铺。所以你需要确定自己的营业执照是否已开通银行的对公账号，如果已开通，就直接申请淘宝账号—绑定对应的企业支付宝—创建店铺。

（2）上传多少宝贝合适？一般淘宝店铺最少要有10个宝贝。因为淘宝平台上会有很多官方活动，如果店铺想要参加官方活动，店铺必须要有10个以上宝贝。至于自己想上多少款宝贝，可以根据自己的淘宝运营技术来规划，并不是宝贝越多流量就越大，因为现在淘宝开店的商家实在太多，而淘宝展示前10页的位置也是有限的，所以在上传宝贝时，需要特别注意。

（3）传统企业转型电商要注意的事项。

### 1. 淘宝店铺的定位

做转型开店是为了增加产品的销售渠道，还是专门研究线上的市场，根据线上的客户需求上传宝贝？如果只是将线下店铺的产品搬到线上来做，做淘宝就比较困难，因为线上和线下的客户不一样，线下开店的客户比较局限，逛到你这里，就买你店铺的商品，但是在线上，情况完全不同，客户的选择有很多，如果你没有特色商品吸引客户，那么流失客户的可能性非常大。

如果想根据线上的研究和客户需求选择产品，你需要更多地了解同类店铺的情况，看同行都卖什么类型的单品、客单价如何、销量如何、月销量多少笔、需要怎么切入等问题。

### 2. 淘宝店铺的投入

天下没有免费的午餐。众所周知，开店铺做生意需要投资，如果想不投资就开淘宝店铺，那是最艰难的。因为没有预算，只能越做越糟糕。

现在很多传统企业转型做电商，小店铺自己运营、客服全包，完全找不到做起来的方法，于是他们就去线下培训机构学习，交10000多元的费用，三年内可以免费学习多次；还有一些人选择购买线上课程，费用大约3000~5000元钱，可以无限次观看视频学习。这些方法不是没有效果，只是效果很差。对于完全没有店铺运营基础的新手来说，这些课程只是教他获得基础知识，对于店铺运营来说帮助不太大。

一些大公司会请专人运营淘宝店铺，先请一个运营人员把店铺的所有工作全包，再让公司一些空闲时间较多的员工来兼顾店铺的客服工作。像这样没有规划地运营店铺也很难做起来。例如，请一个月薪 5000 元的运营人员，店铺的大小工作全包，当店铺有点起色的时候，运营人员会要求涨工资，否则他可能跳槽，这时候老板就会纠结涨工资的事情，如果等人走了之后老板再重新招聘运营人员，这样循环往复，店铺可能永远也不会发展壮大。

### 3．线下是自己的品牌还是他人的品牌

如果是自己的品牌，开店直接上传商品信息就行；如果是他人的品牌，需要该品牌的线上销售授权书。如果没有授权书会面临被投诉售假，接受违规处罚。一旦店铺被投诉违规，就不划算了。

那么作为淘宝新店，如何去做推广？如图 1-1 所示。

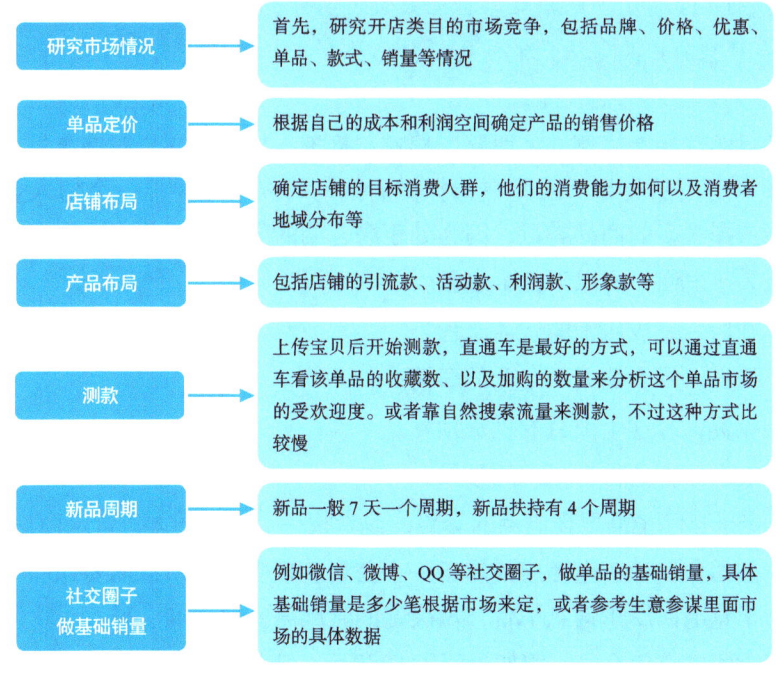

图 1-1 做淘宝新店如何推广

除了图 1-1 的推广方法，还有其他的推广方法，例如淘宝自然搜索流量，可以根据这个选择关键词，也就是宝贝标题的选择和优化；付费流量，直通车、淘宝客、智钻、直播、淘宝达人等；官方活动，天天特价、淘抢购、聚划算等；还可以通过自媒体等第三方平台来推广引流。掌握这些推广引流的方法，对于新店运营来说是非常必要的。

### 1.1.5 方式二：传统企业转型电商

传统企业转型电商，首先要找好自己的定位，即明确用电商平台做什么。例如，之前我接触过一个企业，主要做 OEM（Original Equipment Manufacturer，原始委托生产），也就是代加工品牌。天猫排名前三的品牌店铺都在销售他们生产的产品。因为老板非常了解产品的功能及包装形态，所以想做电商平台，建立一个自己的品牌去竞争。

现在代加工行业虽然利润低，但最起码能保证企业的正常发展。如果希望自己的企业跟上电商发展的步伐，我给出这几点建议：

- 别人好卖的、卖得多的，就不要继续参与他们的竞争。
- 找别人没有生产的单品，自己来做。
- 在原来的产品基础上做创新，自己推新品。
- 避免做利润低的产品。

在类目的选择上，例如，西服、棉衣、棉裤、棉马甲属于服饰类目，而床上用品属于家庭用品类目。因此在选择做店铺的时候一定要抓一个切入点进入市场，不能选择太多的商品类目，因为处于磨合期的团队，不适宜操作多家店铺。

怎么入手电商？有以下几个步骤：

（1）开店，完成店铺的认证流程。

（2）找人，专业的人干专业的事情。

（3）投资，对这个项目的投资预算。

（4）效果，自己得有预期的效果。

（5）老板自己也需要懂电商的套路，或者找一个可信的人负责电商这个项目。

（6）公司化运营，电商店铺属于一个公司管理类目，所以需要像一个公司那样运营，毕竟电商属于信息平台，做决定的时候需要快、准、狠。

如果投资失败怎么办？假如投资了 50 万元，店铺依然做不起来，后期需要做什么工作，这需要事先思考。具体怎么规划电商之路？需要做好以下几项工作。

### 1. 找好市场定位

做什么产品，市场上卖什么产品，什么产品没人卖，为什么？市场上同质化产品的销量、定价、利润如何，推广费用多少，竞争对手现在什么情况，我们的优势以及劣势是什么，是否能找到突破口等这些问题，都是要清楚的。

如果现在进入电商平台，还认为自己有工厂、成本低就是优势的话，基本是没办法活的，因为市场上的价格战，一个比一个厉害，价格战不适宜打，应该关注产品的研发，要是能做到和他人的产品不一样，就能杀出一条活路。

### 2. 找准店铺类型

很多工厂企业的老板都有点资本，开店铺都想开最好的，现在做淘宝费用不高，所以刚开始就想开天猫旗舰店，其实不是这样的。淘宝店铺分集市店铺、企业店铺，还有天猫店铺，淘宝店铺可以拿来练手，毕竟这个才是真正的低成本，而天猫店铺是拿来吸收流量的，因为投入成本高。

一家淘宝店铺，开起来至少要一二十万元，估计可以完成店铺的盘活一直到赚钱；而这一二十万对于一家天猫店铺只是开店的基础费用，完成推广预算等最起码的工作至少要 50 万元起步，所以要根据自己的资金来做事情，不要一开始就开天猫店铺。

### 3. 有资金还需要有人力来搭配

专业的人做专业的事情，有资金开店，还需要请有专业技能的人来管理，如果自己不懂，可以咨询淘宝天猫店铺顾问，或者请更专业的淘宝运营人才来运营你的店铺。

### 4. 电商需要创新

电商做起来是需要不断创新的，不单是产品创新，运营思路也得不断更新，有些知识学不来，有些知识得花钱来买，创新是一个不断学习的过程。

### 5. 品牌之路势在必行

做电商不光要思考怎么赚钱，还要思考电商品牌怎么来做。质量是品牌的先驱，口碑是品牌的渠道，服务是品牌的点缀。

## 1.2 淘宝创业：学习他人经验，少走弯路

目前淘宝平台是最主要的一个电商平台，大多数人选择淘宝创业时，难免会遇到一些困难，对于没有电商经验的人来说，无疑是一次挑战。本节主要讲述淘宝创业，通过实例与方法解析创业的艰辛历程，学习前辈的店铺运营经验，可以让创业者避免重复走他人的弯路，让自己在淘宝创业的路上走得更加顺畅。

### 1.2.1 新手管理淘宝店铺的基本流程

开通了淘宝店铺后，如何运营是一个重要的问题。作为新手，在不懂淘宝店铺管理的情况下，怎么才能经营好店铺？如果懂得店铺管理的流程，能让你快速上手店铺经营。接下来介绍店铺管理的基本流程。

（1）选择产品。

（2）分析产品在淘宝的销量、店家数量、他人品质等。

（3）开店（申请淘宝账号—绑定身份证—绑定支付宝—申请开店—上传相关的资料）。

（4）店铺基本信息及店铺名字的填写。

（5）熟悉店铺后台（每个按钮）。

（6）产品拍摄，每款最少15张图片。

（7）宝贝详情页的设计，一般不要超过PC端浏览页面7页。

（8）上传图片至淘宝图片空间，建议每款宝贝放在不同的文件夹。

（9）产品5张主图的设计，如图1-2所示。

（10）产品9秒图片视频，如图1-3所示。

（11）发布产品，最好10款以上，设计好宝贝标题、属性细节、单价、数量、产品的型号等。

（12）店铺装修，包括PC端、无线端，包括店招、店标、广告图、全屏页面的设计。

（13）做产品展示，包括淘宝自然搜索、微博、微信、QQ、邮件、网页论坛、贴吧、百度、直通车、淘宝论坛、淘宝帮派、淘宝达人、淘宝头条、麻吉宝、网红、第三方活动平台等。

（14）做流量，就是点击进入：关键词、上下架时间、主图、创意、价格、品牌等。

图 1-2 产品 5 张主图设计　　图 1-3 产品 9 秒图片视频

（15）做转化，就是交易：基础销量、详情页、产品信息、产品质量证明、产品品牌、千牛在线程度、客服应对、物流选择、包邮、性价比、折扣、店铺活动、交易评价等。

（16）做动销率，店铺所有发布的产品都要有成交数量，最好可以做到 100%。

（17）根据展示、流量、转化率等情况进行分析及优化，提升转化率。

（18）定期更新店铺首页，一般根据节假日来。

## 1.2.2 新手开淘宝店需要掌握的技能

在淘宝四面楚歌的情况下，作为淘宝新手应该需要什么样的技能才能保住自己的小店呢？这个值得大家去思考，什么是淘宝的四面楚歌？

> 天猫店的流量优先展示。
> 淘宝企业店的权重提升。
> 流量的费用越来越高。
> 销量越来越低。

那么经营一个淘宝店，究竟需要掌握多少技能？

### 1. 信誉、评分

现在信誉对淘宝自然搜索排序的影响很小，淘宝主要对一星到五钻小卖家加大扶持力度，但是信誉越高，扶持越小。这导致每年皇冠店铺要倒一大批，甚至在淘宝搜索时基本上看不到金冠卖家。那他们是如何赚钱的呢？他们主要是靠老客户和广告赚钱。还在花钱砸信誉的淘宝卖家可以醒醒了，做好店铺基本信誉和推广才是出路。

### 2．不要在价格上纠结

现在淘宝上的价格战打得比较严重，有很多小卖家每天在网上找同款，然后比价格，发现别人的价格比自己的低，认为客户可能是到价格低的店铺购买了，于是他们调低价格，第二天还是卖不出去，于是又去找同款，发现价格更低的，于是又调低价格。就这样循环，最后肯定亏本。如果发现有的商品比自己的商品价格低时，该怎么办？

淘宝拼价格基本没有出路，也没有持续性，特别是对于小卖家，如果没有成本优势，根本拼不过别人。所以做好店铺差异化，做好客户体验，做好品质和服务才是未来的出路。

### 3．选择合适的推广渠道（引流）

做淘宝的引流方式很多，包括站内和站外的，花钱和不花钱的。一般小卖家会选择一些免费的推广方式，例如淘宝论坛发帖、微博发帖、百度、淘宝客、平台报活动等。

首先，作为小卖家，精力、时间、财力、人力、物力都很有限，要明白自己能做多少，能力在哪里，切记不可贪多，选择最适合自己的一两种方法深挖。刚开始可能没效果，那是因为你不够专业，等经验积累起来，变得专业后，效果自然水到渠成。特别是微博渠道，更需要时间去沉淀。

### 4．不要刷单

刷单是一门技术活，其实就是欺骗搜索引擎，如果没有掌握刷单的技巧，结果会越刷排名越降，现在有技术的人都不叫刷单了，而叫补单。要想利用好刷单，就必须对淘宝 SEO（Search Engine Optimization，搜索引擎优化）非常了解，但不建议刷单。

### 5．一定要进行成本预算

现在已经不像几年前，线下有的成本线上没有，不要因为成本低，就不做成本规划，不做风险控制。很多小卖家推广做得还行，但是有很多卖家倒在了资金链和供应链上，所以在成本预算上不要大意。

### 6．没流量是因为我的宝贝描述太差了

很多小卖家总是认为别人家的描述要比自己的漂亮得多，认为没有流量肯定是描述的问题，结果花了大量的时间与精力，改好发布之后，发现还是没有流量，于是一直在改。

好钢要用在刀刃上。也许你觉得详情页不好，只是你自己的看法，具体还是买家说了算。所以，不要把大部分时间花在改详情页上，引流才是关键。详情页做得再好，没人进来看也是没有用的，只能算是自娱自乐。

### 7．多学多问，但是不要乱学一通（特别是交钱的那种）

淘宝的技术永远都学不完，盲目学得越多，最后失败得越惨。各种各样的电商培训，听起来永远都有道理，学了无数课，懂了很多道理、很多技术，结果还是没有赚到钱，就比如你本来要去河对岸，却在河里学习各种游泳技能，各种天文地理知识，其实你只要从桥上走到对岸，或者直接一个蛙泳游到对岸，就这么简单。

### 8．灵活运用各种资源

如果玩微博就到微博上学方法、玩微信就去微信学、做图片的可以去昵图网等，总之资源有很多，关键在于怎么去利用。练为战，不为看。

### 9．产品定位必须准确

要以一个商人的标准来衡量自己，不要以为随便做就完事，要对自己的产品有全方位的了解，才可以把握淘宝的全局。

### 10．要有一定的流动资金，淘宝是要压款的

淘宝店铺是需要用心去经营的，个人店铺要运营好必须花 3~6 个月的时间；充分利用自己的资源，打造属于自己的小店，生存下来，再考虑做大；刚开始建议兼职做，等有能力了再单干；淘宝的转型期，不管多难也可以有流量有转化率。

### 1.2.3 电商创业合作如何把生意做大

想真正做好一家淘宝店,其实涉及的知识面很广。在电商创业的路程上,有人创业成功,同时也会有人失败,成功的事应该少说,失败的事可以多说,要从失败里总结经验。

**失败案例一**:与实体店—全自动麻将机专营店合作,机器设备的选择是一个很难决定的事情,为什么?

(1)它不是高价到几万几十万,需要客户自己安装的设备。

(2)拍摄安装机器视频,客户不一定能自己安装,而且机器也比较重。

(3)网络上的类目算小众,价格却是中高等,大约在2000~5000元。

(4)3个人在一周内完成了拍摄、安装等事宜。

(5)两周内完成30种机器的详情页设计、店铺装修、宝贝标题、对比他家店铺的数据。

(6)1周内完成所有优化工作,从淘宝论坛到站外引流,并且一个月内出单。

(7)再到直通车的使用,做精准引流,到他家店铺去研究客源。

(8)3个月内完成20台机器的销售,对于一家新店,客单价在3000元左右,还有一些配套的设备,大概有10万元左右的销售额。

3个月后合作方觉得,售后问题不好弄,特别是卖到省外的机器,需要保修一年,叫一个当地的师父上门服务,100元一次,还要补贴零件的费用;另外觉得这样的销售比较慢,他们随便线下的一个实体店就可以卖出这样的数量;再就是合作方不太懂淘宝的运作,想自己操作,在这样的情况下,我们终止了合作。

根据这次失败的经历,总结了两个经验:

➢ 合作失败,一方面是合作方认为我们的速度不够快;另一方面是在淘宝想一下拿到流量,拿下客户,基本上是不可能的,除非有大量资金支持。

➢ 对于该类目的运作形式我还不太了解,需要花时间!

**失败案例二**:2013年,第一次自己组团队做电商。

自己投资50000元,合伙人投资十万元,组建团队,做奶粉类商品;自己运营兼淘宝美工,请一个客服打包发货,租了一个30平方米的办公室,租金1000元/月,买了两台电脑,一个月的开支大概在5000元,我自己是不开工资的,占50%的股份;货源由在香港和澳门的朋友提供,拿到批发的货源;在淘宝上对比过价格,利润在10~25元一罐左右。

第一个月，因为是新店铺，没有销量，主要靠论坛的流量，保持每天1000左右的流量；第二个月，开始有人咨询，也慢慢开始销售了，做了优化以及上下架时间、淘客，也包括自己线下的朋友下单，完成了100罐的销售量。

由于拿货价是港币，时高时低，我们没有把账算得很明白，但保持每天10罐的销售数量；半年后，发现完全没有赚钱，而且物流费用以及进价没有弄清楚，开支却非常明白，总体亏本50000元！合作方因为账没有算清楚，而且自身也有原因，最终为了妥善处理，店铺给他退回十万元本金。

针对这次的失败经历，做了一个小结：

> 亲兄弟，明算账。
> 合作的生意，必须要有专人管理公司的收支。
> 再好做的生意，也要从细节抓起。

现在做淘宝，最好自己先做，等有盈利了，再考虑合作，自己必须要全面懂得淘宝的运营知识；合作的生意，一定要有一个懂算账的人帮忙看着；关于选产品，必须要自己非常了解，而且价格一定要用人民币计算；小卖家要考虑从细节里省钱，积少成多，想要在淘宝上发展，必须要深究，不然不会有什么大的收获。

### 1.2.4 打造一支优秀的淘宝创业团队

淘宝创业也是需要团队的，不过这个适用于运营资金比较雄厚的朋友。团队需要有这样的关系：领军人物和团队成员。一般初期的创业团队应由哪些人员组成呢？

（1）物流发货人员。

（2）推广人员。

（3）网站编辑。

（4）淘宝店长。

（5）客服。

（6）美工。

一个团队必备的五个基本要素：信任、慎重、沟通、换位、快乐。一只优秀的电商团队需要什么？

> 团队的领袖。对上能应付自如，对下关爱有加，分工安排得当！
> 团队成员。需要相互了解，我是来干什么的，我能干些什么，以及能帮

团队处理什么问题，能为团队创造什么价值。

> 团队价值观。要让每一个团队成员知道，一起努力工作是为了什么！哪怕为了赚点工资，也是一个共同的价值观，甚至一些更高层次的。

> 团队的荣誉感。这个需要让领袖多鼓励成员，让成员有荣誉感，团队才会有荣誉感。

> 团队的团结。团结就是力量，不团结或者内斗的团队一定做不出好业绩来。

> 团队需要合作。只有合力才能把拳头变大，合力才能干好一件事。

> 电商团队应怎么管理？

（1）明确团队的组织架构，一般来说，淘宝创业团队的组织结构为：店长—运营—推广—活动—美工—客服。

（2）明确分配工作，谁是干什么的，他还有什么能力，一旦出现人员流失，马上补漏，细分工作任务。

（3）明确管理制度，谁应该做什么工作，不误工，奖罚分明的管理制度，该奖励的奖励，该罚款的罚款！

（4）在规定的工作时间内完成工作的任务，上下班时间可以自由控制，电商也是IT行业的一种，让成员感觉就像在家做事，不能过于压迫！

（5）学习机会，让每一个人都有学习的机会，大家一起进步，店铺的业绩才能进步。

（6）鼓励团队成员有自己的想法，让成员多表达自己的想法。

（7）工作之余的娱乐活动，带着团队出去玩、出去娱乐等。

（8）制定团队成员的培养制度，让成员自动自发地申请提高技能，例如要当主管要涨工资等，制定员工晋升制度。

（9）合作共赢的方针，一切团队都离不开合作。一个人强是头羊，一群人强像头狼！

（10）团队每天需要召开一些会议，哪怕只有五分钟。开会为了解决问题，无论什么工作，都会出现或大或小的问题。

（11）懂组织，要管理。有制度的团队才是最好的团队。

在这个社会，任何一个人的力量都是渺小的，只有融入团队，只有与团队一起奋斗，才能实现个人价值的最大化，才能成就自己的卓越！

团队，是为了实现一个共同的目标而集合起来的一个团体，需要的是心往一

第 1 章 电商之路：多角度掌握电商创业技能

处想，劲往一处使；需要的是分工协作，优势互补；需要的是团结友爱，关怀帮助；需要的是风雨同舟，甘苦与共！

想成为一个卓越的人，仅凭自己的孤军奋战，单打独斗，是不可能成大气候的，你必须要融入团队，必须要借助团队的力量。

团队管理需要多元化，目的就是既能让成员开心，又能让成员拿到满意的薪酬，保证人员不流失。

### 1.2.5 淘宝开店需要了解对手的地方

在如今的营销市场里面，竞争是非常激烈的，如果不懂得分析竞争对手，最后连怎么失败的都不知道。一般在开淘宝店的时候，首先都需要了解竞争对手。怎么去找自己的竞争对手？可以通过淘宝搜索关键词去找自己的竞争对手，或者去其他的平台上找。找到竞争对手后，需要对他的店铺数据进行一系列的分析。那么分析竞争对手对淘宝开店来说有什么好处呢？

> 监控竞争对手的最新动态，发现不足的地方可以避免自己踩中雷区。
> 了解竞争对手的销售战略，制定相应的店铺战略规划。
> 掌握对手的信息，然后融入到运营中去。

淘宝开店运营需要了解对手 5 方面的信息，如图 1-4 所示。

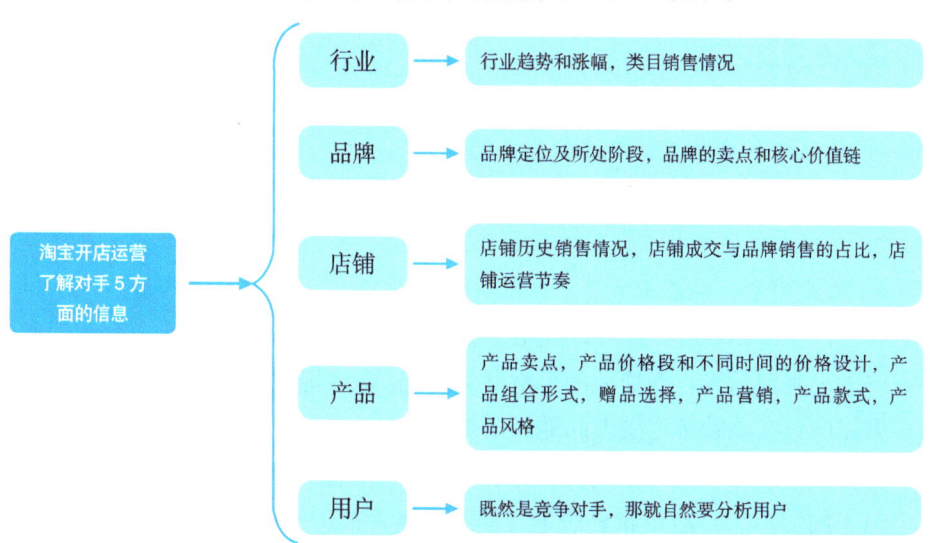

图 1-4　淘宝开店运营了解对手 5 方面的信息

在了解竞争对手 5 个方面的信息之后，掌握了竞争对手的数据，就可以根据对手的经营策略去制订自己的店铺运营策略，分析出自己的优势与劣势，在店铺运营规划中，突出自己的优势，增加自己店铺在行业之中的竞争优势。

## 1.3 电商变现：快速实现良好的盈利目标

做电商不仅需要良好的运营思路，更需要掌握营销方法，网络的发达带来了更多的赚钱机会。本节给大家带来电商变现的方法，通过图片解析给大家讲述如何通过其他渠道来达到电商变现，快速实现企业或者店铺的盈利目标。

### 1.3.1 电商的基本赚钱渠道

创业，很多人说为了理想，也有很多人为了做点事，同时还有一批人为了多赚点钱！记得杜子建老师在创客空间说过：创业就是活出自己，凭真本事吃饭。对于创业者，我们应该如何理解创业这个词？创业其实就是创新事业！如果说不是为了事业而奋斗，那就为了赚钱而奋斗！

在这个世界上，满满都是套路，我们应该如何出招呢？微商人的营销方式，有互推、地推、媒体推，目的是为了卖产品赚点小钱；电商人的营销方式，有淘宝店铺渠道、线上线下渠道、社交渠道、平台渠道等，也是为了卖产品赚钱！

记得微博里有很多创业的故事，不世俗的创业很多都失败了。为什么这么说？原因有几点：

- ➢ 创新事业、新创业比较难。
- ➢ 创业这个事情低成本，容易被复制。
- ➢ 项目没有专利性。
- ➢ 不想着赚钱的生意，很难维持下去。
- ➢ 创业资金花得差不多了，也就快失败了。

作为微电商创业者，赚钱才是活下去的资本！那应该走什么渠道赚钱呢？

（1）出去摆地摊：摆地摊的层次分为两层：第一层：城管来我跑，城管走我来；第二层：在城管指定摆摊的地点摆摊。

（2）微信渠道：最开始做微商应该从这几个方面入手，如图1-5所示。

（3）淘宝小店：简单布局店铺，挑个好的产品，学习一些基础的运营知识，通过与淘宝达人合作给佣金卖产品，或者自己实操微博社交积累用户。

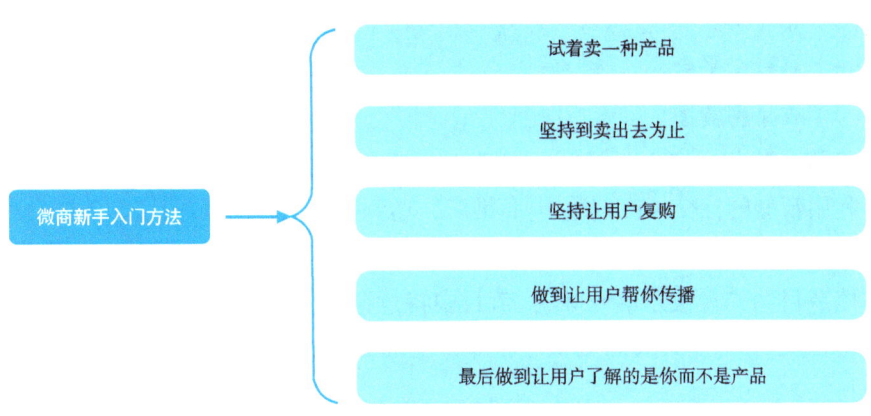

图 1-5 微商新手入门方法

（4）微博橱窗：在微博上积累一些产品爱好者，通过产品质量及人品来营造出自己的个性化品牌。

有人跟我说，上面的渠道都很难，特别是摆地摊。其实这些方法并不难，关键是你有没有毅力去做。坚持做下去，肯定会有效果的。

记得杜子建老师在微博中说过：创业之前，这个词非常辉煌，但创业之后，这个词马上变得非常沧桑！很多人不相信这句话，杜老师又说：想创业那就去创吧，成功了你是企业家，失败了你是哲学家！

不管是企业家还是哲学家，作为微电商人，都应该考虑人的世俗一面，不管是什么套路，违法乱纪除外，只要能赚钱的方法，都可以尝试去做。当下是属于社交网络的时代，但是大家也不要忘记，线下还有一批目标客户！

## 1.3.2 电商的高级变现方式

淘宝从 2010 年开始，已经步入转型升级阶段，到 2016 年 3 月，已经完成了一个质的飞跃，由单纯的流量转变成个性化品牌、IP（即知识产权）、内容价值的流量！

做淘宝需要知道的最重要的七个点：

（1）靠人。

（2）靠资源。

（3）靠产品。

（4）靠服务。

（5）靠口碑。

（6）靠社交平台。

（7）靠品牌营销。

目前，随着网络上的社交软件不断地涌现出来，很多做电商的人都改变思路，利用新型的社交APP来做电商推广，达到赚钱的目的。

例如，现在比较火的短视频平台抖音、腾讯微视等，为此湖南卫视还专门出了一档节目叫作《快乐哆咪咪》，节目中特意邀请了很多短视频达人，足以见得现在的社交APP多么火热受欢迎。那么电商如何通过短视频推广来达到变现的目的呢？

以抖音平台为例，抖音在发展的同时，也在不断地完善自己的运营体系，现在除了在抖音页面可以进入今日头条，还打通了和淘宝的连接，具体步骤如下。

通过个人发布的视频，可以单击查看视频中模特所穿的衣服或者其他服饰的商品链接，直接进入到淘宝的商品页面，如图1-6和图1-7所示。

图1-6 抖音个人视频

图1-7 淘宝页面

或者直接进入个人首页，❶单击"TA的商品橱窗"，然后就可以进入到该用户的商品橱窗页面，客户可以找到自己喜欢的商品；❷单击进入抖音小店页面，如图1-8和图1-9所示。

在进入抖音小店的页面后，❸选择加入购物车或者直接购买，如图1-10所示。

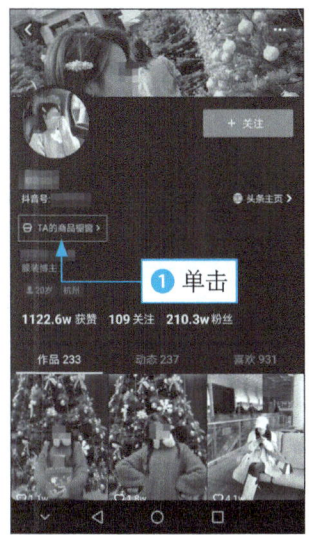

图1-8　抖音个人首页　　　图1-9　商品橱窗　　　图1-10　抖音小店购买页面

通过这种视频推广的方式，有机会把店铺商品展现在更多客户的眼前，从而可以增加商品及品牌的曝光率以及流量，这种电商体系变现方式，吸引了大部分电商人转战到自媒体平台。

对于电商品牌来说，可以通过抖音、微视等短视频来提高品牌的曝光率，这是抖音目前的主要引流方式，也是电商最好的变现方式。掌握电商的变现方式，可以让你的店铺以及品牌获得更多的展现，从而提高你的成交率与转化率。

# 第2章

# 店铺运营：打造良好的用户体验

店铺运营是决定店铺成败的关键，而店铺运营又关乎很多方面，如运营思路、运营策略、团队管理等。除店铺运营的思路及方法以外，店铺工具的使用也尤为重要，卖家需要熟练地使用这些店铺运营工具，才能吸引用户眼球，打造良好的用户体验。

本章系统、详细地介绍了当下店铺运营的思路、策略和卖家需要用到的实用的店铺工具及其操作方法，并配以丰富的图解、图片进行说明。

打通思路，更好地做电商运营
淘宝开店，从零开始运营店铺
店铺工具，提升店铺运营的效率

## 2.1 打通思路，更好地做电商运营

做淘宝天猫店铺的商家，有成功的也有失败的，对比失败商家的经营特点，看看自己店铺是否踩中雷区，一个店铺成功与否的关键在于店铺运营思路。本节便着眼于运营思路，从分析失败店铺的特点、总结店铺运营的10大思路，提升工作效率的10种思维等多个角度切入，使卖家深刻了解思路对于电商发展的重要性，使运营人员更加重视运营思路，店铺经营者转变思路，有利于店铺成功跻身同行店铺前列。

### 2.1.1 做不起来的店铺有哪些特征

自从2010年开始研究淘宝天猫、自己开店、帮客户店铺做分析、给客户店铺做顾问等，我发现了很多店铺做不起来的几个特点，具体如下。

#### 1．产品问题

（1）质量。现在有很多工厂店铺，不愿意在产品质量上做文章，认为自己的产品质量已经足够好，如果再提高质量就会亏本。导致现在整个行业都是同样的产品，一旦别人提高产品质量，就会很难竞争过人家。

其实不然。正是因为产品利润低，才要提高质量，只要质量好，自然就能赚钱。因为我们面对的是消费者而不是渠道商。面对消费者，一定要有质量保证，不然一个投诉就很难解释清楚。

（2）更新迭代。很多人认为自己的产品已经很完美，不需要去做更新迭代。因为现在线上的竞争对手都卖得不错，老板会责怪自己的运营人员做得不够好，所以导致很多店铺一个月换一个运营人员，例如，有一个店铺一年12个月换了20个运营人员，最后还是没有做起来。

产品的更新迭代能力是每一个店铺都需要具备的能力，没有这个能力很难开淘宝天猫店铺。为什么竞争对手卖得比你好？有以下几个影响因素。

- 开店时间长短。
- 营销策略。
- 引流策略。
- 产品结构策略。
- 店铺内容策略。

> 销量排名位置。
> 店铺所在销售层级。
> 官方活动策略。
> 直钻试错的次数。
> 店铺的服务级别和店铺团队的稳定性。

（3）产品体验。自己设计出来的产品并不一定是最完美的，最后还得靠消费者来评定。因为产品最终是要走向市场的，市场说好，才是最好的。所以，消费者的体验，才是最关键的。

（4）市场需求。市场需求的面会比较广，例如，我现在作为顾问的一家店铺，原本是销售女士口红的，是那种比较粗的口红，一直卖得都不错，突然间有一周流量下滑很厉害，一时无法找到原因。

最后通过数据分析，发现现在的市场需求都是细的口红。所以口红的粗细是市场需求的一部分，口红的颜色也是市场需求的一部分，可见市场的需求面会比较广，简单地说，需要根据每一个类目的产品做具体的分析，才能知道市场需求是什么。

（5）产品的内容。现在淘宝天猫对产品的内容营销做了很多布局，如果没有做产品的内容营销，恐怕电商很难生存下来。产品品牌需要靠内容来支撑，没有内容的产品就失去了营销的灵魂，好的内容可以将你的产品商标变成品牌，只有做品牌营销才会放大产品的价值。

2．店铺布局

店铺布局就是店铺的装修，一个好的店铺风格可以留住客户，让客户感受到店铺的文化。店铺布局又包括以下这些方面。

（1）店铺首页布局。一般的布局流程包括淘宝群聊、买家秀、大图轮播、店铺文化视频、店铺主打宝贝展示、店铺热销宝贝展示。

（2）店铺宝贝页面。建议用视频来表达。

（3）店铺新品页面。需要保持每周都有新品上下架，做好店铺动态的发布。

（4）店铺活动页面。需要看店铺的每期促销活动或者根据官方活动做布局。

（5）店铺视频页面。需要店铺发布超过3个视频，可以是宝贝视频、详情视频或营销型视频。

（6）微淘内容页面。这是私域流量的内容布局，需要每天发布微淘内容，让客户知道你有内容及互动内容，让客户喜欢你的店铺文化、产品文化。

总之，影响店铺运营的因素有很多，除了产品问题和店铺布局，还包括动销、内容、图片更新、物流、服务等。

## 2.1.2 公司要做小，客户要做大

随着电商的不断发展，电商团队是非常重要的核心，团队成员是电商发展的重点，没有处理好成员之间的关系，也就别想把电商做好、做大，所以，在对电商人的管理及运营时需要很用心。精兵简政不是节源，而是开流。就如龚文祥老师说的，公司要做小，客户要做大。

举个例子，我实地考察了一家企业，这家企业的管理模式用在电商再好不过。这家公司的老板是技术出身，公司是做牛仔洗水的，这位老板 17 岁就出来到广东打工，先在洗水工厂当学徒，一个月工资 600 元，跟一个师父学了一个月的技术后，他师父介绍他去朋友的工厂当技术员，工资每月 1500 元。

为什么这位师父推荐他去而不是别人？原因有 4 点。

- 很认真学习，每一套工艺都学习得很快，实操动手能力强。
- 懂人情世故。
- 人比较勤快，师父指哪打哪，没说的也帮忙干。
- 工作时间 12 小时，常常为了学习干了 14 小时。

他有一个非常好的习惯，就是合理安排自己的工作，并且他从事这个行业快 30 年，他是这样管理公司的。

（1）办公室安排。接单、财务由 2 个人负责，除了拿工资，按公司效益分成之外，厂里所有办公事务必须保证按时完成。

（2）工厂里的安排。由厂长负责分派订单工作任务，厂长除了拿高薪加提成，还被要求低价入股公司。

（3）车间安排。每一个车间都有一个工艺师，一个车间一个大师傅，实行车间大师傅承包制。

（4）老板自己。负责拉订单收账。

（5）对待员工。他见到员工都说：您好！

（6）鼓励员工。鼓励员工争取 3 年买车、5 年买房。

（7）员工福利。除高薪、分红、鼓励外，还有高层娱乐活动、拓展培训等。

而我帮企业带团队是这样带的。

（1）自己请人，老板发工资。

（2）工资由应聘者自己提出，前提是提出的工资能跟其工作效率成正比。

（3）有三家店铺以上工作经验的运营人员，为其配备专业美工人员、推广人员、客服人员。

（4）认定的电商高手实行低价入股公司。

（5）将电商高手培养成合伙人，拿该店铺项目股份及基本工资，只要完成相应的效益，上下班及办公时间随意。

（6）每天个人汇报昨天工作效益及当天工作预期目标，不需要汇报工作过程。

（7）每月个人订目标，完成的予以奖励。

（8）根据团队规模制订相应销售目标。

（9）淘汰不上进的，技术死板的，特别是要靠补单才有流量的运营人员。

（10）扶持学习能力强的，每月都会做最新淘宝规则分享及应对策略。

（11）团队坚持每月学习一次高大上的店铺运营方案。

（12）不定期邀请我身边的运营高手，分享运营经验与心得。

（13）要求员工学习、听课、交流后，写出自己的心得做分享。

（14）客服实际应对：工作时间内正常登录，下班后自愿相互交叉时间登录手机端千牛，按接单提成。

（15）周末会有户外活动。

根据这些不同的管理方式，我做了以下总结。

懂分钱管理；懂突出强项用人，只有适合的人，没有最好的人；懂工作与娱乐相结合；电商属于变幻莫测的行业，规则天天变，需要团队学习；电商属于一个销售渠道，做销售就是体现能力，做电商就是体现销售能力；用人要懂得发现他们的长处与弱点；懂得如何控制人才流失；明白如何提高效益，提高员工的效率就可以提高公司的效益。

### 2.1.3 淘宝天猫店铺运营十大思路

很多店铺的运营都是根据近一年运营情况的总结，发现有什么地方做得不到位，再做新一年的运营计划。我在这里根据对电商和淘宝平台相关变动的观察，给大家分享关于淘宝天猫店铺运营的 10 大思考。

### 1．内容

（1）店铺的核心文化。将做这个店铺的原因或者故事告诉消费者，以及店铺的服务宗旨、特色。

（2）产品的核心文化。需要将产品的设计、产品的制造、产品的差异化、产品的好处、特色、优势告诉消费者。

（3）品牌的核心文化。将品牌商标的来源、品牌的构思、品牌的未来等呈现给消费者，让消费者记住你的品牌。

（4）店铺创始人 IP 或者产品研发人 IP 的打造。可以让消费者更好地与你的 IP 走在一起。

（5）店铺边缘化文化。做到与消费者有关。

（6）第三方内容传播。这个在本小节第 5 点会提到。

### 2．刷单

（1）不建议刷单。淘宝千人千面，建议用直通车推广打造自己店铺的固有消费群体的标签，让我们的宝贝进入消费者的"猜你喜欢"首页。

（2）刷单成本将会越来越高。据不成文的数据分析，客单价 100 元的单品，刷一笔需要 15 元服务费用，还不包括运费等。

（3）刷单风险高。从 2014 年开始，刷单已经进入了死胡同，2018 年开始刷单会被处罚，加剧了刷单走向末路。

（4）构建自己的流量池。通过给流量池的消费者做半价、赠送、第二件免费等促销策略，完成真实的购买闭环。

### 3．付费流量

（1）直通车推广、智钻推广。这是一个考验技术及资金的推广方式，需要有自己的预期才能做好这些推广，很多朋友在开始的时候，没有预期的投入，或者预期不足以支撑整个店铺的发展，最后导致店铺经营得不上不下。付费流量，一定要狠下心去做，并且要了解类目，以及把控相应的技术。

（2）淘宝客推广。这个看店铺需要走多少量，以及要达到什么目的，再去做淘宝客的计划。

（3）直播渠道。很多店铺有直播权限却没有坚持做，做了一期两期没有成效就放弃了，其实这是错误的决定，有些店铺需要和淘宝达人直播合作，但也需要坚持，投资跟做事业一样，都是要坚持下来的，哪怕付费，也得往有结果方面去思考。

### 4．特色店铺

（1）农家特色店铺。打造一个具有农家特色的产品思路及店铺内容传播思路。

（2）DIY手工艺店铺。需要自己会手工、懂手工、做手工、做设计等，传播手工艺品的特色及装饰。

（3）设计师店铺。需要设计师的认证，并能量身打造满足消费者需求的产品，不需要有存货，下单才定制，一般适合服装、家具、家居等类目。

（4）潮流店铺。信息不断更新迭代，特别是电子类产品，潮电街是一个不错的推广渠道。

（5）个性化消费者店铺。需要对应特殊消费者，但不要过多地宣传产品效果，而是宣传消费者的特性，例如肥胖人群等。

（6）专注单个产品的店铺。简单明了，表示自己是这个产品的专业店铺，并且在这个单品上做到了极致，是全网独一无二的，把产品、物流、包装、体验、售后、介绍做到极致，能真正地做到做一单生意交一辈子朋友的店铺。

（7）注重体验的特色店铺。特色的店铺给客户提供不一样的体验。

### 5．第三方内容流量

（1）微博内容引流转化。现在淘宝生意参谋由第三方自媒体流量渠道绑定，只要通过微博进来的流量都计算到第三方流量来源里面。

（2）微信社群引流转化。适合做新品的发布及促销的转化，因为社群的转化率相当高，所以建议大家去做微信客户社群。

（3）公众号引流转化。做公众号商城或者公众号，引流到淘宝店铺里面来，公众号是一个聚焦内容传播的地方。

（4）头条号、百家号、一点号、大鱼号、搜狐号、看点平台、博客等内容的传播端口。通过这些流量端口做店铺的引流内容，不能全部都是广告，一定要沉淀下来，做内容，做积累，做个人 IP。

### 6．淘宝拼团

这是一个新的营销工具，淘宝平台推出的团购产品，2 人就可成团，这将改变淘宝的购物习惯，很多时候客户为了折扣会去拼团，甚至会帮店铺做起最直接的转介绍购买。

做淘宝的商家，应该充分利用这个营销工具，做一些真正实惠但产品质量不打折扣的营销，让客户得到真正的实惠。

### 7．店铺层级

店铺一共七个层级，第七层是 5% 的商家，拿到最大的流量推荐，往下以此类推，第一层商家最多，流量最少。

要想做好自己的店铺，首先得保证自己的店铺层级，店铺层级是根据近 30 天的总成交金额来算的，每天的排名都在变化。店铺层级决定你拿到多少流量，官方的流量分配都是系统操作的，得达到要求才能保证自己的店铺获得流量扶持，同时保证店铺的权重更高。

### 8．店铺季度规划

没有规划的店铺不是好店铺，不懂规划的运营不是好运营，不懂细分店铺规划的团队不是好团队。

3~5 月、6~8 月、9~11 月、12 月至次年 2 月，每个店铺季度规划的时间段可能有所不同，得根据自己店铺类目的销售情况而定，一定要做好季度的规划。

### 9．团队

（1）店铺主要负责人。他们主要扮演的角色：对产品的规划、产品的定价、促销力度的把控，对店铺整体运营的思路定框架，对店铺推广费用的支持，对售后情况的把控和店铺缴费的支持等，总结起来就是电商小公司的总经理。

（2）店铺运营人员。具体工作包括店铺运营布局、数据分析、市场分析、推广分析、流量分析、竞品分析、活动分析、业绩分析、产品分析和评价分析等。

（3）店铺推广小团队。具体工作包括直通车推广、钻展推广、淘宝客推广、第三方平台推广等。

（4）活动策划专员。负责店铺活动策划、店铺上新策划、官方活动策划。

（5）美工专员。负责店铺产品拍摄、店铺装修、详情页设计、主图卖点设计、活动海报制作。

（6）视频专员。负责视频拍摄、视频剪切、视频投放。

（7）内容专员。负责微淘内容、店铺首页内容、第三方平台内容。

（8）客服小团队。包括售前客服、售后客服。

（9）仓库专员。负责打包、发货、入库、出库、库存数据的记录和整理。

（10）店铺助理。负责收集店铺的数据及竞争对手的数据，及对相应店铺会议的记录。

**10．粉丝力量思维**

（1）店铺粉丝对店铺的权重占比很大。

（2）店铺粉丝可以直接知道店铺的上新、店铺的活动、店铺的优惠等信息。

（3）店铺粉丝直接影响新品的销售结果。

（4）第三方平台的粉丝，直接导向引流作用。

（5）粉丝的积累直接影响店铺的品牌形象。

（6）粉丝经济，如今在淘宝上已经有了很高的转化率。

（7）得粉丝者得营业额。

（8）粉丝是需要不断积累、不断互动、不断转化的。

（9）再不重视粉丝，淘宝天猫店铺将做不下去。

### 2.1.4 提升电商人工作效率的10种思维

在店铺经营的过程当中，运营的方法很重要，同时思维方式更重要，好的方法若没有思维去指导，则会影响工作效率。好的思维方式和强执行力可以让运营工作效果事半功倍。

聪明人的10个思维境界体现在以下几方面。

（1）懂得妥协。人不可能总是按照自己的意愿去办事，当跟对方、第三方产生矛盾时，求得最佳合作效果的途径，就是能够适当妥协，只有双赢或多赢，才是最佳的效果。

（2）适时调整。计划往往跟不上变化，原先计划好的事情，随着时间、地点、条件的变化，会出现很多新情况、新问题，善于发现问题，适时调整计划，才能最终把事情做好。

（3）尊重对方。尊重对方的人往往懂得合作的重要性，刚愎自用的人往往到最后都成了孤家寡人，这样的人非失败不可；懂得尊重人的人，才是真正的聪明人。

（4）坚持原则。有些人看似强硬，实则没有原则，缺少主心骨；有的人唯上，领导怎么说怎么好；有的跟风，跟着潮流走，像这样的人，一般难成大事。

（5）持之以恒。口号好提，计划好定，执行难，持之以恒更难；行百里者半九十，成功者往往并不是有超人的才华，但肯定有超人的毅力，能够在困难重重的情况下，再坚持和努力。

（6）人情味重。有些人借口工作需要、借口坚持原则，结果却丧失掉自己的诚信，不讲亲情、不重友情、不忠爱情的人，十有八九是极端自私的人，这样的人往往缺少人情味。

（7）重诺守信。有的人轻易地承诺，比较容易冲动，但往往不守承诺，结果失信于人；只有重诺守信的人，才是靠得住的合作伙伴，才是可结交的朋友。

（8）遇挫愈坚。虚张声势的人往往经不住挫折，受不了打击，脆而不坚、硬而不韧；只有淡定地面对得失，百折不饶的人，才是真正的聪明人。

（9）凝聚力强。时代发展至今日，单枪匹马的个人英雄很难闯天下，想要有一番作为，就需要有一个团结奋进的队伍，依靠集体的智慧和力量，才能取胜。

（10）忘却恩怨。人在江湖，难免有些恩恩怨怨，有人斤斤计较，有人耿耿于怀，这都于事无益；真正聪明的人，不受恩怨的羁绊，不感情用事，能客观、理智地处理问题。

## 2.1.5 淘宝运营人员每天的工作内容

有人好奇淘宝运营人员一天都在做什么，认为运营人员的工作具有神秘感，其实运营人员的工作范围很广，事情多而杂，看起来什么都懂，具体的工作内容需要分两类：日常工作和突发事件。

下面给大家介绍淘宝运营官一天的工作内容：

➢ 8:30—9:00 到达工作岗位，开启电脑，开启旺旺。

第一件事情：看站内信，小二通知基本是以站内信的形式。

第二件事情：看卖家焦点信息，看跟自己有关系的类目。

第三件事情：去帮派看看，让客服去帮派置顶一下自己的帖子，注意不是发广告，而是发帖子，主要是让小二看得到。

第四件事情：刷微博，一般这个时间电商高手都有空闲时间，所以在这个时间段内他们一般会在微博上活动，多看总是有益的。

➤ 9:01—10:00 统计数据和在页面下载数据。

上午9点人员基本都到位了，他们的数据反馈也基本能交上来，所以这个时候需要去完善下面的表格，如图2-1所示。

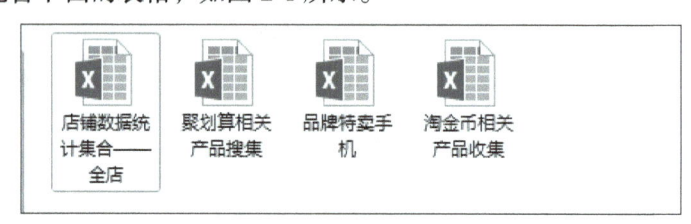

图2-1 店铺数据表格

为什么需要做这个？因为别人在做活动的产品，往往是店铺内的主推款、爆款或者清仓款，从ERP的数据上只能看到谁卖得最好。所以，寻找你关心的活动，再去登记好，为店铺设计一款活动产品，这才是运营应该做的！

➤ 10:01—11:00 数据汇总和分析。

如果店铺没有客服主管，则需要汇总的表格有：

（1）客服的反馈表。

（2）推广的数据反馈。

为什么要汇总这些表格？因为后台按钮太多，容易顾此失彼，数据越多就越乱，觉得什么都重要，所以需要定期汇总数据，统计出重要的数据。

➤ 11:01—11:30 开会，布置工作。

看了这么多数据，就需要把分析数据所得出的结论跟大家讨论，所以一般这个时间段开会，听听大家的意见和看法，开展头脑风暴。

➤ 11:31—12:00 看微博。

这个时间段积累了不少有内容的微博，适当地去关注能让自己收获不少，同时可以放松自己的心情。

➤ 12:01—13:00 午餐时间。

➤ 13:01—14:00 截图与活动报名。

下午基本的活动都已经放出，可以开始报名活动。

截图：截取做钻展的同行图片，比较他们的详情页和评价；或者截取曾经登记过的同行图片，进行比较，发现其亮点，这个是修改页面的依据。

➢ 14:01—16:00 听广播时间。

天猫淘宝经常有活动发布，可能你没有时间在线听，但是可以录下来听。

➢ 16:01—17:00 关注旺旺群的信息，做工作检查。

旺旺群是小二跟运营人员交流的地方，一般单独找他，基本不会回复，所以，适当地在小二群出现，可以跟同行处理好关系，还能让小二对你眼熟。

在下班前需要对上午布置的工作做一个简单的检查。

➢ 17:01—18:00 准备下班。

下班前，检查下店内的设置，关注发货的情况，提出自己的需求，例如要求的价格、折扣、货品，简单翻一下后台的数据。

回顾运营人员这一天的工作，看看他们都做了什么，是不是工作内容很充实？其实运营人员一天下来需要做很多工作，关键看你怎么利用好时间。

## 2.1.6 天猫店铺运营的基本执行方案

天猫商城运营执行方案包括两点：人员配置和运营规划。而人员配置里又包括组织架构和工作内容，下面具体来介绍店铺基本组成人员：

➢ 天猫店长。
➢ 客服人员（前期建议招2名）。
➢ 网店美工人员（前期建议招1名）。
➢ 网站编辑人员。
➢ 仓库人员。

运营规划则需要做好6个方面的工作，具体如下。

（1）店铺的上线及日常管理。

➢ 确定店铺的整体风格，做好各个区域的美工工作。
➢ 细化客户须知内容，尽量做到客户可以自主购物。
➢ 美工人员负责将待售产品的图片做好，编辑人员配置好相关的文案说明。
➢ 编辑好各个产品的标题、宝贝描述，核实价格及库存信息，全部上架。

（2）营销活动。

> 首先确定 3~5 款主打产品，以后历次活动优先考虑这几款产品，以此吸引客户，做好关联销售。店铺 10% 的产品定为主打引流款，60% 的产品定为利润款，30% 的产品定为形象款。

> 配合淘宝站内的新店铺推广活动，做好开店营销活动，全场折扣，设置 VIP 折扣价格。

> 设置淘宝客、聚划算等活动，以此引进流量。

（3）售后问题。

委任有经验、沟通能力强的客服人员担任售后工作，细化各种售后问题，形成应对方案，比如安抚客户的不满情绪，不同情况对客户的损失如何补偿，快递丢件如何索赔、如何追件等相关售后问题。

（4）配送及仓库管理。

> 仓库管理人员及时核对库存信息，和编辑人员保持沟通，避免店铺出售状态的产品实际无货情况的出现，缺货产品及时下架。

> 发货周期为一天一次，除因为活动订单较多的情况外，订单商品一般要在 24 小时内发出，最迟不超过 48 小时；如果遇到缺货或其他问题不能及时发货的，及时通知客服人员联系客户沟通，做好换货或退款事宜，尽量避免缺货后没有及时和客户沟通导致客户严重不满的情况出现。

（5）产品定价。

> 考虑天猫店铺的进场押金 10 万元~15 万元，再加上每笔成交金额扣除的 5% 的手续费，团队人员运营成本加大的情况下，建议产品一口价定价为成本价的 400% ~ 500%。

> 天猫正常销售价格为定价（或者说原价）的 50%，约等于半价的折扣销售价。

> 天猫活动价格都要求比折扣销售价还低。

（6）运营预想。

> 销售价的 15%~20% 作为推广费用，主要花费方向：直通车引流推广、淘宝客推广、钻展广告推广、淘宝头条软文推广、第三方社交平台推广，初期每天做到 10 000~20 000 个 PV（Page View，页面浏览量）。

> VIP 店铺会员架构，对会员及复购客户做进一步的优惠或赠品营销服务。

> 天猫转化率预期 3%~8%，客单价初期在 80~200 元。

> 前期 3~5 个月，每天 50 ~ 100 单成交量。

## 2.2 淘宝开店，从零开始运营店铺

淘宝店铺开起来之后，在没有店铺运营经验的情况之下，如何去运营店铺是首要问题。本节就着重介绍关于淘宝开店，如何从零开始运营一个店铺，介绍如何从店铺起步到高效化运营店铺，从了解天猫淘宝规则的角度切入，其次掌握团队管理方法以及运营策略，来帮助新店成长为一个高效化品牌店铺。

### 2.2.1 新开的淘宝店怎么起步

淘宝新店铺如何起步？首先，需要做好标题，标题是客户看见你的前提，其次，产品的视觉效果要好，品质较好。那么，如何寻找类目呢？

- 竞争强度小，靠上下架就能轻易上主搜词首页。
- 利润足够丰厚。
- 客户有强烈购物偏好。

这样的产品实在是太多了，例如，肥胖儿童装、新娘服等，需要自己去挖掘；或者做低运营、重品质、小偏好的产品，最好培育一些老客户，等资金足够了，再做大类目。

### 2.2.2 什么样的管理直接影响销售

有关于企业文化的一些常见的做法：早会舞蹈，运动精神爽；早上朗读文章。早会内容：好人好事、认真干事、服从安排、为公司利益付出的同事给予现金奖励；通报员工工作绩效积分；通报预期目标及每天已经完成的目标；领导对当天的工作指示，等等。

下面来分析一下：这样的激励对企业有没有作用？

- 刺激生产提高质量。我们常说，机器是死的，人是活的，如何提高生产质量，关键看人如何操作、调试。如果生产一线的员工没有工作的激情，怎么能产出高质量的产品？如果员工在生产工作时没有激情，怎么确保生产安全？如果员工在上班时精力不够集中，出了情况，谁为突发事件负责？总之，需要防患于未然。
- 鼓励销售团队。我们都知道，没有销售不出去的产品，只有销售不出去产品的人，业务是跑出来的，如何跑？需要你的激情、胆量、策略、专业、团队精神、自身素质、反应敏捷、微笑等。

> 对于销售团队，需要靠业绩来判断团队的能力。只有不断地激励自己，才能更好地拿下订单，提高销售技能，带领团队出去拼杀，这样的企业文化方法确实很有作用。

> 企业团结稳固。如何随着企业的壮大而加强企业团队的团结？企业需要团结才能壮大发展，一个企业如果内部不稳定，怎么会有稳定的管理、稳定的生产、稳定的质量？如何赢得更多的订单、客户的喜爱？如何取得供应商的信任、引起企业员工的重视？

一个企业的管理是否能稳定下来、团结起来，关键在于企业文化，这样的企业文化，麻雀虽小，五脏俱全！

现在大家都认为，互联网电商行业对传统行业的冲击非常大，但是传统企业是电商行业的基础，没有传统企业的发展，电商行业也不可能一直红火。那么传统企业应该如何去应对时代发展的冲击？

（1）企业文化必须跟进。哪怕是小事也要坚持做，勿以善小而不为，勿以恶小而为之。

（2）企业团队必须团结。哪怕是两人也要懂合作，千里之堤，毁于蚁洞。

（3）企业管理必须规矩。按规章制度公平办实事，无规矩不成方圆。

（4）企业制度不断完善。跟着时代发展的脚步走，与时俱进。

（5）企业创新战略规划。只有创新才能走得更远，删繁就简三秋树，领异标新二月花。

（6）企业营销渠道拓展。线上线下渠道结合发展，开源是企业必走的策略。

（7）企业服务宗旨。诚信待人，保证质量，按时交货，跟进服务。

### 2.2.3 用心去经营一家店铺非常关键

我们常说，要做淘宝赚钱，要做一家赚钱的淘宝小店！可是谁都没有真正想过用什么做好它。用心去经营，哪怕只是小利润、小成交量，都是自己努力的成果，关键是要用心去经营店铺。

用心去经营一家店铺非常关键，你需要具备以下素养。

> 用心经营，才能选好产品，了解产品的品牌、生产、包装、文化、市场、需求等。

> 用心经营，才能做出一家有故事的淘宝店铺，否则很难做到。

> 用心经营，才有可能愿意沉下心来学习，学习淘宝的新规定、活动玩法、

店铺装修、宝贝拍摄、宝贝描述等知识，才能不断提升自己的淘宝经营水平。

➢ 用心经营，才会全身心地热爱自己的买家，为买家提供周到细致的服务，让买家在淘宝店铺中能够体会到成为上帝的感觉。

➢ 用心经营，才能将自己的时间和精力都投入到淘宝上来，才能在任何困难面前都不畏惧，逢山开路遇水搭桥，也才能充分调动自己的聪明才智解决经营中的各种问题。

➢ 用心，方能虔诚服务；用心，方能由衷喜爱；用心，方能来去自如……

这是情怀，也是事实，是一种精神，也是一种灵魂。

用心去运营，把这当成自己的店铺来经营。不管能否马上见成绩，都需要付出真心！

## 2.2.4 做个靠谱的个性化电商品牌

很多的微商会组织微商培训，微商的团队中还流行这样一句话，叫做"卖好货，好好卖货"。这告诉我们，微商的从业者一定要有一个好的产品，并且需要用心去卖这个产品。

但是它赚钱吗？其实不一定能赚到钱。2016年，有很多朋友重视发展微商，大家一开始追求的是商业，追求的是利益，后来都失败了，他们缺乏的是什么呢？其实就是因为缺乏自己的初心。

所以，对于电商人来说，如何做一个厉害的微商呢？

那就是人品，人品靠谱才能做好营销，人品就是你的微商品牌，也就是常讲的个性化品牌。有这样的一句话："做好人，好好做人，你一定能够赚到钱"，不管做什么行业，从事什么工作，都要踏实、务实，微商做的就是小而美，赚点小钱，然后把客户做大！

最后，给大家做一个总结：人品靠谱，你就可以赚钱；产品靠谱，你就可以赚钱；懂关怀，你就可以赚钱；懂一点人情世故，你就可以赚钱；懂朋友圈营销，你就可以赚钱；问问自己要赚多少钱，如果不贪就能做大。

## 2.2.5 千人千面，常见定价策略浅析

2015年以前，用淘宝做低价成功提高销量后，再将价格回调至正常，这种做法对店铺宝贝的权重提升是积极向上的。因为官方以千人千面为主的展示，将一些复购率高的产品、没有做老客户营销或购物车营销的单品根据消费周期屏

蔽了。

例如，买裤子，官方根据某用户半年买一次裤子的习惯录入大数据，今天买了裤子，之后的几天估计不会有再次下单的情况，所以哪怕用户是低客单价到达转化效果了，涨价只是一个正常的局面，但如果你的单价高，转化力度就会相对降低，以致流量会有所下降，这时可以用付费流量辅助，将流量补足。

### 1. 宝贝低价上架，是一口价销售的单品，可以改高价格吗

在店铺没有非常稳定流量的时候，不建议去改一口价的价格，因为一口价是官方收录的价格，如果变换价格会直接导致该单品的单品坑位价值有变动，或许会影响你的转化率。

建议店铺的运营者，发布一个一口价，用折扣价格销售，变动折扣价格不直接影响一口价，当然，还要根据市场的价格来做折扣价。

例如，全类目最低价格是39元，假如你的折扣价格做到30元，中间还有9元的空间，你可以同样做39元折扣价格，用下单立减9元的模式来做，当你想调回正常销售价格的时候，直接取消下单立减9元的促销活动就可以了。

### 2. 一口价，调高价格有影响吗

➤ 有一定的影响，但要看具体的操作才能知道。

➤ 建议一口价一次变动不要超过5%，每次变动价格后，要看数据会不会有所下降，如果下降了就回调价格或者直通车辅助流量。

➤ 价格调高后，应该用性价比来弥补这个变动，例如赠送礼品等。

➤ 转化率会有所下滑的高客单价的产品，转化率不一定高，最终还是看你单品的吸引力。

### 3. 商业桌椅属于家具类目，属于大件商品

➤ 商业桌椅，这样的单品有区间价格，调价格应该是要调除最低价格的单品SKU（Stock Keeping Unit，库存量单位），这样不影响单品展示的价格。

➤ 家具类目，转化和引流的精准性相关，如果该单品没有亏本，建议做引流款，引流进来做其他单品的搭配营销。

➤ 大件商品，本身客单价就会偏高，所以在合理的范围内做价格变动，有一定的合理性，最好以转化为主、赚钱为辅的单品做店铺布局。

做完这些工作之后，建议再发布一个单品，将价格调成想要的价格来销售，然后试试流量和转化率如何。

### 2.2.6 客服管理：提升询单数和转化率

作为淘宝客服人员，需要提升自己的职业能力，在入职前，店铺运营人员要安排客服人员做岗前培训，一个专业能力强的客服人员，可以为店铺增加转化率，增加店铺的销售额，所以，客服管理是非常有必要的，运营人员千万不能忽视客服人员的作用。

售前客服接待流程包括以下 9 个环节。

（1）欢迎语。要素包括店铺名（品牌名）、客服昵称、表情。

（2）明确客户需求。解答疑问、推荐款式。

（3）活动告知。推荐客户参与店铺活动，通过活动引导非强意愿客户购买。

（4）关联推荐。主推款的推荐、搭配套餐或搭配款引导，提升客单价。

（5）下单行为跟进。跟进客户是否下单，如一段时间没有下单，需要回访。

（6）确认收货地址，附加催款。客户下单后跟客户核对收货地址，推送知识，引导付款。

（7）推送关注型优惠。邀请客户关注店铺、微信、微博和收藏店铺等，告知客户做这些的好处。

（8）告别语。请求客户关注、收货后给店铺好评，并告知售后问题出口。

（9）整理客户信息进行记录。对服务过程中获取到的客户信息进行记录，为客户回购助攻。

淘宝客服人员要对客户做好管理，做客户管理有哪些好处呢？

- 客户管理，就是跟客户保持联系，有利于交流互动。
- 有利于口碑传播。
- 有利于复购率。
- 有利于新品激活。
- 有利于品牌形象的提升。
- 有利于改善服务及产品质量。
- 有利于可持续发展战略。
- 有利于加大信用度营销。

客户管理有什么方式方法？

### 1. 会员制营销

会员制营销又称"俱乐部营销"，是指企业以某项利益或服务为主题，将客户组成一个俱乐部形式的团体，开展宣传、销售、促销等营销活动。客户成为会员的条件可以是交纳一笔会费或荐购一定量的产品等，成为会员后便可在一定时期内享受到会员专属的权利。

会员可以享有折扣价、优惠价、团购价、家庭价、搭配价、会员日等店铺优惠活动，给会员狂欢的节奏，赚足店铺的人气。

### 2. 网络社群营销

网络社群营销，是基于圈子、人脉、六度空间概念而产生的营销模式。通过将有共同兴趣爱好的人聚集在一起，将一个兴趣圈打造成为消费的天地！

社群中的消费者，有着共同的购物习惯，他们往往会对同样的产品有很大的兴趣。所以给消费者们一个讨论的天堂，同时发放一些福利，有利于消费者更信赖你的品牌。

这个营销模式类似于会员制，其目的是加强用户黏性。

### 3. 微信一对一客户管理服务

这个需要添加所有客户的微信，才能完成一对一客户服务，让客户相信你的服务！

### 4. 电话服务、QQ 等方式营销

这种模式的目的是多与客户沟通交流。

总之，淘宝客服人员是一个非常重要的职位，客服人员的专业术语、处理应对客户的能力，直接影响出单；做淘宝其实就是做业务，美工人员做好了淘宝的PPT，运营人员推广出去派传单，客服人员负责接待客户，交流，直至成交和复购；产品包装，是给客户的第一印象，搞不好包装，评价与复购也就不可能了；一家淘宝店铺，除了做好自己的本职工作，物流的好坏也直接影响到客户的评价与复购。

## 2.2.7 电商如何高效做好退换货管理

从事电商的人都应该知道，在售后方面，经常会遇到各种各样的退换货要求，面对大量的退换货订单，该如何做到高效化的退换货处理，是大多数电商人想解决的问题。关于退换货处理，你必须要知道以下这些事情。

### 1．退货、换货规则

➢ 卖家已经加入 7 天无理由退换货的，超过 7 天买家自己承担来回运费，超过 20 天卖家概不负责质量问题。

➢ 卖家没有加入 7 天无理由退换货的，只要是出现质量等问题，一样可以在 7 天内退货。

➢ 食品类不属于退货范畴，除了质量问题。

➢ 定制类产品也不属于退货范畴。

### 2．处理商品争议问题及方法

（1）属于质量问题。

➢ 发货错误，收到商品的尺码、颜色、款号与所拍货品不一致。

➢ 所收到商品有明显的破损、开裂、破洞等。

➢ 所购商品有质量问题或不满意，请在反映问题后 24 小时内将货品寄回。

（2）不属于质量问题。

➢ 瑕疵问题。

➢ 尺码问题。

➢ 色差问题。

➢ 洗涤问题。

➢ 主观原因。

➢ 商品气味。

➢ 运送签收。

（3）不属于退换范围。

➢ 影响二次销售的商品，包括退回商品已经拆标、无吊牌、洗涤、少附件、穿过等。

> 自快递显示签收时间开始计算，超过 7 天后才申请退货。
> 收货后产品被非正常人为使用。
> 并不是在该店所购买的产品，拒退换。
> 退换货前没有和相关客服联系。

（4）退换货流程。

签收→跟店铺小二沟通→达成一致后→申请退货→退货发货交运费→卖家收货后→退款（退运费）→完成。

### 3. 关于退运费的一些事

> 交易中，卖家承诺承担退货运费的，在交易结束后需要将退货运费及时返回给买家。
> 交易中的运费争议，根据"谁过错，谁承担"的原则处理，但买卖双方协商一致的除外。
> 买卖双方达成退款协议，退货或换货或维修，但未就运费进行约定的，由卖家承担与其发货相同货运方式的运费。
> 淘宝处理争议期间，卖家同意退货或换货，但就运费的承担提出明确异议的，买家应当先行退货，卖家签收商品后，由淘宝根据规范对运费承担问题做出处理。
> 卖家应当对运费的承担和构成做出清晰、准确的描述。
> 运费由买家承担的，卖家应当按照实际发生的金额向买家收取运费。

### 4. 淘宝小二仲裁

> 买卖双方商议不了的，申请小二仲裁，但必须要举证说明，一定要有有力的证据。
> 小二仲裁，属于终极审判，对卖家无利，会扣分。买家可以充分利用这一条。

如果商家遇到退换货，怎么办？

> 搞清客户退换货的原因，具体是谁的责任，谁承担来回运费。
> 与客户沟通，按照规定及时发货且不是质量问题，可以无理由退货，但买家要承担运费。

- 搞清楚产品的包邮项目，原则上包邮产品由卖家支付邮寄到买家的运费。
- 退货是无可避免的，最好让客户签收，好评后直接退款。
- 让客户不要申请退款，只要货物寄出就直接退款，最好包括运费。
- 降低退货率，提升转化好评率。
- 当成一次补单赠送处理。

作为小卖家，需要诚实做好交易，退货规则利于买家，所以小卖家一定要注意态度；不到万不得已的时候，不要让买家使用小二仲裁，除非买家无理取闹；卖家是辛苦些，但只要能做好，就不必担心一切问题，不行就退款；小二仲裁会扣分，所以卖家一定得重视。

### 2.2.8 做好淘宝天猫店铺的年度总结

年终时，运营人员需要对店铺当年的运营情况做年度总结，包括数据、业绩、团队、定位、产品、实操、运营、推广、活动、促销、爆款、利润款、策划等方面。没有总结，如何对明年的店铺运营做更好的计划？店铺年度总结包括以下几个方面。

#### 1．年度店铺销售业绩

一切以结果为导向，能卖多少直接体现这个店铺的存在价值，总结店铺的业绩与年初的计划是否有出入。

#### 2．年度投入成本

年投入成本包括产品的基础成本、团队运营、物流快递、物流包装、团队人员、店铺推广、单品亏损以及其他开支。

具体多少，根据自己的成本核算出来，才知道具体的投入成本，如果明年还要继续，那么，计划哪些成本可以减少、哪些成本可以控制、哪些成本可以增加，或者说在同样的成本下如何做得更好。

#### 3．年度利润

拿年度总业绩减去总成本，就知道利润是正数还是负数。对利润的总结，应该考虑的是利润产品是否有一个合理的投资规划及推广规划，一个店铺的生存，利润单品的销售非常重要。一个店铺的生死，与店铺的利润产品的流量息息相关。

### 4．分析盈亏

只有充分地分析店铺的盈亏，才能有更好的规划。如果店铺一直处于亏本状态，但是店铺的流量却一直往上跑，那它的目的就是打造品牌影响力；如果店铺一直亏本，而且流量没有上升，该如何规划？又比如店铺一直盈利，后期该如何加大盈利？根据这些情况，具体的操作如下。

（1）亏，我们怎么做？

- 如果目的是做品牌推广，可以继续。
- 如果目的是赚钱，考虑改变策略。
- 如果目的是投资，考虑怎么更合理。

为什么会亏？需要考虑是否是产品、运营、策略、服务、团队等方面出现问题。

（2）盈，我们怎么做？

- 加大盈利空间，继续投入。
- 正常投入，减少成本。
- 增加单品，做高销量。
- 增加渠道，做官网宣传。

### 5．分析访客数量

计划每天多少访客，现在每天做到多少访客？然后反思访客数量为什么没有达标、自然搜索流量为什么没有提高、手机淘宝流量在哪里等问题。

### 6．分析转化率

首先看店铺的转化率是多少，与同行对比相差多少；其次看具体是什么原因，引流关键词转化率的情况如何，转化率受到什么影响。

### 7．分析客单价

根据客户的成交单价，看店铺单品的平均单价是多少，关联销售是否有提高客单价。再根据行业的客单价，看自己店铺与行业的客单价相差多少，具体什么原因。

### 8．分析复购率

复购率是店铺单品定位的一个重要原因，没有复购率的店铺除非是耐用产品，而耐用产品也可以通过店铺老客户的推荐，来提升复购率。

### 9．定位总结

店铺原本定位是什么、到现在为止定位是否正确、定位的对错在哪里、客户人群是否按照我们的定位来购物、店铺定位风格是否要坚持等这些问题都需要总结。

### 10．运营策略总结

根据店铺运营策略看是否符合店铺的发展，以及店铺的促销是否正确，店铺视觉策略是否正确，店铺推广渠道是否合适，店铺活动渠道是否跟进。

### 11．客服总结

看售前客服人员是否完成咨询转化，售后客服人员是否完成退货、退款、评价、争议客户问题和小二介入等问题，总结店铺客服人员是否在不断完善销售咨询方面的问题。

### 12．产品总结

- 上新计划是否正常操作？
- 活动款是否正常报名参加活动？
- 利润销量如何？价格定位如何？客户反馈如何？
- 流量款是否正常引流？引流效果如何？是否继续？

根据新品计划、产品质量、产品差异化、产品体验感等情况，通过客户的评价做一个反馈总结。

### 13．推广总结

- 关键词搜索，关键词的布局是否正确。

- 亏本款的操作，是否做到真正的引流。
- 直通车推广，手机淘宝首页是否上去了。
- 钻展推广，是否增加了店铺的流量及转化率。
- 淘客推广，是否达到销量排名靠前的效果。
- 第三方流量推广，是否直接达到转化的效果。
- 直播推广，是否在坚持做店铺直播。

### 14．团队总结

团队总结包括人员变动、人员待遇、员工福利、员工提成、成员团结以及成员实力如何等。

### 15．店铺的 SWOT 分析

SWOT 即 Strengths（优势）、Weaknesses（劣势）、Opportunities（机遇）、Threats（威胁）。运营需要清楚自己店铺的优势和劣势，以及店铺的机会和威胁所在。

除了上述的一些年度总结注意事项，还需要了解客户体验感、店铺文化、店铺内容、团队文化、产品文化、小视频拍摄、线下引流、线下品牌体验店铺、社群引流、自媒体引流等方面的情况，作为淘宝天猫店铺的运营人员，对店铺的概况需要了解透彻，才能更好地运营店铺。

## 2.3 店铺工具，提升店铺运营的效率

在店铺运营中，必定会用到店铺工具，店铺工具能帮助卖家快速地熟悉、管理店铺。本节就着眼于店铺工具，从超级店长、千牛卖家工作台、图片空间、美图淘淘等软件切入，讲述作为卖家该如何利用店铺工具，提升店铺运营效率。

### 2.3.1 超级店长：卖家店铺的全方位优化软件

对于新店铺，由于卖家很多知识与技术都尚未完善，建议试着用卖家服务软件去熟悉店铺管理。其中"超级店长"是一个很不错的工具，不仅实惠，服务还比较全面。

这款工具需要付费，但能试用一个月，分为初级版、中级版和高级版。其中

初级版可以免费试用一个月；中级版10元钱一个月；高级版16元钱一个月。

"超级店长"的版块比较多，包括店铺体检、店铺助手、促销助手、宝贝推荐、店铺统计、店铺模板、客服绩效管理、日历、营销工具、图片空间、行情参谋、发货管理、店长CRM、快递查询等。

由于该工具内容过多，建议先试用体检，觉得使用效果不错后再开通高级版。高级版的功能比较全面，部分版块的内容如图2-2所示。

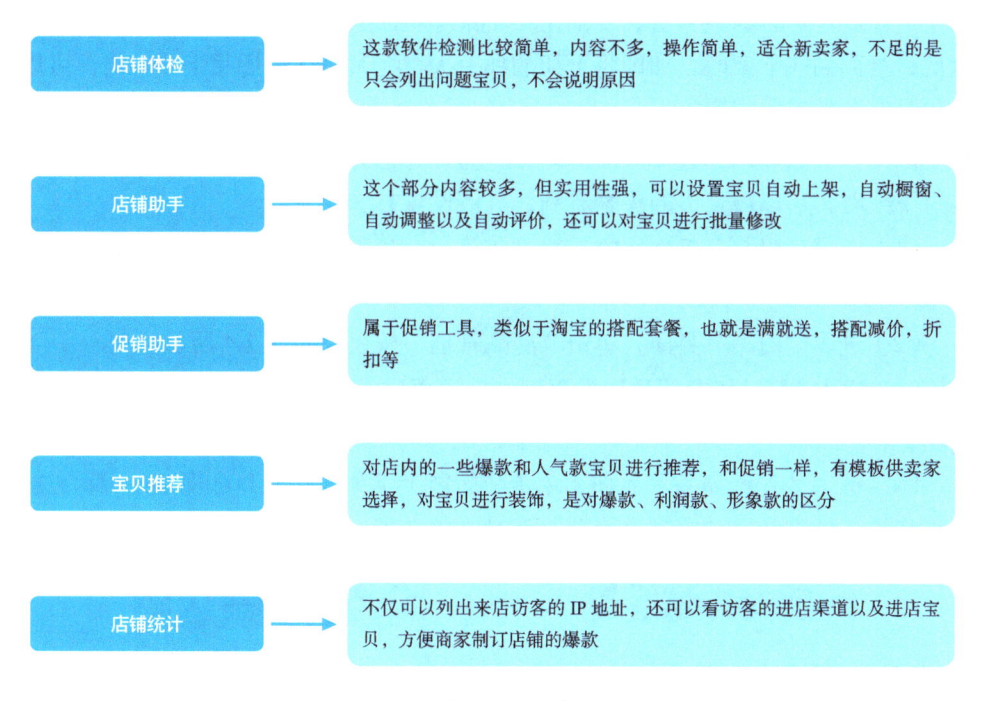

| | |
|---|---|
| 店铺体检 | 这款软件检测比较简单，内容不多，操作简单，适合新卖家，不足的是只会列出问题宝贝，不会说明原因 |
| 店铺助手 | 这个部分内容较多，但实用性强，可以设置宝贝自动上架、自动橱窗、自动调整以及自动评价，还可以对宝贝进行批量修改 |
| 促销助手 | 属于促销工具，类似于淘宝的搭配套餐，也就是满就送、搭配减价、折扣等 |
| 宝贝推荐 | 对店内的一些爆款和人气款宝贝进行推荐，和促销一样，有模板供卖家选择，对宝贝进行装饰，是对爆款、利润款、形象款的区分 |
| 店铺统计 | 不仅可以列出来店访客的IP地址，还可以看访客的进店渠道以及进店宝贝，方便商家制订店铺的爆款 |

图2-2 "超级店长"工具部分版块内容

总之，店铺工具不宜太多，否则运营成本太高，找到一个适合自己运营店铺的工具，会省掉很多事情；淘宝促销一定要用卖家服务软件；店铺要常诊断，古语有云"生于忧患，死于安乐！"此古语也适用店铺。店铺的打造与运营者有关，运营者是否找到适用的软件对店铺打造有很大影响。

### 2.3.2 千牛卖家工作台：提升卖家的经营效率

在淘宝上做生意，和买家沟通不是通过QQ、手机或者其他方法，而是用千牛。千牛是淘宝网卖家和买家沟通的法宝，有很多卖家功能集成在里面，非常实用，要是以后在买卖过程中与买家有任何的纠纷，千牛的聊天记录是以后处理纠纷的最重要的证据。需要注意的是，淘宝网官方是不承认 QQ 聊天记录的，所以千牛是无可替代的一个卖家与买家的沟通工具。

千牛的主要功能包括：商品管理、交易管理、评价管理、店铺管理、数据运营、促销管理、采购管理、客服管理、客户运营、企业协同、金融服务、仓储物流、短视频、流量推广等。

使用千牛客户端进行引流，有利于提升卖家的经营效率。卖家首先要掌握商品上/下架时间的调整方法，商品上架的剩余时间对于排名顺序有很大的影响。因此，当商品快下架时，如即将下架的那一天，尤其是在最后几十分钟内，可以获得最有利的展示位置。

因此，卖家可以通过千牛客户端来调整一个合适的上/下架时间，让商品在临近下架时，可以被更多的买家看到，具体设置方法如下。

（1）卖家可以登录千牛 APP，在"工作台"界面中单击"商品"按钮，如图 2-3 所示。

（2）进入"商品"界面，单击"商品管理"按钮，如图 2-4 所示。

（3）进入"默认工具设置"的界面之后，再选择"普云商品"工具，如图 2-5 所示。

（4）进入"普云商品"界面，单击"智能上下架"按钮，如图 2-6 所示。执行操作后，即可开启"智能上下架"流量优化方案。

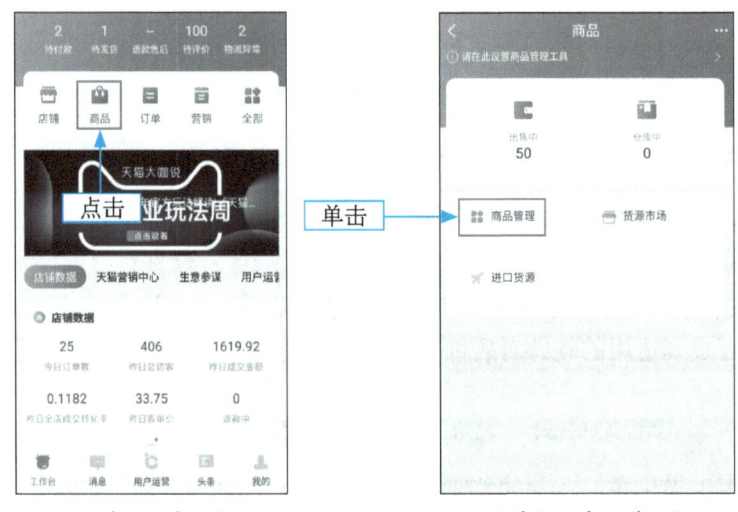

图 2-3　单击"商品"按钮　　　　图 2-4　单击"商品管理"按钮

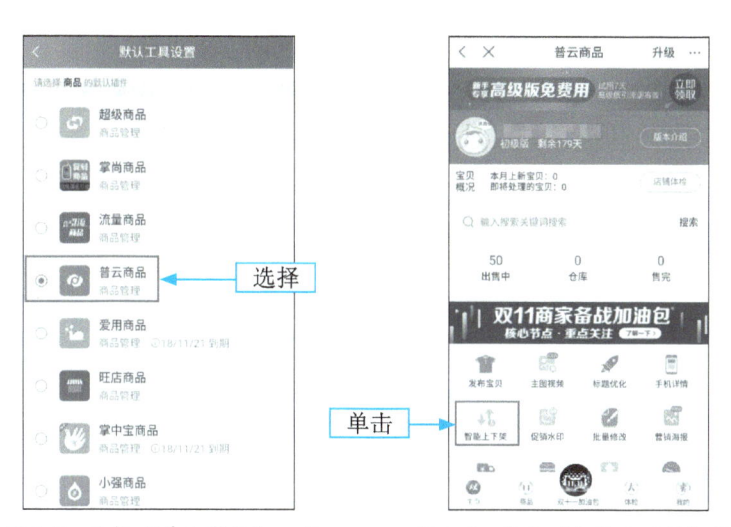

图 2-5　选择"普云商品"工具　　　图 2-6　单击"智能上下架"按钮

### 2.3.3　图片空间：提高页面和商品图片打开速度

开淘宝店一定要用网络相册，为什么？因为卖家发布商品之后，必须要展示尽量多的商品图片才能吸引买家，商品图片数量多，有利于买家精心挑选，光有文字而没有图片很难有客户购买你的产品。这个存放照片的地方，就是网络相册，在淘宝网名为"图片空间"。淘宝对新手有扶持政策，可以免费使用。

因此，卖家可以将自己商品的图片素材保存到淘宝后台的图片空间，这样便于下次寻找该商品的图片以及其他素材，具体存放方法如下。

（1）卖家登录 PC 端淘宝，进入"卖家中心"，在左侧的功能板块中，❶ 找到"店铺管理"；❷ 单击"图片空间"按钮，如图 2-7 所示。

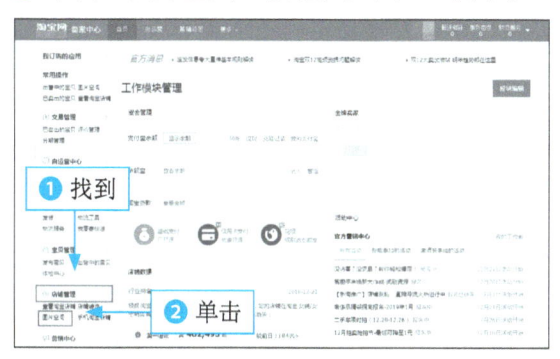

图 2-7　卖家中心之"图片空间"

（2）进入图片空间，单击"上传"按钮，如图2-8所示。

图2-8 图片空间

（3）在弹出的"上传图片"页面，❶单击"上传"按钮或者直接拖动图片到此处上传；❷再单击"确定"按钮，如图2-9所示。

图2-9 上传图片

上传完图片之后，运营者再根据图片的类型，分别新建文件夹，然后把这些商品图片归类放好。利用图片空间存储商品图片的好处如下：是淘宝官方出的产品，既稳定又安全，可以放心使用；管理方便，批量操作；提升商品页面和商品图片的打开速度，提高成交量。

### 2.3.4 消费者保障计划：确保买家购物安全的套餐服务

卖家加入淘宝网消费者保障计划（简称"消保"），能享受非常多的好处。例如，买家会更加信任参加消费者保障计划的店铺，如果买家浏览某件商品，另外一家也有，而且价格相同，一般买家都会选择在有消费者保障计划的店铺购买；又例如，在淘宝网搜索商品时，加入消保的店铺会排在没有消保的店铺前面。

如果想让自己的网店更具有竞争力，加入消费者保障计划是很有必要的。但是加入消保前需要支付一定的保证金给淘宝网，这部分资金会在支付宝中被冻结，不过商家不用担心，钱依然还是自己的，需要等店铺加入消保满 3 个月后，才可以申请解冻，或者买 30 元消费者保障保险。

卖家加入消费者保障计划，可以带来以下好处。

➢ 在店铺商品上加上特殊标记，并有独立的筛选功能，只要买家搜索相关关键词，你的店铺商品就能迅速被买家看到。

➢ 拥有先行赔付标记的商品，可信度高，更能让买家接受。

➢ 为你店铺的商品增加曝光的机会，并且会单独设立消费者保障计划专区，开展定期活动，还可以帮助参与消保计划的卖家进行长期的宣传，有利于打造商品优势。

如何加入消费者保障计划？具体的操作步骤如下。

（1）登录淘宝后台，进入卖家中心，在左侧功能板块中，❶ 选择"淘宝服务"；❷ 选择"消费者保障服务"，如图 2-10 所示。

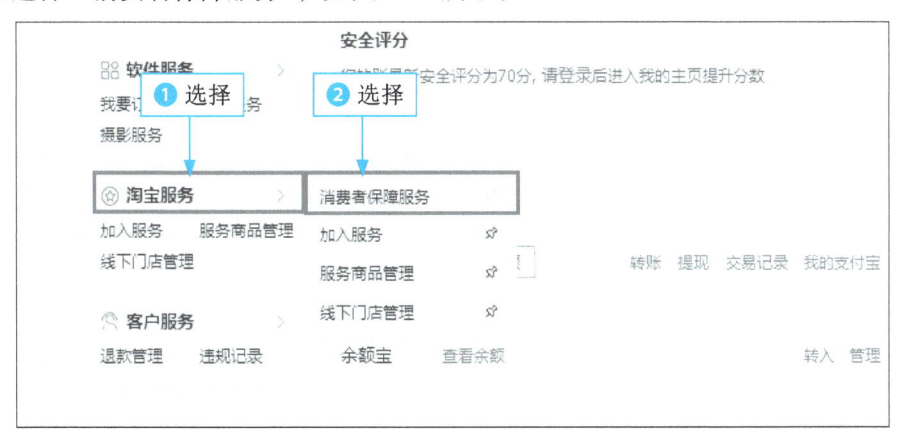

图 2-10 "淘宝服务"之"消费者保障服务"

（2）进入"消费者保障服务"页面之后，申请加入"消费者保障计划"，在审核成功之后才可以在消费者保障服务处提交保证金，❶ 单击"立即开通"按钮来开通保证金计划；❷ 单击"缴纳"按钮缴纳保证金，交完保证金之后，这部分资金将会被冻结，作为"消费者保障服务"的保证金。如图 2-11 所示。

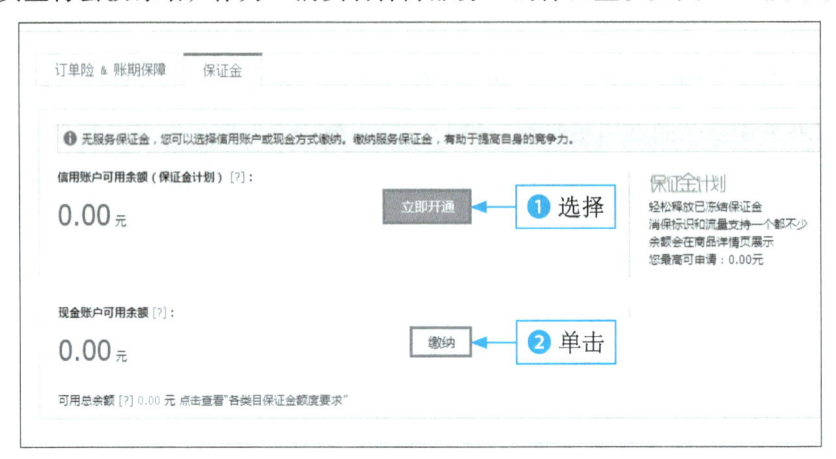

图 2-11　开通保证金

商家在申请加入消费者保障计划之前，需要看自己是否符合加入该计划的条件。加入消费者保障计划后可让自己的店铺在同行中更具有竞争优势，同时商品还可以得到更多的展现机会，增加商品的曝光率。需要注意的是，一般新店会员要在开店一周之后才可以提交加入消保的申请。

### 2.3.5 淘宝助理：一款免费的客户端工具软件

现今开一家淘宝店，早已不像七八年前那样困难了，开店的门槛低，让不少年轻的创业者赚到了人生中的第一桶金，甚至现在很多人把开淘宝店当成一个兼职来做，卖点自己喜欢的东西，做小而美的店铺。但需要选对产品，如果产品没选好，基本属于浪费时间和成本！

在这样的情况下，起步的所有工作都得由店主一人承担，小到一张图片的处理，大到店铺营销的推广，以及财务、库存管理等。

这里给大家介绍的是整理发布宝贝的工具——淘宝助理。

淘宝助理工具可以编辑宝贝信息、批量上传宝贝，助你快速编辑、修改宝贝，还可以导入 / 导出 CSV 格式。

一般个人店铺产品不会很多，但最少需要保持 10 个以上，否则不能满足很多活动关于产品个数的要求。如果你想销售很多产品也可以，一般超过 50 个产品的店铺都需要用到淘宝助理。

### 2.3.6 美图淘淘：专为卖家设计的批量图片处理软件

网店发布的宝贝越来越多，导致网店后台的图片数量越来越庞大，如果卖家想要批量处理这些图片，建议使用美图淘淘这款专门为卖家设计的图片处理软件。它还是一款免费软件。如图 2-12 所示为美图淘淘的相关界面。

图 2-12 "美图淘淘"页面

美图淘淘可以帮助卖家解决修图困难及重复性工作等问题。它具有图片处理、文字编辑、边框修饰、添加素材等一些修图软件常用的功能。它的优点是能帮助卖家批量处理图片，只需操作一步，就可以同步到后面的所有图片，节省了卖家的时间。美图淘淘软件具有 6 大特点。

➢ 素材类型多种多样，且能够批量添加实用装饰素材。
➢ 一键亮眼边框，让你的图片独具特色，在众多商品中脱颖而出。
➢ 商品图片一键美化，并且能批量生成。
➢ 导入水印功能，批量自定义添加。
➢ 可以一键上传到淘宝的图片空间。
➢ 操作步骤简单，实用性强，快速上手。

在店铺运营中，影响点击率的因素就包括宝贝的主图，主图吸引了买家的眼球，自然就可以让买家点进你的商品。

在淘宝店铺优化中，宝贝图片的设计是店铺优化的重要之处，所以，卖家需要重视宝贝图片优化，利用美图淘淘工具，批量处理图片，打造独具特色的宝贝主图，增加宝贝的曝光率，从而提升店铺的整体销量。

### 2.3.7 淘宝图片助手：一键生成适合淘宝店铺的图片

对于淘宝宝贝图片的处理，一般使用的软件是 Adobe Photoshop，因为 Photoshop 的功能是最齐全的，但是，像平时一些批量加图片水印的工作，可以用"美图淘宝版""淘宝图片助手"来简单地处理。

可牛淘宝图片助手是一款专门为网店人员设计的淘宝图片制作工具，能一键生成适合淘宝店铺的图片，不仅步骤简单好用，而且还是免费的，其功能如图 2-13 所示。

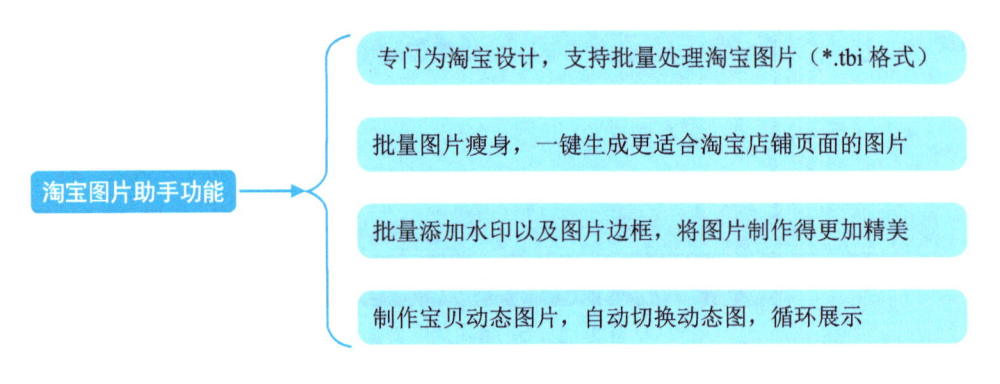

淘宝图片助手功能
- 专门为淘宝设计，支持批量处理淘宝图片（*.tbi 格式）
- 批量图片瘦身，一键生成更适合淘宝店铺页面的图片
- 批量添加水印以及图片边框，将图片制作得更加精美
- 制作宝贝动态图片，自动切换动态图，循环展示

图 2-13　淘宝图片助手功能

使用淘宝图片助手工具，可以帮助店铺运营者省去很多时间，用这部分时间去做更多的事情。

### 2.3.8 淘宝旺铺：帮助卖家更好地经营店铺、提高人气

当卖家把宝贝图片都美化好后，接下来需要做的工作就是店铺装修。淘宝官方的工具有：淘宝旺铺。它是淘宝网新开通的一项增值服务，可让店铺的界面变得更具有个性、更华丽，提高店铺的档次。

淘宝旺铺不仅能帮助卖家打造具有个性风格的淘宝店铺，还能提高店铺的人气，有利于卖家更好、更高效地经营店铺，给客户带来更好的购物体验。卖家如果需要申请加入旺铺的话，需要支付一定的费用。

淘宝旺铺提升人气的方式分为两种：一种是付费的；一种是免费的。

➢ 付费旺铺的淘宝卖家不但可以享受旺铺的服务，而且可以得到淘宝赠送的 30MB 的图片空间服务。

> 免费的旺铺，顾名思义就是淘宝网对卖家的一个扶植，只对一钻及以下的卖家开放，主要是扶植小卖家。它跟付费版的不同之处在于：店铺首页模板是固定的，而且没有免费的图片空间赠送。如图 2-14 所示。

图 2-14 "淘宝旺铺"页面

淘宝旺铺在订购后需要一段时间来缓冲，一般情况下是在几分钟至 1 个小时之间。用户需要在订购之后，刷新页面，然后关闭整个浏览器；重新登录淘宝后台，进入卖家中心；到店铺管理版块选择店铺装修页面单击"升级到旺铺"，接下来卖家就可以使用淘宝旺铺的服务，设置自己的个性化店铺了。

# 第 3 章

# 店铺选品：适合你的才是好产品

如何让自己的店铺独具风格，拥有自己的形象特色，始终是大多数商家最头疼的问题。店铺选品是提升店铺形象的关键，而店铺选品的方式有很多，如店铺定位、人群定位、产品定位等定位方式。卖家需要找到自己店铺的定位方式做店铺选品，才能正确地找到适合店铺经营的产品，从而提升店铺的形象。本章详细地介绍了适合店铺定位的方法和店铺经营阶段的产品细分，以及产品优化操作方法，并配以丰富、典型的应用案例进行说明。

*店铺定位：确定好货源渠道*
*产品细分：不同类型的款式占比*
*产品优化：带动店铺的产品销量*

## 3.1 店铺定位：确定好货源渠道

在店铺开始经营时，作为店铺运营者，要确定好店铺卖什么产品，针对的是哪类人群，找准目标客户，在明确好店铺定位的同时还要确定好货源渠道，这样才能有的放矢地去做运营规划。

本节便着眼于店铺定位，从案例解析、实操方法等方面切入，使卖家深层次地掌握店铺定位的方法，确定店铺的精准客户以及特色产品，从而增加店铺的流量，提升店铺的形象。

### 3.1.1 店铺定位：有目的地挑选货源

大家常说的定位，其实就是让产品品牌在客户的心中占据最有利的位置，从而使品牌成为某个类别或某种特性的代表品牌。当客户产生相关的需求时，便会将该品牌作为首选，也就是说这个品牌占据了这个定位。

该定位理论的创始人是美国著名营销大师艾·里斯及其当时公司的合伙人杰克·特劳特，并于1968年为这个理论进行了命名——Positioning，由此开创了营销理论全面创新的时代。2001年，定位理论压倒菲利普·科特勒、迈克尔·波特，被美国营销协会评为"有史以来对美国营销影响最大的观念"。

店铺定位其实就是指一个网店重点针对某一些客户群体销售产品。比如减肥药，主要针对的就是肥胖人群，或者是想减肥的人。

举例说明：你开一家干果店铺，卖核桃、腰果、开心果，这并不是定位。

（1）开干果店铺，卖腰果核桃等产品，是选的产品类目问题，你选择了干果店铺，就卖干果产品。

（2）腰果核桃等产品，有自己的存在方式，例如：散装、包装、盒装、斤装、克重装，还有辣味、原味、国产、进口、边境等。

（3）销售要分目标人群。

（4）店铺定位就是要将产品卖给谁？例如：性别、年龄、资金、地域、职业类型等。

（5）只有知道自己的目标客户群体，你才知道产品以什么形式销售出去。

（6）当零食卖就需要考虑方便；当年节送礼卖就得考虑包装；当重口味者卖就得考虑味道是否香、辣，而不是只卖原味。

（7）定位，考虑的是客户，与谁有关才重要。

所谓定位，就是满足特定人群的需求。

- 精准定位，就是细分消费人群。
- 精准定位，就是细分消费需求。
- 精准定位，就是细分行业单品。
- 精准定位，就是做自己的店铺特色。
- 精准定位，就是高要求高质量高复购。

知道店铺的定位之后，就需要有目的地去挑选货源。例如，做微商有以下几种选择货源的方法。

- 产品的规范性。市场统一价格就避免了恶性竞争。
- 产品认证。微信经营首先是以诚信为本，所以，有质量保证的产品才能长久生存下去。
- 团队合作。微商"菜鸟"刚入行就是"小白"，在这越来越专业的微商时代，找一个成功的微商领着你，就能少走很多弯路。
- 产品针对的消费群体一定要广，人多才有可能有好的销量。
- 选择消耗品，特别是快消品。引流来的精准客户实属不易，如果是一锤子买卖，那卖家会比较辛苦，引导客户再次购买，会让卖家在引流这一环节轻松一些。

店铺定位的好处就是：有目的地挑选货源，更精准地定位到客户。

### 3.1.2 人群定位：更精准地定位客户

人群定位，其实就是商家要知道，自己的产品是针对哪一类人群来销售，做的所有工作都是为了吸引这部分人群。如何寻找精准客户，需要清楚以下几点。

- 知道精准客户的核心需求点。
- 知道客户是哪类人。
- 你的客户在哪里。

店铺淘客就是利用淘宝网这个数亿级的交易平台来赚取佣金的，其运营技巧跟传统淘宝店基本相同。定位既是一个舍弃的过程又是一个寻找的过程，舍弃现有的买家、去寻找目标客户群体；舍弃已有的市场、去寻找目标市场。

所以说，定位其实就是为了寻找目标市场及客户群体，在这之中，需要不断舍弃不符合目标客户需求的产品，找准精准客户的需求，快速占领客户内心才能快速占领市场。

人群定位分为三大类：价格定位、年龄定位、职业定位。

1. 价格定位

（1）价格定位首先想到的就是低客单价，将店铺的宝贝价格都定在低价位区间，这样做的好处是，不仅引流速度快，还能提高店铺转化率，大部分客户对产品价格比较敏感，所以，低价位是大众容易接受的。如果是新开的店铺，前期建议利用低客单价来做店铺引流。

（2）除了低客单价策略，还有高客单价，就是将自己店铺的宝贝单价定高一些。例如一些时尚高端品牌的旗舰店、专卖店等，这些店铺对于产品的质量、品质、档次都是有要求的，而且具有自己独特的店铺装修风格，讲究高品位、高格调，这样才能体现出店铺的档次，吸引那些对产品有着高要求的客户进店浏览。

（3）统一价，例如，线下的实体店经常出现的统一价格 9.9 元、19.9 元、29.9 元等，这个定价策略就是统一定价。为了吸引客户购买，可以将这个策略用到线上店铺，制订统一价。这样做的好处是客户会比较精准，弊端是会将自己的产品局限在一个范围。

2. 年龄定位

（1）18~24 岁。这个年龄段的客户是大学生，多数是刚踏入社会的年轻人，没有一定的经济来源，一般是靠家里支持，因此消费能力有限，对于品质没有太大要求，好看实用就好，考虑更多的是款式的新颖以及价位。

（2）25~35 岁。这个年龄段的客户基本上已经进入职场，有一定的经济来源，并有一定的消费能力，那么在品质方面的要求就会高一些，所以在选款的时候，要注意挑选品质稍微高些、价格也可适当高些的产品。

（3）中老年人。这个年龄段的客户虽然有自己的经济基础，但是在消费的时候更多地会考虑商品的性价比，本着货比三家的原则去挑选产品。针对这部分年龄段的客户，先要做准备工作，包括前期的市场调研以及市场分析，再去选择有优势的货源。

3. 职业定位

职业分很多种，大致可以分为三大类：学生、上班族、宝妈。

（1）学生。对于学生来说，他们考虑的是衣服的款式要新潮，而且价格不能太高，这部分人购买产品更多的是靠第一感觉。所以，商家在选款的时候，要注意满足客户对于款式的追求，并且需要在主图上花工夫，尽量做到吸引客户的眼球，达到高转化的目的。

（2）上班族。这部分人群基本都有了一定的消费能力，工作的场景包含了平时的社交，这就使得他们对于产品品质及质量有一定的要求，所以在挑选货源的时候，需要挑选高品质、高档次、高价格、高内涵的产品。

（3）宝妈。宝妈人群不完全是全职女性，只是因为有了宝宝，才会关注一些婴幼儿用品，所以她们在价格方面不是很敏感，但产品质量一定要安全，因此要把细节做到位，最大程度地对宝宝有好处。除了婴幼儿用品，宝妈还会去关注一些家居用品，毕竟平时在家带宝宝没时间出去购物，所以这部分人群更倾向于网上购物。

### 3.1.3 产品定位：塑造鲜明个性或特色

对于网店运营者来说，店铺的选品定位尤为重要，除了人群定位，还需要产品定位，客户根据店铺经营的产品就能看出该店铺的风格。所以，决定店铺的风格之后，就需要定位店铺所卖的产品，产品定位能够塑造店铺鲜明的个性和特色。

产品定位、店铺定位直接影响店铺今后的淘宝操作。针对产品，一定是小类目的，一定是精准到一个点的。例如，做特产的就做某一种特产、做食品的就做某一种食品、做服饰的就做某一种服装或饰品，一定要杜绝全都做，否则可能无从下手。

淘宝创业，产品是网店之根，是营销之本。网店的任何差异化营销必须通过产品的差异化来表现，没有差异化的产品，会削弱网店的竞争力，直接影响到网店的生存和发展。至于如何体现产品的差异化，归根到底，就是要做好产品的定位。因此，在这里给读者介绍淘宝创业之产品定位方法。

首先，选好某一类小类目产品，精准到一个点。例如，做食品，由于食品的类目太大，可以选进口食品，接着定位到进口食品的零食类，零食类再细分就是膨化食品类、饼干类、软酥饼类等类别，在这个细分类别中挑有优势的产品，这是一个过程，能细分的尽量再细分。

其次，做产品定位需要考虑到货源是否充足，避免出现"有单无货"的现象，爆款建议选择1~2款。另外，产品的种类不宜过多，凸显自己品牌的专业性，不要想着去满足每一个人的需求。

## 3.2 产品细分：不同类型的款式占比

一个网店的产品或许有很多种类型，细分好这些产品，运营者在做规划时才会清晰地知道自己的下一步计划。产品细分又可将产品分为很多种，不同类型的款式的产品在店铺中是有一定占比的。本节主要介绍产品细分，从不同类型的款式来将产品进行分类，明确好店铺的引流款、利润款、活动款、形象款等，以及不同产品类型在店铺中所占的比例，方便运营者在做活动时，及时地推出相应的产品，提高店铺的转化率。

### 3.2.1 引流款或爆款（15%）

顾名思义，引流款或爆款就是网店的主推产品。它能给店铺带来大量的流量，解决店铺的流量问题，是商家做直通车推广的重点款。

将产品定位为引流款，就意味着这个产品就是网店最大的流量来源通路。这个引流款产品，一般都是选择大部分消费者都能接受的，而且这部分的产品转化率要好，相比于同样类目属性环境下的竞争对手，有价格或者其他方面的优势。

那么想要选对精准的引流款，就要做好数据的测试，尽量选择转化率高、地域限制较少的产品。观察其数据状况，初期可以给予产品比较小的推广流量，慢慢测试后，再稳步提高，这类款式大概占店铺产品的15%。引流款/爆款示意如图3-1所示。

图3-1 引流款/爆款

### 3.2.2 利润款（70%）

将产品定位为利润款，就是要靠此产品为网店带来更多的利润和销量，因此这类产品应该占实际营销中的最高比例。

利润款前期的选款，在数据挖掘要求方面比引流款更高，在选择时，首先要锁定目标人群，精准地分析目标人群的爱好。而利润款产品选择的目标人群，应该是某一特定的人群，例如一些比较追求个性、追求潮流的人群。然后分析出适合他们的款式、产品卖点、设计风格、价位区间等多方面的因素，再做出决定。

选准人群后，推广方面同样也要精准，可以通过少量的定向数据测试，或者通过预售产品等方式去对产品进行调研，以做好供应链的轻量化。

将淘宝指数与淘宝搜索相结合能给出明确的价格区间，这类产品占店铺产品的70%。利润款示意如图3-2所示。

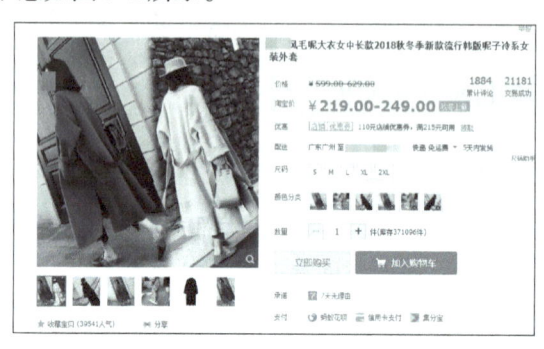

图3-2　利润款

### 3.2.3 活动款（10%）

报名平台的活动款式，例如，淘抢购、聚划算、天天特价等，对于这一类款式的要求是：高销量，爆发性强。

选择活动款的产品，首先就要明确产品通过活动要达到的目的是什么：是清库存、冲销量，还是体验品牌。根据不同的目的，选择不同的操作方式。

（1）清库存。以清库存为目的的活动款产品，一般都是些陈旧或者尺码不全的款式，这样就必须牺牲客户对品牌的体验，那么低价出售就是弥补客户心理的一个最好的方式。在很多网站都可以看到，店铺会有一栏以"特卖""低折促销"为字眼的产品栏目，就是利用这个原理。

（2）冲销量。网店想要获得更多的利润、提高知名度，冲销量就是一种不得不采取的方式。以冲销量为目的的产品，可选择大众喜欢的、比较热门的产品进行销售，才能达到更好的效果。

（3）体验品牌。要知道，现今在淘宝和天猫平台上，很多活动产品的销量是不计入主搜排序的，因此，活动仅仅作为让外界感知店铺品牌的一个通路，那么活动款就一定要在活动期间放弃产品的利润，成为让客户感知店铺品牌的理由。

所以，活动款的选款应该是大众款，且折扣较低，让客户看到基础销量的价格与活动折扣的差别，从而让客户产生购物的冲动。

与此同时，商家还要做好后续的售后跟踪，更能够提升活动后的复购率。注意：那些贪图便宜购买店铺产品的，一定不是店铺最终的目标客户，活动产生的客户复购只是一小部分，因此给原有老客户提供优惠及福利，是店铺做活动的另外一个理由，如图3-3所示。

图3-3 聚划算活动款

### 3.2.4 形象款（5%）

形象款从字面上就能理解，是用来提升店铺的形象的，如图3-4所示。形象款的意义就在于，它能让你停留驻足与期待，但是它却高不可攀，是价格高、利润高的产品。因此，形象款的选择，应该是一些高品质、高调性、高客单价的极小众产品。但形象款只是产品销售的极小部分，网店只需设置3~5款即可，应该把重点放在之前3个款的产品上。

现在淘宝上同质化的产品越来越多，如何让自己的产品在众多商品中变得独具风格，就需要用产品来打造自己店铺的形象，体现出品牌的高度、品质。

图3-4 形象款

## 3.3 产品优化：带动店铺的产品销量

在进行店铺产品优化时，运营者要提高对店铺产品的把控能力，以方便实时了解产品动态。及时对产品进行优化，这样做的好处是能带动店铺的销量以及转化。

本节着眼于产品优化，通过分析挖掘店铺潜力宝贝，对店铺滞销宝贝进行优化，细分冷门产品。从案例展示、实操方法的角度深入解析产品优化，帮助店铺运营者及时对店铺产品进行管理。

### 3.3.1 潜力宝贝的挖掘

在淘宝店铺运营中，宝贝的选品很重要，如何让产品给店铺带来销量与转化，这就需要运营者分清楚店铺宝贝的优势与劣势，再来挖掘店铺的潜力宝贝。

为什么要进行潜力宝贝的挖掘？现在的网络市场上，市场行情瞬息万变，根据市场需求变化，店铺运营情况需要及时做调整。例如，季节的变化、节日、潮流趋势等，这些都是影响宝贝转化的因素，所以为了应对这样的变化，店铺运营者应该及时优化宝贝卖点，调整商品结构。

若店铺的商品数量过多，必定需要对店铺商品进行产品定位，区分引流款及利润款等。另外，客户端不同也会影响店铺宝贝的销量，PC端卖得好的产品，在无线端并不一定受欢迎。下面就来介绍卖家如何挖掘自己店铺的潜力产品。

**1．应季的宝贝**

随着季节的变化，店铺都会推出应季的产品，在一个季节开始时，就需要提前规划下一个季节的主打产品，为下个旺季做准备。

**2．依靠直通车推广的数据，来判断潜力款的宝贝**

判断的标准有以下几点。

（1）点击率偏高，推广费用占比较大。费用占比较大意味着流量较多，整个市场需求较高，另外点击率可与行业的数据进行对比。

（2）收藏、加购率较高，收藏加购占访问量比例在8%左右。比率值的界限需参考全店转化率，在推广过程中，点击量超过200的研究意义更大；过去7天数据积累的点击量少，可拉长为过去 14 天的数据。原则上数据量越大，越适合做潜力款。

### 3.3.2 滞销宝贝的优化

什么是滞销品？其实就是宝贝在发布后 90 天内未售出一件，且宝贝的关键属性连续 90 天未修改，这些属性包含价格、标题、主图等。

这一类产品不会进入搜索库，也就是说如果用所有的标题去搜索，肯定找不到该宝贝。要是想让其进入索引，目前的方式是建议重新修改标题、价格等，再重新发布。在发布的时候需注意，一定要在宝贝为上架状态时才编辑重新发布，滞销宝贝的优化如图 3-5 所示。

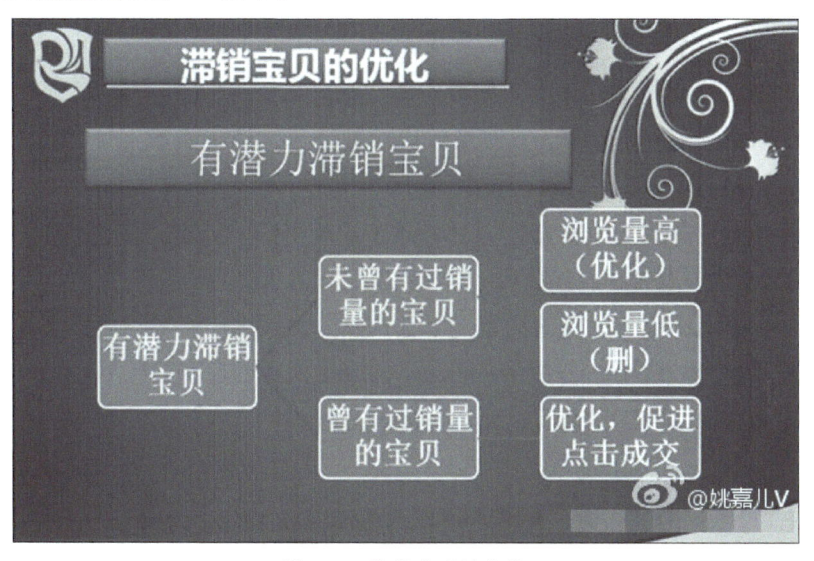

图 3-5 滞销宝贝的优化

滞销品只会导致该产品不被搜索到，但不影响店铺和店铺里其他产品，也不会因此被降权。

什么原因导致滞销品的产生？原因就是店铺宝贝数量过多，没有及时优化店铺的宝贝，且没有任何成交。

滞销品如何修改/优化呢？方法如下。

- 修改宝贝标题。
- 修改宝贝价格。
- 修改宝贝主图。

> 修改宝贝详情。

对于滞销品商家该如何处理呢？措施如下。

> 完全没有市场需求的宝贝直接下架或删除。

> 通过淘宝的系列活动进行反季清仓销售，如限时折扣、满百就送、关联营销、站外推广等。

找出店铺滞销品之后，需要对店铺产品重新规划，具体方法如下。

（1）对于爆款/引流款、利润款、活动款、形象款的重新挑选。销量好的可以继续，销量相对差的就再选一批，重新打造。

（2）产品类目的重新安排。这里需要弄清楚，是最小的类目比较有流量，还是在倒数第二或第三的类目比较有流量，具体要用淘宝指数去诊断。

（3）属于自己品牌的，包装是否要更新。

（4）快递物流等服务是否要重新挑选。

除了重新规划店铺产品，还需要检查店铺评分，具体如下。

（1）好评多少，中评多少，差评多少。

（2）店铺评分的3个要素：宝贝与描述是否相符、卖家的服务态度、卖家发货的速度，看哪项的评分比较低，需要优先处理。

（3）诊断店铺宝贝，查看店铺的哪些产品差评较多，必要时可以考虑删除该宝贝，并反思产品或服务是否存在问题，同时也要考虑自身的问题。

查看淘客推广的产品情况，做以下简要分析。

> 是否有一定流量进来。

> 是否有成交转化率，究竟有多少转化率。

> 是要重新挑选产品还是佣金有问题。

> 是否提交了淘客推广后就没有怎么理过淘客渠道。

站内站外的推广渠道情况分析如下。

> 诊断各渠道的流量情况。

> 哪些渠道可以深入研究。

> 哪些渠道可以放弃。

> 自己推广的方式是否正确。

> 团队或自己是否有这样的能力去处理多条渠道。

总的来说，滞销品应该在上架的状态下，重新编辑再上架；导致滞销的渠道，应该放弃还是继续深入研究，根据个人或团队的能力而定，有流量的渠道应该深入发展；对于淘宝新人，应该是"工欲善其事，必先利其器"。

### 3.3.3 细分冷门的产品

在众多的产品类型中，不一定热门的产品就是最容易做的，相反竞争压力会更大。所以，可以找竞争小的领域去做，这就需要找到细分冷门的产品。细分冷门的产品该怎么找呢？

➢ 首先，可以从自己从事的行业去找，因为你所从事的行业必定是你最熟悉的，所以相比其他行业更容易发现机会。例如，有的人做服装，认为服装这个行业在淘宝的竞争力非常大。其实不然，服装的类型也分很多种，如小码服装、旗袍、广场舞服装、少数民族服饰等。

➢ 其次，可以从生活中去找，例如留心一下平时遇到哪些不太好买的产品；或者能买到，但价格较高的产品，去网上搜索了解情况，看有没有机会做。

➢ 再次，对比淘宝市场，去看阿里巴巴指数，哪些产品搜索的人比较多，或者天猫中哪些类目比较多，多的则不建议选择。

➢ 最后，是自己独特生产的产品，例如手工艺品，考虑少数民族的特色风格及特产，或者自己加工生产的产品。

除了这4点细分冷门产品的查找方法，还可以通过其他方式，例如特定人群喜欢、十八岁成人礼、旅行专用小随身携带产品等。这些需要大量的数据分析，所以在做一家店铺时，应该花80%的时间选产品选类目，然后靠基础运营知识将店铺做起来。

# 美工营销篇

# 第 4 章

# 视觉营销：创意设计提升转化率

如何让自己的店铺在视觉上呈现出优势，吸引顾客眼球，提升店铺转化率，是广大卖家所关心的问题。那么视觉营销作为提升店铺转化率的关键，又包括很多方面，卖家需要掌握这些视觉营销方法与设计工具的使用方法，才能提升自己店铺的形象，从而吸引顾客进店消费。

本章系统、详细地介绍了视觉营销的方法和步骤，以及非常实用的设计软件工具的操作方法，并配以丰富、典型的精美案例应用图片进行说明。

页面规划：深度定制品牌形象
详情页设计：吸引买家点击和下单
设计工具：学会使用 Photoshop 软件

## 4.1 页面规划：深度定制品牌形象

店招、导航条、首页欢迎模块是网店视觉设计的基础元素，提升这些基础部分的设计美观度可以让网店的整体效果更上一层楼。本节着眼页面规划，通过实操解析、精美案例图片来讲解店铺页面规划，使卖家深刻了解和掌握这些工具、技巧和方法，更好地对店铺页面进行规划，从而深度地定制店铺的品牌形象。

### 4.1.1 店招：店铺的招牌

店招，顾名思义，就是网店的店铺招牌，它给人的感觉是最直观的，从网店商品的品牌推广来看，想要在整个网店中让店招便于记忆，在店招的设计上需要具备新颖、易于传播等特点。

店招的主要作用是突出网店的主题，卖家需要通过店招的设计向顾客传达该店铺的主营产品。在设计的时候需要将这几点要素体现出来：LOGO 设计、视觉设计、品牌特效、色彩搭配。例如，"白金天使 日系少女风"的店招，如图 4-1 所示。

图 4-1 "白金天使 日系少女风"店招

**1．店招的设计要求**

一个好的店招设计，除了向人传达明确信息外，还在方寸之间表现出深刻的精神内涵和艺术感染力，给人以静谧、柔和、饱满以及和谐的感觉。

要做到这些，在设计店招时需要遵循一定的设计原则和要求，不仅要用标准的颜色和字体、干净的设计版面，还需要有一句能够吸引买家的广告语，画面还得具备强烈的视觉冲击力，清晰地告诉顾客你在卖什么，通过店招也可以对店铺的装修风格进行定位。

店招可以营造出品牌的氛围和感觉。想要体现品牌气质很简单，可以调整品牌专属颜色、LOGO 颜色和字体等的规范应用，先从视觉上统一。

## 2．店招的主要功能

网店的店招主要是为了吸引顾客、留住顾客，因此要更多地从顾客的角度去考虑。如图 4-2 所示，是华为官方旗舰店的店招，在其中可以清楚地看到商品的名称和广告语，这有助于买家了解店铺的风格。

图 4-2　华为官方旗舰店的店招

网店的店招同实体店的店招一样，就像一个店铺的"脸面"，对店铺的发展起着较为重要的作用，其主要作用如下。

（1）确定店铺属性。店招最基本的功能就是让买家明确店铺的名称、销售的商品内容，让买家了解店铺的最新动态。图 4-3，为联想官方旗舰店的店招，从中可以看到一些联想的新产品。

图 4-3　联想旗舰店的店招

（2）提高店铺知名度。使用有特色的店招可以增强店铺的昭示性，便于买家快速记忆，从而提高店铺的知名度。

（3）增强店铺信誉度。设计美观、品质感较强的店招可以提升店铺的形象，提升店铺的档次，增强买家对店铺的信赖感。图 4-4 所示为蜜妃儿旗舰店的店招，其设计感比较强。

图 4-4　蜜妃儿旗舰店的店招

## 3．店招的设计方法

对于淘宝天猫网店的店招而言，按照其状态可以分为动态店招和静态店招，下面分别介绍其制作方法。

➤ 制作静态店招：一般来说，静态店招由文字、图像构成，其中有些店招用纯图像表示，有些店招用文字表示，也有一些店招同时包含文字和图像。如图 4-5 所示，为佳能官方旗舰店的店招，这是一张静态的宣传图。

图 4-5 静态店招

➤ 制作动态店招：动态店招就是用多个图像和文字效果制做成 GIF 动画。Photoshop、Easy GIF Animator 和 Ulead GIF Animator 等软件都可以制作 GIF 动态图像。

设计前准备好背景图片和商品图片，然后添加需要的文字，如店铺名称或主打商品等，最后使用软件制作即可。图 4-6，为戴尔官方旗舰店的店招，其中的广告呈现动态效果。

图 4-6 动态店招

## 4.1.2 导航：做好宝贝分类

导航条是淘宝天猫店铺装修设计中不可缺少的部分，它是指通过一定的技术手段，为店铺的访问者提供一定的途径，使其可以方便地访问所需的内容，使人们浏览店铺时可以快速地从一个页面转到另一个页面的快速通道。利用导航条，买家就可以快速找到他们想要购买的产品。

店铺导航又分为两类：导航条，分类导航。如图 4-7 所示。

导航条的目的是让淘宝天猫店铺的层次结构以一种有条理的方式清晰展示，并引导买家毫不费力地找到信息，让买家在浏览店铺过程中不至于迷失。因此，为了让淘宝天猫店铺的信息可以有效地传递给买家，导航信息一定要简洁、直观、明确。

在淘宝天猫店铺的导航条装修设计中，还需要考虑导航条的色彩和字体的风格，应该从整个首页装修的风格出发，定义导航条的色彩和字体，因为导航条的尺寸较小，使用太突兀的色彩会喧宾夺主。

例如，如图 4-8 所示的导航条使用相近颜色进行色彩搭配，突出导航内容的同时让整个画面的色彩得到统一，并运用浅黄色的"本店所有商品"链接来增强导航的层次。

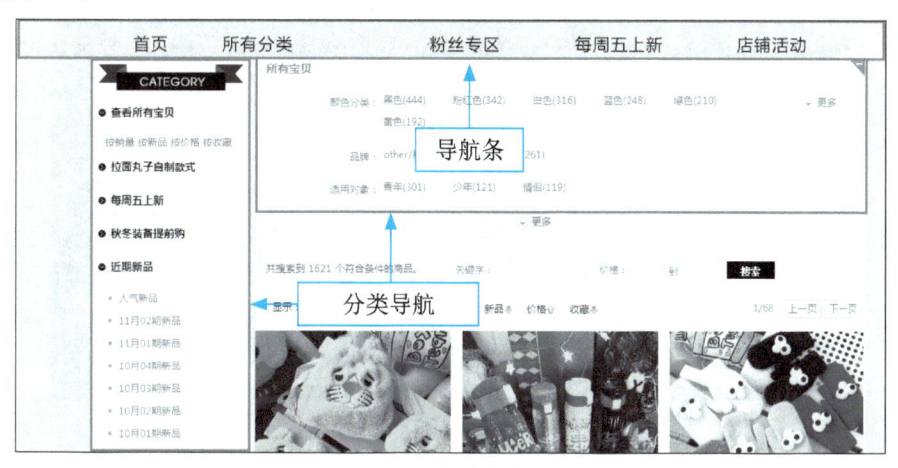

图 4-7　店铺的导航功能

图 4-8　类似色彩搭配的导航条

鉴于导航条的位置都是固定在店招下方的，因此只要做到和谐统一，就能够创作出满意的效果。如图 4-9 所示的导航条使用蓝紫渐变色的背景和白色文字进行合理的搭配，提升了导航的设计感，色彩的运用也与欢迎模块的配色保持了高度的一致。

图 4-9　和谐统一的导航条设计

### 4.1.3　首页：买家的购物导图

网店的首页欢迎模块是对店铺最新商品、促销活动等信息进行展示的区域，位于店铺导航条的下方，其设计面积比店招和导航条都要大，是买家进入店铺首页中观察到的最醒目的区域。

由于欢迎模块在店铺首页开启的时候占据了大面积的位置，因此其设计的空间也更大，需要传递的信息也更有讲究，如何找到产品卖点、设计创意，怎样让文字与产品结合，达到与店铺风格更好的融合，是设计首页需要考虑的一个较大的问题。如图 4-10 所示是某店铺欢迎首页。

图 4-10　店铺欢迎首页

一张优秀的首页欢迎页面的设计，通常都具备了 3 个元素，那就是合理的背景、优秀的文案和醒目的产品信息。如果设计的欢迎页面看上去不满意，一定是这 3 个方面出了问题。常见的问题有背景亮度太高或太复杂，如使用蓝天、白云、草地等做背景，很可能会减弱文案及产品主题的体现。例如，某店铺欢迎页面的背景色彩和谐统一，让整个首页看上去简洁大气，如图 4-11 所示。

图 4-11　背景色彩和谐统一

## 4.2　详情页设计：吸引买家点击和下单

对于广大淘宝天猫卖家来说，店铺的优化是非常重要的，做好店铺的内部优化能够提高产品的销量以及转化率，而做好商品详情页设计，既能让买家留下深刻印象，又可以提高店铺的销量。

本章就着眼于详情页设计，从页面设计到文案制作的角度切入，让卖家深刻了解商品详情页的设计，帮助店铺商品提升档次，以吸引买家点击下单，增加店铺销量。

### 4.2.1　好的淘宝详情页要实现 3 个目标

商品详情页是对商品的使用方法、材质、尺寸等细节等方面的内容进行展示，同时，有的店家为了拉动店铺内其他商品的销售，或者提升店铺的品牌形象，还会在商品详情页中添加搭配套餐和公司简介等信息，以此来树立和创建商品的形象,提升顾客的购买欲望,如图 4-12 所示。

图 4-12　商品详情页

一个好的淘宝的详情页,需要实现以下 3 个目的。

### 1. 直接实现转化

简单来说,当潜在客户进入了你的淘宝店,点开商品详情页时,如果详情页能够吸引他,使他不自觉地继续往下浏览,能让他完全了解你产品的详细信息,并且留下深刻的印象,就能激发买家的购买欲望,直接完成销售转化。

这样的结果是最好的,目前很多天猫淘宝店铺的产品都没有做到这一点,就是没能让买家足够了解该产品,通过详情页直接实现转化。

### 2. 留下深刻印象

若没有直接实现转化,就要给他留下与众不同的深刻的印象,让买家记住该产品的特别之处。当买家离开你的淘宝店,去其他的店铺浏览商品时就会进行对比,可能会发现还是对你的商品感兴趣,最终再回来购买你的商品。要是你没做到这点,那潜在客户就没有回到你这里购买商品的必要,导致流量流失。

商家需要注意一点,产品的卖点不宜过多,不然很难让人记住!

### 3．给客户一个对比的空间

前面的两个目的，分别是直接购买与回头购买，让买家完全了解你商品的信息，在记住商品的卖点以及特点时，会给他一种非常专业的感觉，当买家下次有购买需求时，首先便会想到来你这里购买，这样就是给潜在客户一个对比的空间。

对比的空间，很多人会认为是对比价格，其实是对比你的PPT，也就是淘宝商品详情页，详情页做得好才是真正重要的！

## 4.2.2 描述页、列表页模板左侧展示位

在PC端的商品详情页中，左侧会有一个商品推荐的区域，这个区域一般会被新手卖家所忽视，没有重视到这块区域的作用。商品推荐有两种方式：一种是手动添加；另一种是系统推荐。商品的选择可以是店铺内的"引流款""利润款"或者是"爆款"。那怎么设置呢？步骤如下。

（1）登录淘宝，进入卖家中心，进入店铺装修，❶选择店铺装修的"PC端"；❷选择"宝贝详情页"和"宝贝列表页"；将鼠标放置"默认宝贝详情页"，❸单击右侧的"装修页面"，如图4-13所示。

图4-13　店铺装修之"宝贝详情页""宝贝列表页"

（2）在进入"默认宝贝详情页"的装修页面后，可以看到在左侧板块里的宝贝推荐，再手动添加商品推荐，如图4-14所示。

商家添加完宝贝后，再进行预览效果，确定无误之后，发布页面。下面看一组没有添加宝贝推荐和一组添加宝贝推荐的详情页对比效果图，如图4-15和图4-16所示。

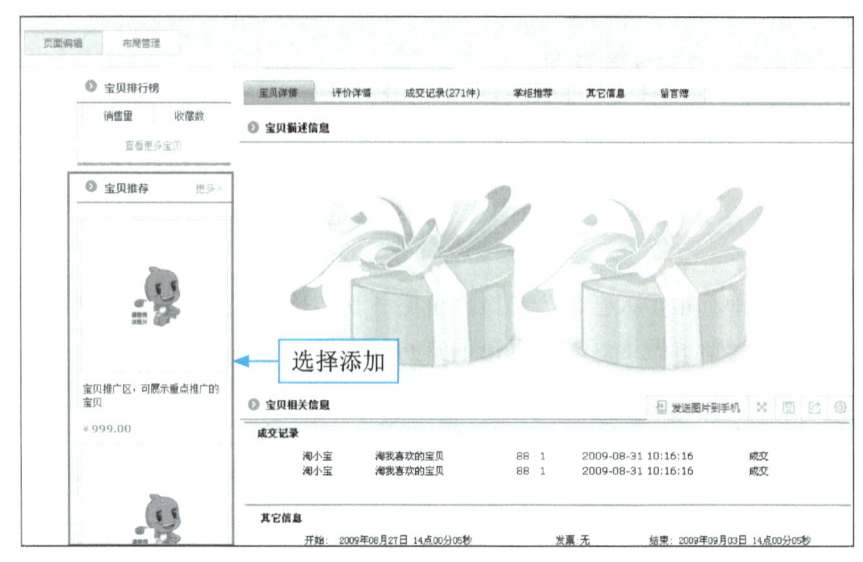

图 4-14 默认宝贝详情页

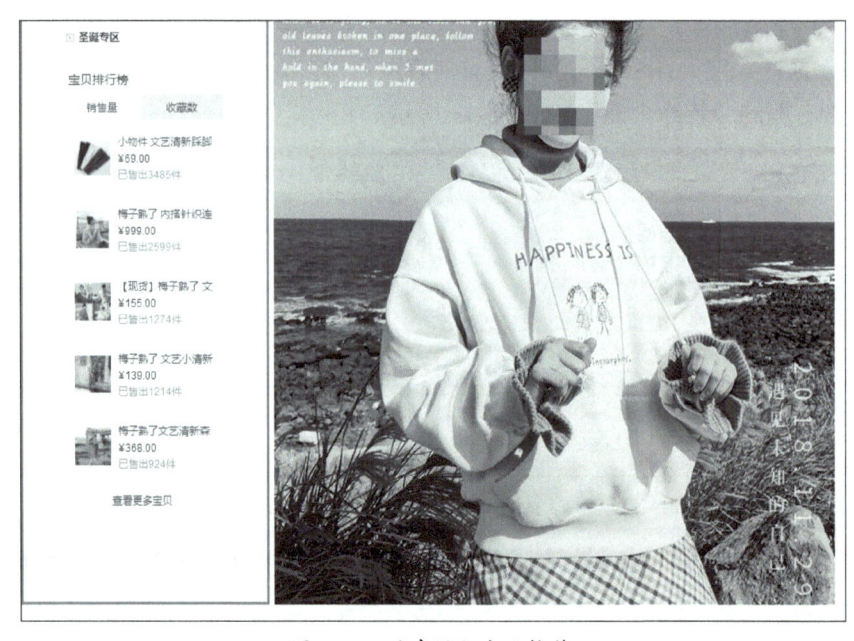

图 4-15 没有添加宝贝推荐

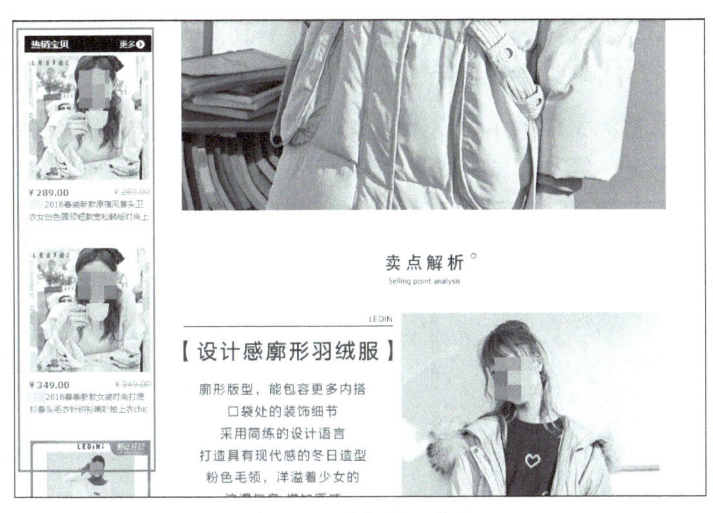

图 4-16　添加宝贝推荐

从这两组图片，可以明显地看出添加了宝贝推荐的详情页，让买家有了更多的购物选择，所以建议卖家在详情页的左侧做好宝贝推荐设置。

### 4.2.3　详情页设计之展示产品

在商品详情页中，产品的展示非常重要，买家在浏览商品详情页时，其需求是能够通过详情页了解宝贝的卖点和特色，以及商品的一些细节。有的商家为了提升店铺的商品销量，下工夫在店铺详情页的设计上，会在宝贝详情页设计时尽可能地将商品的特色以及卖点展示出来，如图 4-17 所示。

图 4-17　商品展示首页海报

不管做什么事情，首先都要明确自己的目的，详情页的主要目的，可以总结为这8个字：展示产品，引导转化。产品展示，又可以分为几个部分来展示，如下所示。

（1）整体展示。整体展示可以分为产品的平铺图、模特图，产品的整体展示能给买家第一感觉、第一印象，如图4-18所示。

图4-18　整体展示

（2）细节展示。细节展示可以体现出一款商品的卖点，买家可能会在这部分来看商品的质量，以及功能如何，商家可以提炼出商品的特色价值，在细节展示中呈现出来，如图4-19所示。

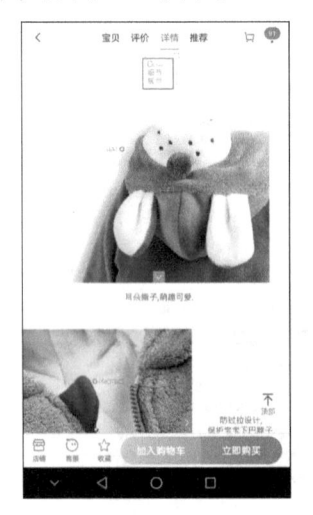

图4-19　细节展示

（3）功能展示。买家通过看详情页商品的功能展示，就能了解该产品是否符合自己的需求。例如，冬季，用户对棉服的需求就是保暖；宝妈对宝宝衣服的需求就是安全、柔软舒适；想买手机的买家对手机功能的需求就是性能以及其他一些功能参数，如像素、速度等，如图4-20所示。

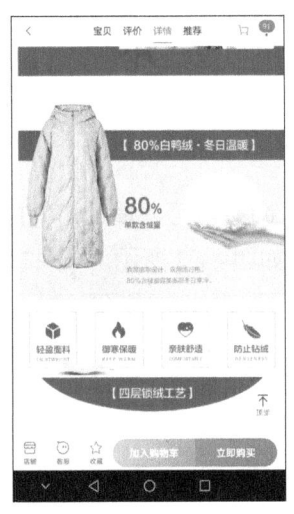

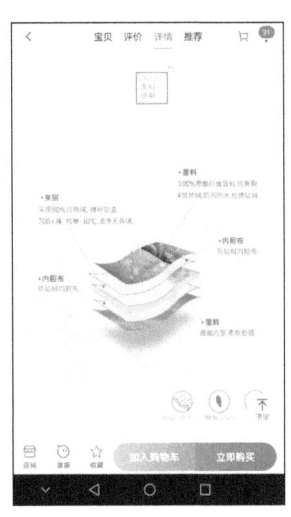

图4-20　功能展示

（4）产品信息展示。卖任何产品都少不了对于产品信息的介绍，而且这里是买家较为关注的地方，例如，尺码、材质、颜色等，这对于服装类目尤其重要，如图4-21所示。

图4-21　产品信息展示

### 4.2.4 引导转化之塑造价值

无论是什么产品，都有其存在价值。在商品详情页设计时，需要提炼出产品的卖点，把产品的价值塑造出来。商品详情页能够影响店铺的转化率，有的商家为了提升店铺的转化率，设计各种样式的详情页去吸引买家眼球。

详情页的引导转化可以分为价值塑造、打造零风险承诺、打造稀缺紧迫感这3个方面。首先需要把重心放到产品上，围绕产品的卖点、特色以及产品价值等方面来提炼产品的价值。

好的价值塑造能直接引导买家下单转化，同时也可以增加店铺的竞争优势，所以大部分商家对商品的价值塑造非常重视，如图4-22所示。

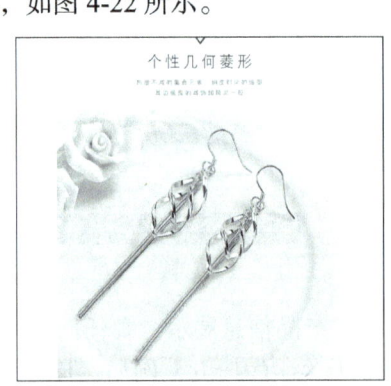

图 4-22  价值塑造

在塑造价值时，商家需要传递给买家一种信息：只有这个店铺有，其他店铺很难找到，也就是放大产品的价值，跟其他店铺形成对比。需要注意的是，有时产品的使用人群与目标人群可能会有差异。

例如，婴幼儿产品，产品的使用者是宝宝，但是我们所针对的目标人群是父母，那么在前期设计产品时是以宝宝为中心的，注重产品的质量及品质；后期的产品推广就需要围绕年轻的父母来进行。

### 4.2.5 引导转化之打造零风险承诺

零风险承诺，顾名思义，就是给买家保障，让他们购物无后顾之忧。现在的买家在网上购物时，会担心产品的质量不行，或者收到的商品没有想象中的好，基于这些问题，买家在购物时会产生犹豫，这个时候就需要商家给他们一颗定心丸，解决他们的顾虑，从而促进成交。零风险承诺一般体现在以下这些地方。

# 第 4 章 视觉营销：创意设计提升转化率

- 7 天无理由退换货，解决买家收到商品不喜欢 / 不想要的问题。
- 赠送运费险，卖家承诺承担往返的运费。
- 24 小时内发货，或者最迟 48 小时内发货。
- 加入消费者保障计划，让买家购物更放心，更安心。
- 极速退款，极速退货。
- 保修，免费上门安装，例如：电器、家具。如图 4-23 所示。

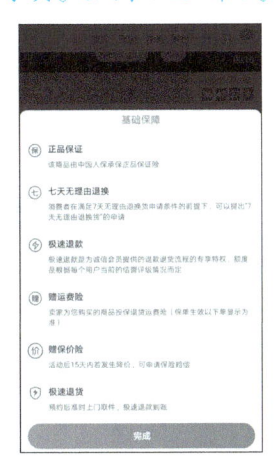

图 4-23　零风险承诺

当买家知道该店铺承诺的服务之后，便会放心地下单购物，提升店铺销量。一般商家都会在商品详情页的最上方或者最下方放置零风险承诺的信息，零风险承诺也相当于售后保障，如图 4-24 所示。

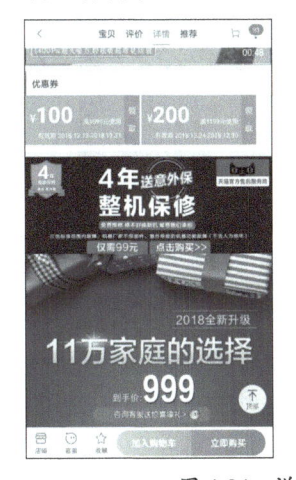

图 4-24　详情页零风险承诺展示

### 4.2.6 引导转化之打造稀缺紧迫感

在没有任何购物风险的情况下，有价值的产品的转化率是非常高的，在这基础上再营造出稀缺紧迫感，就会进一步提升店铺转化率，达到一个新的高度。那么为了激发买家的购买欲望，提高店铺的转化率，商家需要打造稀缺紧迫感，让买家有抓紧时间购买的理由。

物以稀为贵，因为稀有、不可多得，买家才会抓紧机会购买。例如，商品限时促销，超过时间价格恢复，那么买家在有需要时，就会在这个时间段内购买；又例如"双11"，这是一个全民购物狂欢的日子，只有1天的特惠时间，所以这一天的销售额几乎是淘宝天猫店铺一年以来最高的。

越是稀有的东西越容易得到人们的关注，结合产品的特点与目标人群的需求，在毛利空间有剩余的情况下，打造商品的稀缺紧迫感，商家可以从以下几个方面着手。

> 限时促销，商品数量有限，卖完为止，例如清仓。

> 赠品优惠，送完即止，但是赠品需要有诱惑力，并且将赠品质感与产品的档次体现出来，否则激不起买家的兴趣。

> 限时折扣，例如前1个小时买 $M$ 件 $N$ 折等，如图 4-25 所示。

图 4-25 打造稀缺紧迫感

在设计文案的时候，需要突显出赠品不是所有人都能得到的，而是限量发放。例如，下单前 100 名的买家，可以获得精美礼品一份，目前还剩 20 份；购物金额达到前 3 名的买家，可获得平板电脑一台等。

打造稀缺紧迫感不是说让价格便宜就行，最重要的是要让买家觉得自己占了便宜，这样他们才会去购买，所以商家要围绕优惠的角度去设计方法。

## 4.3 设计工具：学会使用 Photoshop 软件

在网店的设计中，处理商品图片会用到一些常用的操作。裁剪是比较简单且被用得比较多的一种处理方法，裁剪能够使产品展示的内容更为丰富。本节就着眼于设计工具，从案例解析、工具使用步骤的角度切入，让商家掌握图片处理软件的使用方法，帮助读者在处理店铺图片中提升效率与效果。

### 4.3.1 基本处理：裁剪与处理淘宝图像文件

在网店卖家处理商品图片时，由于拍摄布局不合理，经常需要调整商品在画面中的布局，使商品主体更加突出，这时可以通过裁剪工具来实现。在 Photoshop CC 软件中，使用裁剪工具可以对商品图像进行裁剪，重新定义画布的大小。下面介绍使用 Photoshop CC 软件手动裁剪商品图像的具体操作方法。

（1）按【Ctrl + O】组合键，打开商品图像素材，如图 4-26 所示；选取工具箱中的裁剪工具，如图 4-27 所示。

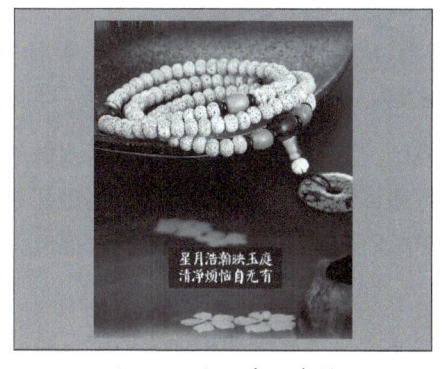

图 4-26 打开商品素材　　　图 4-27 选取裁剪工具

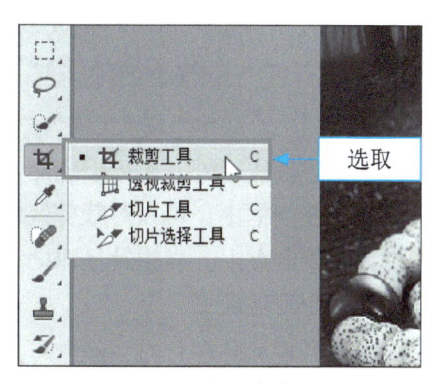

（2）执行上述操作后，在图像边缘会显示一个裁剪控制框；移动鼠标至图像边缘，当鼠标呈时拖动鼠标，即可调整裁剪区域的大小，如图 4-28 所示。

（3）将鼠标移动至裁剪控制框边缘处，在单击鼠标左键的同时拖曳鼠标，确认剪裁区域；按【Enter】键确认，即可完成图像的裁剪，如图 4-29 所示。最后的效果图如图 4-30 所示。

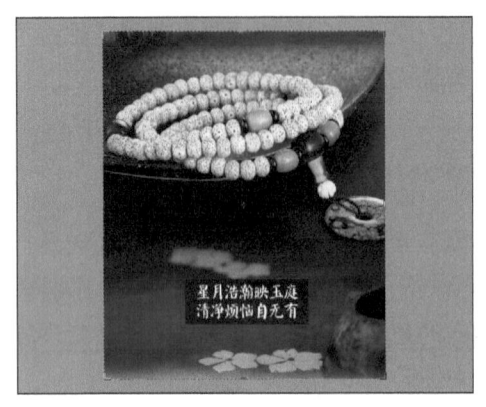

图 4-28 调整裁剪区域大小　　　　　图 4-29 确认裁剪区域

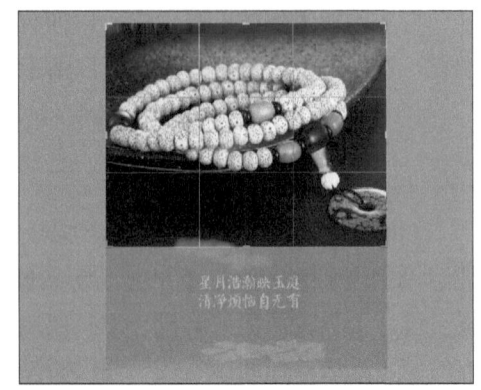

图 4-30 效果图

除了上述方法以外，还可以利用菜单栏的"裁剪"命令来实现商品图像的裁剪。在变换控制框中，可以对裁剪区域进行适当调整，将鼠标指针移动至控制框四周的 8 个控制点上。当指针呈双向箭头形状时，单击鼠标左键的同时拖曳，即可放大或缩小裁剪区域。

大家在处理商品图片时，经常可发现商品图片整体画面主体不明确，这时可通过模糊工具对商品图像进行适当的修饰，虚化商品背景，使商品图像主体更加突出、清晰，从而使画面富有层次感。下面介绍通过模糊工具虚化商品背景的具体操作方法。

（1）按【Ctrl + O】组合键，打开商品图像素材，如图 4-31 所示；在工具箱中选取模糊工具，如图 4-32 所示。

图 4-31 打开商品素材　　　　　图 4-32 选取模糊工具

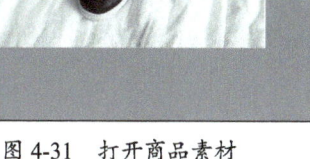

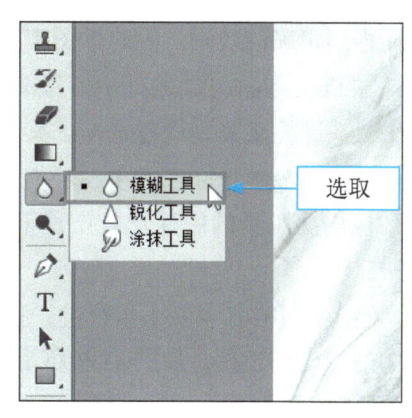

（2）选取模糊工具后，其工具属性栏如图 4-33 所示。

图 4-33　工具属性栏

（3）在工具属性栏中，设置"强度"为 100%，设置"大小"为 100 像素，将鼠标移动至素材图像上，如图 4-34 所示；按下鼠标左键不放，同时在图像背景上进行涂抹，即可模糊图像背景。最后的效果如图 4-35 所示。

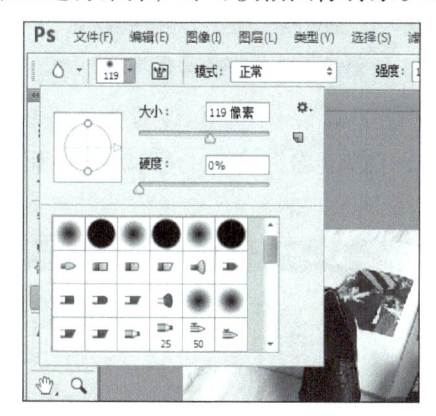

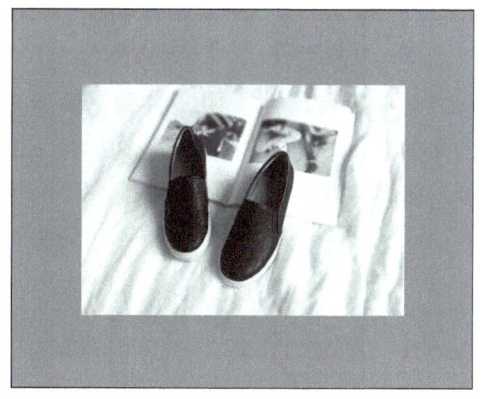

图 4-34　设置参数　　　　　图 4-35　效果图

## 4.3.2 抠图处理：运用抠图技能美化淘宝图像

在网店商品图像处理过程中，经常需要借助抠图工具来美化处理图片，掌握抠图工具，可以让你快速高效地处理商品图片，运用抠图技能来美化淘宝图像，从而得到精确的效果，因此抠图工具尤为重要。

在 Photoshop CC 软件中，很多工具都可以用来抠图，例如，创建选区、蒙版工具、魔棒工具、快速选择工具、橡皮擦工具、套索工具、命令工具等。

这里就简单地介绍其中一种抠图工具——橡皮擦工具。在淘宝商品修图过程中，橡皮擦工具的用途比较广，下面介绍通过橡皮擦工具抠取商品的具体操作方法。

（1）按【Ctrl + O】组合键，打开商品图像素材，如图 4-36 所示；选取工具箱中的橡皮擦工具，如图 4-37 所示。

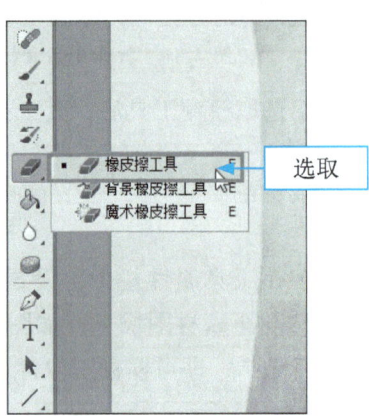

图 4-36　打开素材图片　　　　图 4-37　选取橡皮擦工具

（2）在工具属性栏中，将画笔设置为"硬边圆"，"大小"设置为 60 像素，如图 4-38 所示；❶ 设置背景色为白色（RGB 参数值均为 255），❷ 单击"确定"按钮，如图 4-38 和图 4-39 所示。

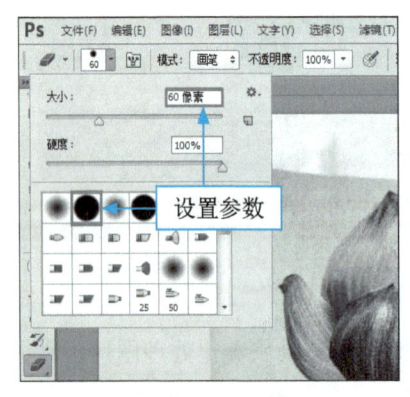

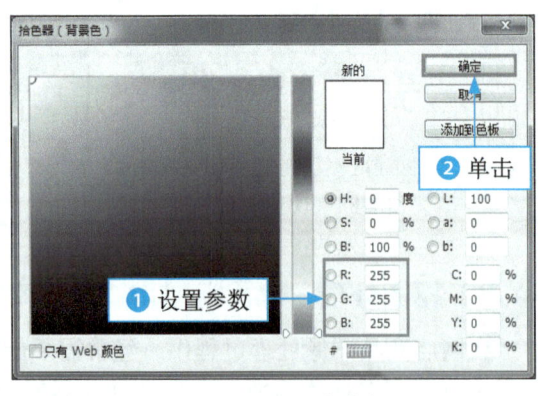

图 4-38　设置参数　　　　图 4-39　设置背景色

（3）移动鼠标至图像编辑窗口中，单击鼠标左键，擦除背景区域，如图 4-40 所示，最后的效果如图 4-41 所示。

图 4-40　擦除背景区域　　　　　　图 4-41　效果图

### 4.3.3 调色处理：运用颜色调整美化淘宝图像

一般对淘宝商品图片进行处理之后，接下来就是对商品图片的颜色进行处理，通过对图片的颜色和色彩进行调整来达到美化图像的目的。图像色彩的基本调整有 4 种常用方法。

- "曝光度"命令。
- "曲线"命令。
- "色阶"命令。
- "亮度 / 对比度"命令。

这里就介绍利用"亮度 / 对比度"来对图片进行简单的色彩调整，它可以对图像的每个像素进行同样的调整。但因为"亮度 / 对比度"命令对单个通道不起作用，所以该调整方法不适用于高精度输出，其操作步骤如下所示。

（1）单击"文件"|"打开"命令，打开一幅素材图像，如图 4-42 所示；单击"图像"|"调整"|"亮度 / 对比度"命令，如图 4-43 所示。

（2）弹出"亮度 / 对比度"对话框，❶ 设置"亮度"为 30、"对比度"为 25；❷ 单击"确定"按钮，即可调整图像的亮度与对比度，如图 4-44 所示。最后的效果如图 4-45 所示。

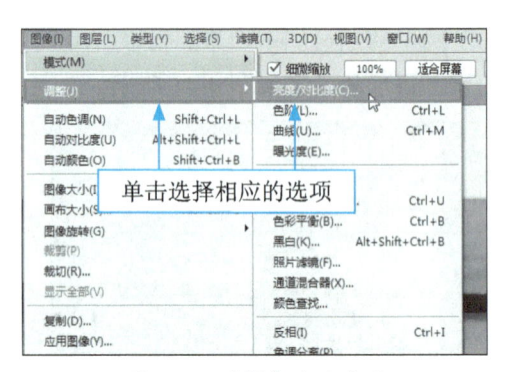

图 4-42　打开素材图片　　　　　图 4-43　选择相应的选项

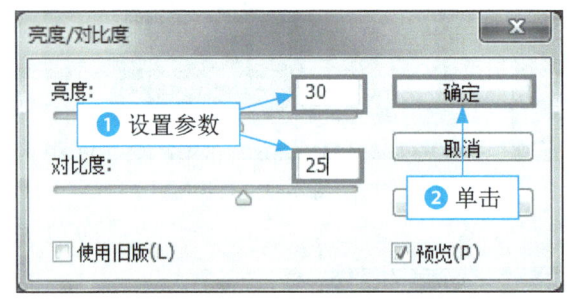

图 4-44　设置亮度和对比度　　　　图 4-45　效果图

### 4.3.4　文案设计：店铺商品文字的输入与编辑

在处理产品图片时，文字的输入与编辑非常重要，在产品文案设计中，经常需要在产品图片上附上商品说明，这时可通过横排文字工具制作横排商品文字效果。

下面详细介绍制作横排产品文字效果的操作方法。

（1）按【Ctrl + O】组合键，打开产品图像素材，如图 4-46 所示；在工具箱中选取横排文字工具，如图 4-47 所示。

（2）选取横排文字工具后，其工具属性栏如图 4-48 所示。

（3）将鼠标移至图像编辑窗口中，单击鼠标左键确定文字插入点，如图 4-49 所示；在工具属性栏中，❶设置"字体"为"幼圆"，❷"字体大小"为 11 点，如图 4-50 所示。

（4）在工具属性栏中单击"颜色"色块，弹出"拾色器（文本颜色）"对话框，❶设置颜色为白色（RGB 参数值均为 255），❷单击"确定"按钮，如图 4-51 所示；然后输入文字，效果如图 4-52 所示。

第 4 章 视觉营销：创意设计提升转化率

图 4-46 打开素材图片　　　　图 4-47 选择相应的选项

图 4-48 工具属性栏

图 4-49 确定文字插入点　　　　图 4-50 设置文字参数

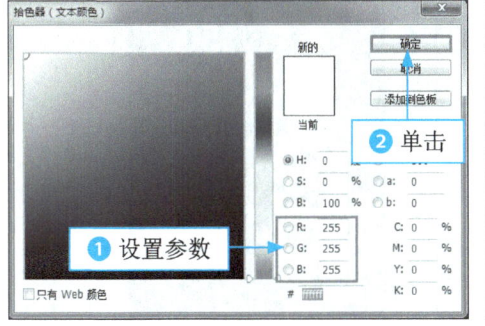

图 4-51 设置颜色参数　　　　图 4-52 输入文字

（5）单击工具属性栏右侧的"提交所有当前编辑"按钮 ✓，即可结束当前文字输入，如图 4-53 所示；选取工具箱中的移动工具，将文字移动至合适位置，最后的效果如图 4-54 所示。

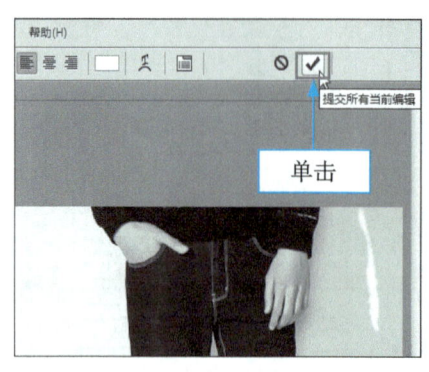

图 4-53　结束当前文字输入　　　　图 4-54　效果图

### 4.3.5 图片美工：增加产品图片的点击率

产品的图片设计非常重要，这是买家对产品的第一印象，好的图片可以引起他们的注意力，同时还能促使他们快速下单，甚至对你的品牌产生认可。因此，卖家一定要掌握商品图片的设计要点，了解高点击率产品图片的设计思路，然后对店铺商品图片进行优化和设计，来增加商品图片的点击率。

增加产品图片点击率的图片主要是靠主图，买家浏览时首先是通过卖家的主图点进来的，所以卖家要注意对主图的优化及设计。由于主图的区域不大，因此在其中添加文字和图片元素时，一定要注意颜色和字体的协调，不可滥用过多的颜色和字体，以免买家产生视觉疲劳。效果如图 4-55 所示。

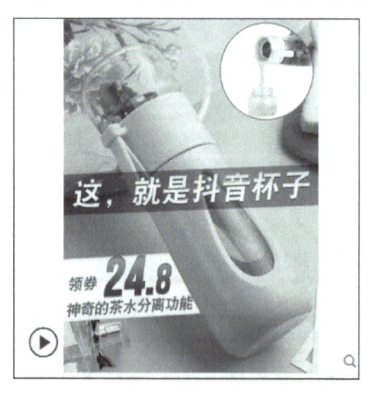

图 4-55　图片的颜色字体要搭配调和

要想利用视觉效果传递令他人感兴趣的信息，首先就应该锁定消费者的基本利益需求。一般而言，当消费者在浏览信息时，如果看到了赠送或者优惠等字眼，就容易激发他们的利益心理，引起他们的关注，从而提高点击率。

## 第 5 章

# 内容营销：用内容输出触动消费

> 如今是一个以内容营销为重的时代，利用内容输出价值，吸引更多用户进店消费，拉动店铺的销售。内容营销是店铺引流的关键，而现在内容营销又分很多种，如通过淘宝站、短视频和直播等内容营销方式。卖家需要掌握这些内容营销的方法，才能吸引更多的用户进店消费。
>
> 本章系统、详细地介绍了当下流行的内容营销方式及其操作方法，并配以丰富、精美的图片对案例进行说明。

消费引导：淘宝头条的关键玩法
精准引流：淘宝有好货的关键玩法
扫货秘籍：必买清单的关键玩法
短视频：让每一个画面都能吸金
直播运营：最潮的电商流行新玩法

## 5.1 消费引导：淘宝头条的关键玩法

淘宝头条是一个热门新鲜、有消费引导性的生活资讯平台，又是一个权威可信的经验分享平台，同时也是手机淘宝的第一个流量入口。因此，淘宝头条对于达人和商家来说，是一个非常重要的内容电商平台。

本节便着眼于消费引导，从实用方法、步骤解剖等多个角度切入，向读者介绍淘宝内容平台的一些玩法技巧，卖家必须掌握淘宝头条合作方式、内容形式以及操作技巧，才能让店铺在众多店铺中脱颖而出。

### 5.1.1 如何申请淘宝头条

淘宝未来的发展方向是"内容化＋社区化＋本地生活服务"。在这些前提的驱动下，推出了"淘宝头条"平台（又称为淘头条），如图 5-1 所示，为手机淘宝中的淘宝头条流量入口。

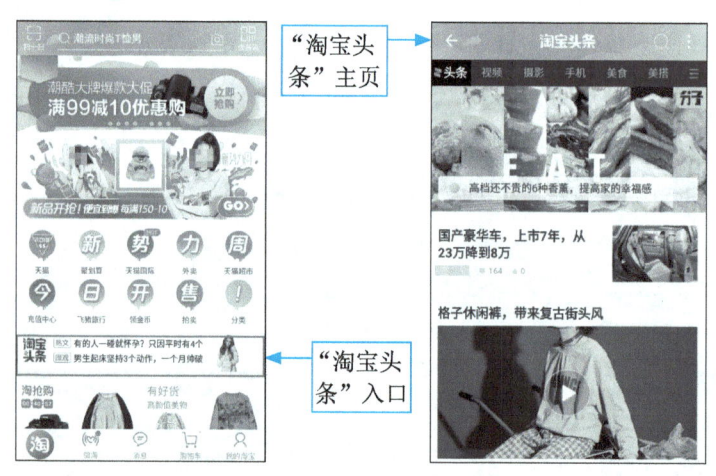

图 5-1 手机端的"淘宝头条"入口与页面

另外，卖家也可以通过下载专门的"淘宝头条"APP 来使用其中的功能。如今，淘宝头条已成为国内最大的在线生活消费资讯媒体平台。当然，想要入驻淘宝头条，商家还需要具备一定的资格（下面引用淘宝头条官方发布的入驻要求）。

➢ 机构媒体、内容电商、内容类公司、自媒体、意见领袖等获得相关社会机构资质认证或相关领域有一定影响力或粉丝数的内容创作者。

➢ 注册淘宝 ID（非开店且无商家背景）并开通达人身份。

➢ 通过淘宝头条对该账号外部资质的审核。

据悉,"淘宝头条"目前拥有超过千万的日活跃用户,月活跃用户数已过亿,淘宝头条中,一篇优质内容可以收获"800万+"的阅读量,一个优质账号8个月订阅粉丝量可达90多万,平均每月涨粉可达"10万+"。另外,"淘宝头条"的内容运营者收益情况也比较可观,一篇淘宝头条热读文章可以给发布者带来十多万元的佣金收益。

"淘宝头条"受到广大用户的关注和喜爱,据悉,每个月有超过8000万消费者通过该平台获取消费类资讯内容。

目前,"淘宝头条"的开放对象包括组织、机构及个人(如纸质媒体、电视媒体、业界达人等),但前提是必须要提供优质的内容。申请开通淘宝头条的具体操作如下。

(1)具体的招募要求,用户可以在电脑端进入淘宝头条首页,单击右侧的"快到碗里来 淘宝头条招募"按钮来查看,如图5-2所示。

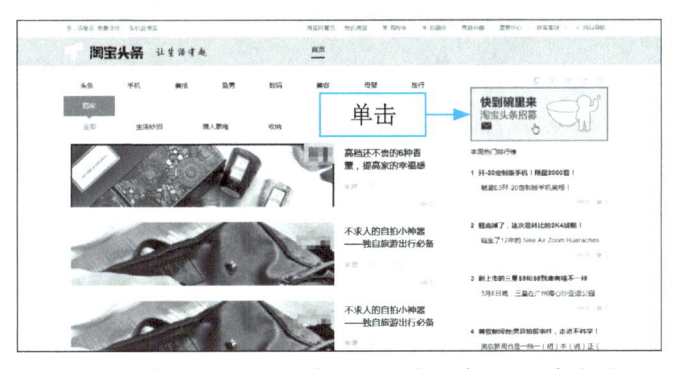

图5-2 单击"快到碗里来 淘宝头条招募"按钮来查看

(2)执行操作后,即可进入"合作伙伴招募公告"页面,在此显示了合作背景、合作对象、联系方式、合作方式以及合作内容说明等,如图5-3所示。

图5-3 "合作伙伴招募公告"页面

（3）目前，"淘宝头条"的合作方式主要有两种：后台提交，系统对接。具体如图5-4所示。

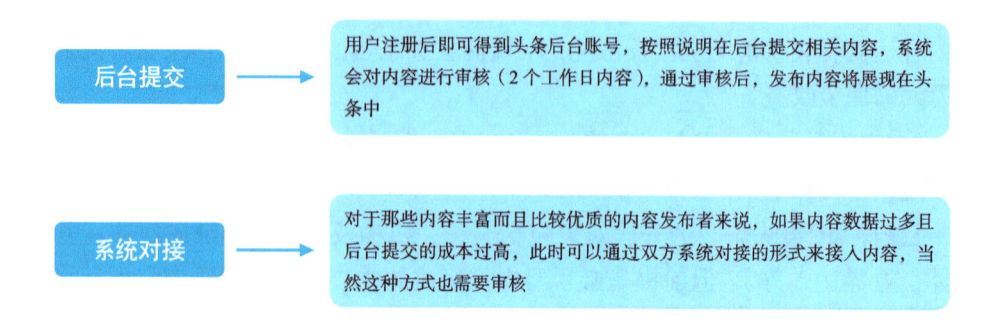

**后台提交** → 用户注册后即可得到头条后台账号，按照说明在后台提交相关内容，系统会对内容进行审核（2个工作日内容），通过审核后，发布内容将展现在头条中

**系统对接** → 对于那些内容丰富而且比较优质的内容发布者来说，如果内容数据过多且后台提交的成本过高，此时可以通过双方系统对接的形式来接入内容，当然这种方式也需要审核

图5-4 "淘宝头条"的合作方式

### 5.1.2 淘宝头条的内容形式

"淘宝头条"提供了问答、视频、评测、手机、美搭、型男、星座、数码、运动、母婴、瘦身、趣玩、园艺、游戏、萌宠、摄影、悦读以及二次元等栏目版块，如图5-5所示。

图5-5 "淘宝头条"的内容栏目

淘宝头条的内容变现形式比其他新媒体平台的电商变现更加直接、方便，可以十分有效地为店铺增加流量，同时带动店铺的销量。商家通过内容进行变现的具体方法如下。

（1）在淘宝头条的内容资讯中，商家可以添加产品链接，不过要注意的是，必须是淘宝系链接，如图5-6所示。

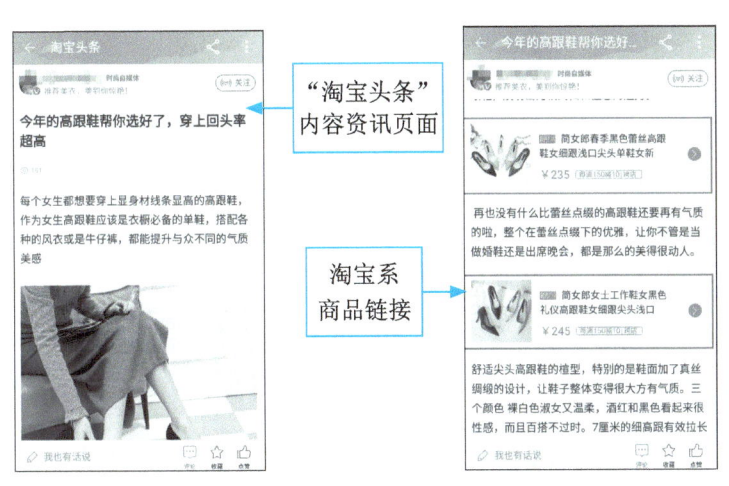

图 5-6 "淘宝头条"的内容资讯页面中可以添加淘宝系商品链接

（2）单击这些商品图片的链接，即可进入商家的店铺中快速购买相关的商品，完成从内容到电商的引流，如图 5-7 所示。

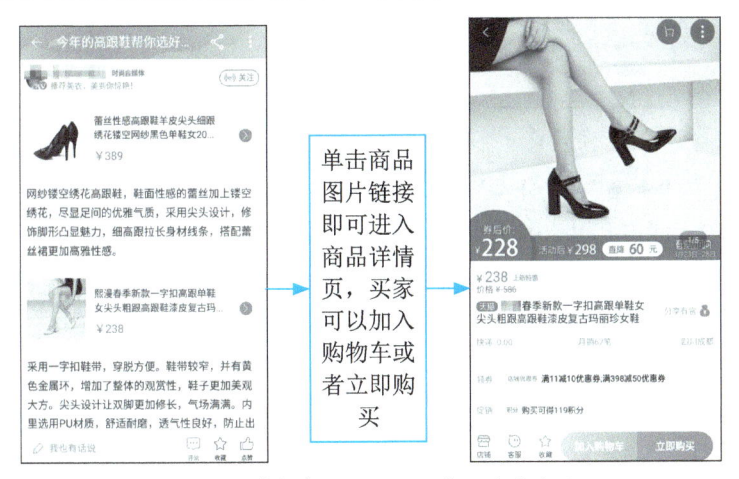

图 5-7 单击商品链接可以实现快速购买

## 5.1.3 内容运营与引流技巧

对于卖家来说，只需在一个自然月内按照要求发布 15 条内容，并且其中的 12 条内容被审核通过，即可获得头条白名单资格。之后，卖家就可以进行头条投稿，每天最多可以发布 5 条头条内容。发布头条内容后，还需要对其进行优化，让内容更加优质，这样才能更好地吸粉引流。下面介绍一些淘宝头条的内容运营和引流技巧。

## 1. 定制个人专属头条

商家可以定制个人专属头条页面，将一些跟自己行业相关的头条标签添加到导航栏中，可以更加方便地查看合适的内容。具体操作方法如下。

（1）在淘宝头条 APP 中，单击主页右上角的"+"按钮，如图 5-8 所示。

（2）执行操作后，进入栏目编辑界面，如图 5-9 所示。

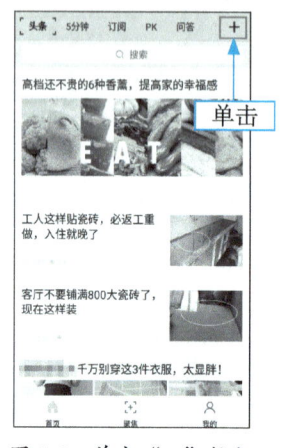

图 5-8　单击"+"按钮　　图 5-9　栏目编辑界面

（3）除了"头条""5 分钟"和"订阅"3 个标签不能编辑外，用户可以单击"编辑"按钮，或者长按相应标签进入编辑状态，如图 5-10 所示。

（4）例如，用户不想看"二次元"的信息，即可单击该标签右上角的"×"图标将其删除，如图 5-11 所示。

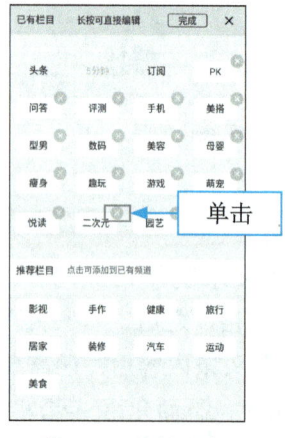

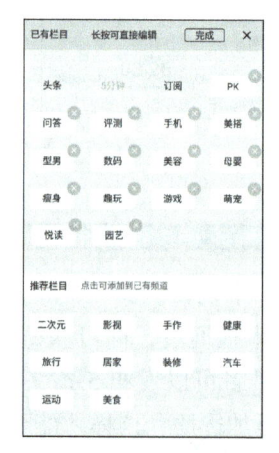

图 5-10　编辑状态　　图 5-11　删除"二次元"标签

（5）例如，某个用户是一个摄影自媒体商家，因此经常需要看一些摄影的文章内容，此时可以在"推荐栏目"选项区中单击"摄影"标签，即可将其添加到已有栏目中，如图 5-12 所示。

（6）单击"完成"按钮即可保存修改，在主页导航栏中可以快速切换至"摄影"选项卡查看相关内容，如图 5-13 所示。

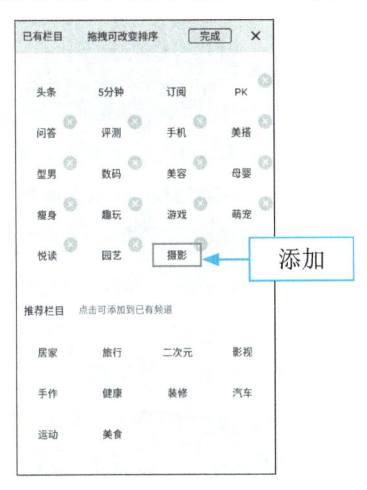

图 5-12　添加"摄影"标签　　　　图 5-13　"摄影"选项卡

（7）在栏目编辑状态下，按住栏目并拖曳，即可调整栏目顺序，用户可以将常用的栏目调整到前面的位置，方便阅览其中的内容，如图 5-14 所示。

图 5-14　调整栏目标签的位置

## 2．收藏与分享喜欢的内容

在淘宝头条 APP 中，收藏与分享喜欢的内容的操作方法如下。

（1）在内容详情页，单击底部的五角星图标收藏该内容，如图 5-15 所示。

图 5-15 收藏内容

（2）另外，卖家也可以单击右下角的分享图标，如图 5-16 所示。

（3）在弹出的菜单中可以通过微信好友、朋友圈、QQ 以及复制等方式，分享到社交网络，如图 5-17 所示。

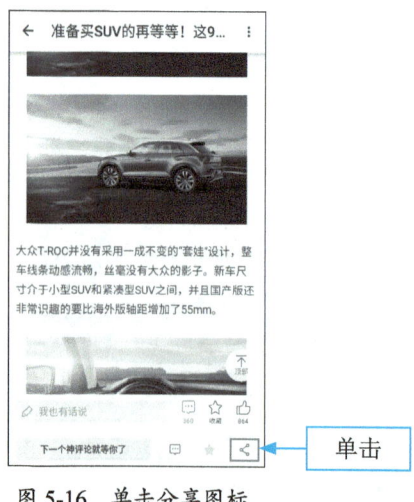

图 5-16 单击分享图标　　　　图 5-17 选择分享渠道

例如，选择将淘宝头条内容分享到微信朋友圈，买家还可以发动微信好友点赞和帮忙转发。

### 3．利用热门文章评论引流

淘宝头条中的文章浏览量都比较大，大概在几万到几十万不等。虽然浏览量很大，但是评论的人数比较少，因此卖家可以利用热门文章的评论来进行引流，效果也很不错，下面介绍具体的操作方法。

（1）在淘宝头条首页的每篇文章下面，或者进入文章主页的底部，都可以看到该文章的评论量和点赞量，在文章主页还有阅读量数据，如图 5-18 所示。

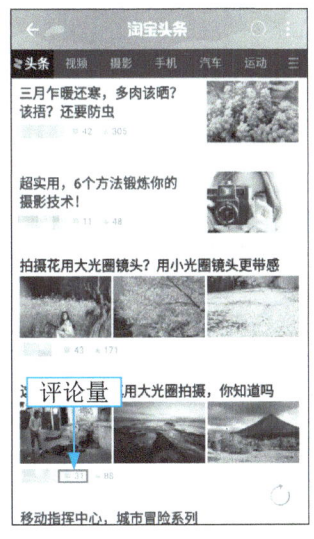

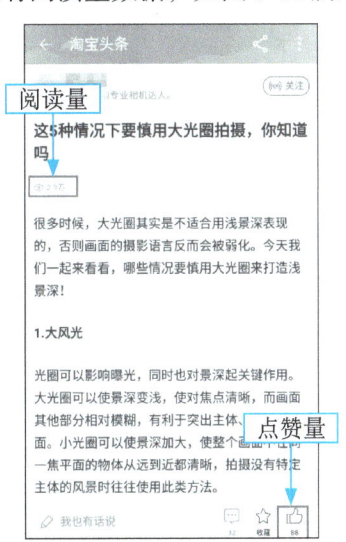

图 5-18　热门文章的评论量并不高

（2）评论引流。找到同行业的热门文章，或者在自己创作的文章中，❶ 单击左下角的"我也有话说"按钮，进入"评论"界面；❷ 单击"回复楼主"文本框，如图 5-19 所示。

（3）❶ 输入相应的评论内容；❷ 单击"发送"按钮；❸ 即可发送评论，如图 5-20 所示。需要注意的是，不管什么平台都屏蔽广告，因此卖家在利用评论引流时切不可在评论中直接附带链接，而是利用软文的形式来进行评论。

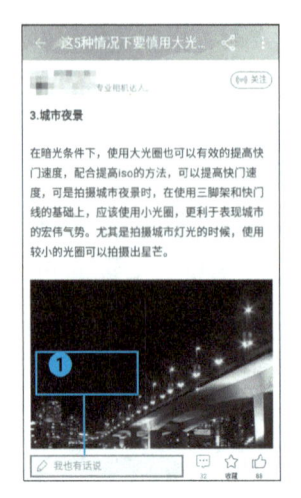

图 5-19　单击相应按钮进入评论界面

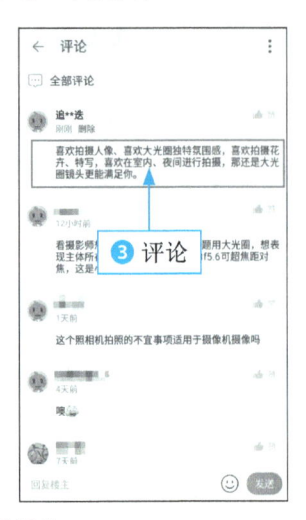

图 5-20　发送评论

## 5.2　精准引流：淘宝有好货的关键玩法

　　淘宝有好货的展示流量是千人千面的，也就是说不同消费者可以看到不同的内容，商家可以获得更加精准的引流效果。本节着眼于精准引流，从图片解析、步骤方法的角度切入，帮助商家利用淘宝有好货来为店铺引流，淘宝有好货更适合那些小而美的商品展示，同时也是商家新品引流和老品维护的重要平台。

## 5.2.1 有好货的报名规则

需要注意的是,有好货不是发布后就会一直保留在上面,系统每隔一段时间就会排除一些质量不佳的选品和图片。因此,在入驻有好货平台前,商家必须先了解其报名规则。

### 1. 商品定位以精致为主

有好货的商品定位也比较简单,并不追求爆款,而目标人群主要是那些追求生活品质的消费者,为他们推荐一些平常难以注意到的精品。例如,无线音乐智能台灯,在设计上需要简单大气,符合有好货的商品定位。

### 2. 商品的质量需要得到保障

商家发布到有好货平台上的商品必须提供质量保障(如商品如实描述、7天无理由退换货、假一赔三、闪电发货、数码与家电 30 天维修、正品保障等),不能产生售后问题。

### 3. 商品图片的基本要求

在有好货平台上,商品的图片展示很重要,基本要求如下。
(1)图片结构。商品居中,四周留白。
(2)图片底色。白底/灰底图为主,背景色要求是不复杂的纯色。

对于淘宝等电商平台来说,消费者能看到最多的就是商品图片,因此商家一定要保证图片清晰真实,而且要有质感、无"牛皮癣"。当然最好还是自己亲自来拍摄图片内容,这样不但可以避免纠纷还能突出真实感。

### 4. 导购内容的范围要求

导购内容的范围要求主要包括单品推荐理由和商品介绍,以及性能优势、功能创新、使用心得、品牌故事和资讯等内容,如图 5-21 所示。

在有好货平台上发布商品,对于店铺有一些基本要求,如图 5-22 所示。

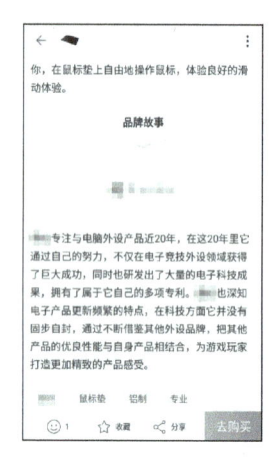

图 5-21　有好货的商品导购内容

图 5-22　对于店铺的基本要求

## 5.2.2　有好货的布局设计

有好货的封面图片一般为尺寸不小于 500×500px 的正方形，推荐尺寸为 1080×1080px。另外，有好货的封面图片内容布局设计还需要满足以下要求。

➤ 一致性。封面图片中出现的商品要和标题、推荐理由以及宝贝详情页中出售的商品要完全一致。

➤ 背景要求。封面图片的背景要干净整洁，可以采用白色背景或者场景图，同时应突出主体，在构图上要尽量完整饱满，以及有较高的清晰度。

➤ 无"牛皮癣"。封面图片上不能出现水印、LOGO 以及其他多余文字，最好不要用拼接的图片。

➤ 数量与颜色。除了套装类商品外，一般单张封面图片上只能出现一个商品主体，而且对于有多种颜色的商品也只能挑选其中的一种颜色。

➢ 模特要求。对于需要使用模特照片的服饰类商品来说，通常只能出现一个模特人物，而且最好不要使用全身照片。

➢ 拍摄角度。在拍摄商品照片时，要选一个可以体现商品全貌、特点以及功能的最佳角度，最好能让买家一眼就看出这是什么商品。

### 5.2.3 有好货的图文优化

手机淘宝首页的有好货入口图片的筛选标准如下。

➢ 图片为纯白底。

➢ 主体完整、清晰、突出，四周有均匀的留白空间，主体部分、阴影必须和四周边框有一定距离（最好是 20px 以上）。

➢ 图片上只能出现单个商品。放多个商品，即使是相同款式，只是颜色、尺寸、规格有差异的，都不予采纳。

➢ 最好选择能体现出商品特点、功能的图片。

➢ 图片上的商品必须呈摆放的样式。若出现人体任何部位（包括脸、手、腿、脚等）、动物，则不予采纳。

➢ 其他不被采纳的情况：主体颜色太浅、缩小后几乎不清晰、主体不知为何物、商品过于普通、有多余的装饰物以及图片不美观等。

在有好货平台中，除了图片内容外，文字内容当然也不能少。文案讲究的是精炼，商家可以通过简短的语言来体现商品的卖点和优点，如图 5-23 所示。

图 5-23 有好货的商品文案

### 1. 标题文案

有好货的标题文案要求如下。

> 拒绝抄袭。切不可照抄卖家店铺中的原标题。

> 用词要求。在标题中使用形容词时，注意要控制在 3 个词以内。同时，标题中不能出现商品的货号、规格、重量，以及"包邮""满减""清仓""特价"等促销词汇。

> 内容要求。标题中可以包括品牌名称、商品产地以及品类名称，但一定要与实物商品完全一致。

> 注意数量。标题上最好不要出现商品的售卖数量字样，如 5 个、10 双等，避免卖家的促销活动前后售卖 SKU（Stock Keeping Unit，库存量单位）有变化，造成对买家的误导。

### 2．推荐理由

有好货的推荐理由文案要求如下。

> 内容可包含：产地、年份、材质、功能、使用场景以及用户评价等有推荐价值的信息，突出亮点。

> 不能只堆砌"百搭"关键词，而无实际导购价值的文案。

> 不能出现带有时效类的信息，如：促销信息、"包邮"和"买一送一"等。

> 不能提交字数过少、无亮点以及无价值的推荐文案。

> 可以提炼卖家宝贝详情页的介绍，但不能直接抄袭。

## 5.3 扫货秘籍：必买清单的关键玩法

面对流量巨大的淘宝达人，淘宝也在不断开发新的入口，以实现内容化、社区化和互动化，更好地满足移动时代的消费需求。必买清单便是做好新品引流和老品维护的一个不错的入口。

本节主要给读者介绍扫货秘籍，从方法详解、案例展示的角度切入，帮助卖家掌握淘宝必买清单的技巧和玩法，及时做好店铺引流工作。

### 5.3.1 申请参与必买清单

在淘宝卖家圈中流行着这样一句话："你可以不知道网红，但你一定要知道淘宝达人。"如今，手机淘宝已经占据了全电商平台 80% 的流量，而手机淘宝达人的流量还在不断攀升。

淘宝也在通过不断开发新的平台和渠道，来充分对接达人和商品，让达人们的流量可以真正地变现，必买清单便是在这种环境和需求中诞生的内容电商平台。

### 1．必买清单的报名要求

必买清单同样是淘宝面向大V达人推出的一个内容电商平台，加入必买清单一般有3条路径，如下所示。

- 通过其他淘宝达人推荐，快速加入必买清单。
- 淘宝小二根据Top卖家选择出部分清单。
- 淘宝根据淘宝达人来分配相应的主题。

只要是大V或者淘宝达人，都可以在必买清单中填报符合要求的内容，提交审核后进行展示。如表5-1所示，为必买清单具体的报名规则和要求。

表5-1　必买清单具体的报名规则和要求

| 清单类型 | | 品类 | 内容要求 | 达人创建权限 |
| --- | --- | --- | --- | --- |
| 主题购（清单） | 品类清单 | 单品类 | 明确细分筛选维度+单品类 | 达人不可创建 |
| | | 跨品类（4个品类及以上） | 明确细分筛选维度+跨品类 | 大V达人 |
| | 场景清单 | 跨品类（4个品类及以上） | 明确场景+跨品类 | 大V达人 |
| 攻略（帖子） | | 单品类&跨品类 | 攻略清单相比较主题购清单，主要的区别点在于攻略描述和商品卖点说明文案的详尽全面 | 必须是大V达人，不是黑名单达人，且达人认证身份名称为这些类型：美容专家、造型师、美食家、搭配师、设计师、媒体编辑、专栏作家 |

必买清单有一定的填报要求：在某个子活动的清单中，商家可以填报店铺内的两款相关商品，当商品的审核通过后，即可出现在相应的清单中。需要注意的是，当前活动审核通过后不可撤销报名。

### 2．必买清单的发布条件

在发布清单前，商家或达人需要先了解一下必买清单的发布条件，这样才能提高清单发布的成功率。

（1）清单主题。主要要求如表5-2所示。

表5-2 清单主题的要求

| 要求 | 关键点 | 范例 |
| --- | --- | --- |
| 时效性 | 季节、社会热点、节日、新品 | 冬季服饰：羽绒服、雪地靴、保暖内衣 |
| 趣味性 | 明星、星座、网红段子、细分人群 | 康熙来了：康熙来了美食搜罗 |
| 功能性 | 旅行、装修、待产、烹饪、美容化妆、早教 | 儿童房装修秘籍爆料 |

（2）选品方向。

➢ 店铺要求。信誉等级至少为一钻，描述评分必须在4.6（含）以上。

➢ 销量要求。商品的月销量必须超过10件。

➢ 商品图片规格。每个清单列表中至少要有5个及以上的纯白底图商品，图片上不能出现水印、促销文案等"牛皮癣"。

（3）商品数量。每个清单的单品数量在10个至100个之间，最少要有3个店铺，每个店铺最多只能露出3个商品，每个品牌最多只能露出5个商品。

（4）清单顶部描述。必须与清单主题相符合，而且要在30个字以上。

（5）顶部Banner。图片要美观清晰，可以一眼看出其主题。

（6）清单商品描述。文案要简练有魄力，切忌照抄商品标题。

（7）清单标题。字数不能超过20个字，标题的主题要清晰，而且可以吸引消费者关注，注意标题中不能包含其他无用的信息。

### 3．如何申请参与必买清单

必买清单目前采取的是邀请制，只有内容足够优秀，才能够被系统邀请进行投稿。淘宝会根据达人发布的内容质量、引流效果、转化效果等维度，通过算法对达人进行综合打分，保留清单的投稿权限，每日发布清单数量限10篇。商家或达人可以通过主题报名和商品报名两种形式申请参与清单。

### 4．特殊清单展示的要求

每到节庆活动期间，淘宝都会发布相关的节庆主题。例如，"双11"的主题清单。此时，可以发布与这些节庆主题相关的内容，并添加除了"必买清单"外的官方指定标签。如果你的内容足够优质,将有机会被淘宝抽取出来,享受更多的渠道流量,如图 5-24 所示。

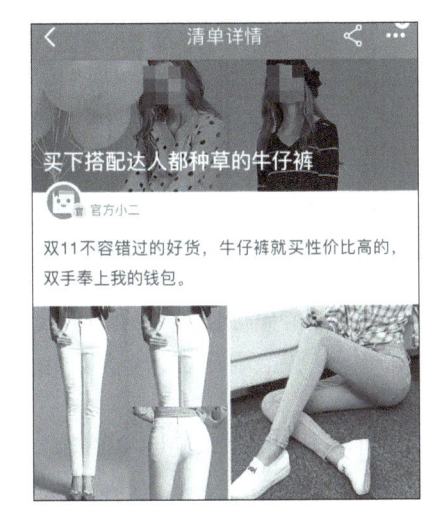

图 5-24 "双 11"的主题清单

### 5.3.2 必买清单的内容设计

要是卖家能把必买清单的内容设计完好,不仅可以帮店铺更好地吸引买家,还可以增加店铺的人气,提高店铺的转化率。淘宝必买清单的内容组成包括以下几个方面。

- 清单 Banner,营造氛围。
- 清单商品,体现精选感。
- 清单标题,明确主题。
- 清单描述,增强感知。
- 推荐理由,通过简练的语言突出商品的卖点。

#### 1. 精心设计的清单商品图片

必买清单的内容要求是清单商品的图片,基本要求为:正方形、无水印、无 LOGO、无多余文字,图片上若有水印的话将无法通过审核。

#### 2. 主题明确的清单标题

主题购清单的标题中间只能使用逗号、句号和感叹号,不能用其他标点符号,同时标题文案还必须符合广告文案规范。例如,下面的必买清单的标题案例,其主题都比较明确,分别为"植物元素"和"阳台绿植",如图5-25所示。

图5-25 必买清单的标题案例

在构思清单标题时,有一个前提是必须与主题相关,而且还要有吸引力,可以快速抓住买家眼球,让他们对清单的具体内容产生兴趣。

### 3. 氛围强烈的清单Banner

清单Banner的尺寸为750×320(px),大小不能超过60KB,同时图片必须符合清单主题且清爽干净,不能出现任何文案、品牌LOGO和明星等信息。

### 4. 简单明了的清单描述

清单描述是必填项目,字数一般为30~150,不能出现错别字,语句要通顺,同时符合清单主题,可以增强买家对这个主题的感知。文案内容还需要符合广告法文案规范;另外,不要使用一些空泛、无意义的文案内容,这样会降低商品推荐的可信度,以及清单的可读性和通过率。

### 5. 突出卖点的推荐理由

商品的推荐理由的字数不要过多,只要能突出商品的卖点即可,但需要注意不能与商品标题一模一样,否则会显得太过直白。

## 5.3.3 必买清单的活动资质

必买清单活动并不是任何商家和商品都可以参与的,它对于店铺、商品和商品所在类目有一定的资质要求。

### 1. 对店铺的要求

店铺需要符合淘宝天猫营销新七条,即《淘宝网营销活动规则》(简称《淘宝规则》)。

**淘宝网营销活动规则**

1. 近半年店铺非虚拟交易的 DSR 评分三项指标分别不得低于 4.6（开店不足半年的自开店之日起算）。

2. 除虚假交易外,《淘宝规则》规定的一般违规行为扣分满 12 分或 12 分的倍数之日起，限制参加所有营销活动 90 天。因虚假交易被违规扣分达 48 分及以上的卖家及商品，永久限制参加营销活动；其他因虚假交易被违规处理的卖家及商品，限制参加营销活动 90 天。

3. 近一个月人工介入退款成功笔数占店铺交易笔数不得超过 0.1%，或笔数不得超过 6 笔（数码类卖家不得超过 4 笔）。

4. 除出售假冒商品外,《淘宝规则》规定的严重违规行为扣分满 12 分或 12 分倍数之日起，限制参加本自然年度内所有营销活动；因出售假冒商品被违规扣分达 24 分及以上的，永久限制参加营销活动；因出售假冒商品被违规扣分达 12 分及以上，24 分以下的，限制参加本自然年度内所有营销活动。

5. 因各种违规行为而被搜索全店屏蔽的卖家，屏蔽期间内限制参加营销活动。

6. 卖家不得出现《淘宝规则》中限制参加营销活动的其他情形。

7. 上述标准中，特殊类目及淘宝网特定官方营销活动另有规定的遵从其规定。

补充说明：

一般违规行为是指《淘宝规则》中规定的一般违规行为，包括虚假交易、滥发信息、描述不符、违背承诺、竞拍不买、恶意骚扰、不当注册、未依法公开或更新营业执照信息、不当使用他人权利、恶意评价（淘宝网）。

严重违规行为是指《淘宝规则》中规定的严重违规行为，包括发布违禁信息、盗用他人账户、泄露他人信息、骗取他人财物、扰乱市场秩序、不正当谋利、出售假冒商品、假冒材质成分（天猫）、出售未经报关进口商品（天猫）、发布非约定商品（天猫）。

## 2. 对商品的要求

必买清单中不允许出现同 SPU（Standard Product Unit，标准化产品单元）的商品。加入必买清单的商品必须与清单主题相匹配，不能只是简单的商品堆砌，而要让买家一看就能感觉到这些商品是经过卖家精挑细选整理出来的。

服装、鞋包和装饰等非标品类是比较适合在必买清单中发布的商品类型，而且该平台具有极强的调性，同时采用双列商品样式，具有不错的视觉感受。

## 3. 对商品所在类目的要求

商家还需要了解必买清单的内容定位，这样才能更快地通过淘宝审核，使商品在清单中得以展现。

"细分需求下的泛场景购物指南"是淘宝必买清单的整体内容定位；同时，主题购清单的内容定位包括基础清单类型、帮助买家做商品精选、轻度整理商品。

必买清单的商品需要做好客户群体定位，例如，箱包商品还可以进行类目细分，如"高颜值"和"短途旅行"等，分别创建不同的清单，如图 5-26 所示，定位必须清晰，以满足不同的客户需求。

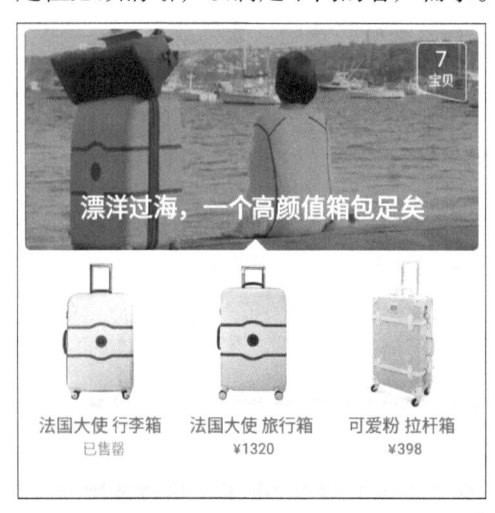

图 5-26　箱包类商品细分的清单案例

## 5.4 短视频：让每一个画面都能吸金

现在淘宝是一个以内容为主的平台，随着短视频等自媒体平台的兴起，许多卖家利用短视频来为店铺提升流量。本节便着眼于短视频，帮助卖家了解短视频以及短视频的推广投放渠道，让店铺运营方式更加丰富，通过自己制作的短视频，让每个画面都吸引眼球。

### 5.4.1 店铺投放：将视频上传到店铺渠道

淘宝天猫店铺的短视频在打开商品页面时就可以自动播放，方便买家直接看到该商品的使用效果，例如服装类的上身效果等。卖家制作完短视频，需要投放到店铺中。下面就介绍如何将视频上传到店铺的渠道。

（1）登录淘宝后台，进入卖家中心，在左侧的应用板块中，❶ 选择"自运营中心"|"商家短视频"；❷ 单击"商家短视频"；在弹出的"主图视频"页面中，❸ 单击"创建视频"按钮，如图 5-27 所示。

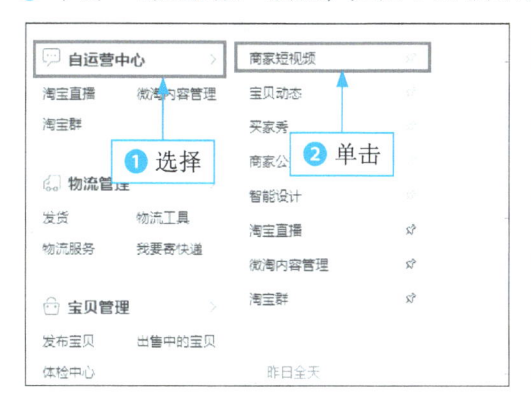

图 5-27　上传短视频

（2）弹出"新建视频"页面，❶ 填写好相应的数据；❷ 单击"创建视频"按钮，如图 5-28 所示。

（3）例如，创建羽绒服的短视频，在"新建视频"页面选择"新增片段"，❶ 添加制作好的视频素材；❷ 在页面的左侧还可以添加"音效"，以丰富短视频的内容与效果；预览无误之后，❸ 单击"发布"按钮，如图 5-29 所示。

在无线端淘宝能看到视频效果，例如，在淘宝首页搜索框中输入"羽绒服"，从搜索出来的商品中，任意单击某店铺的商品，就可以看到主图上的羽绒服短视频，如图 5-30 所示。

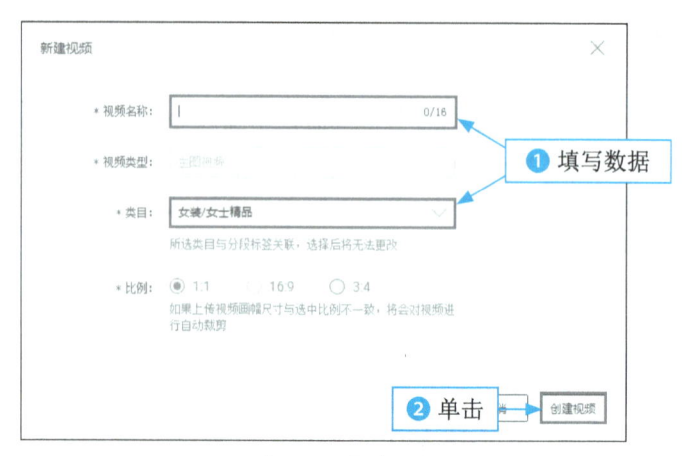

图 5-28 新建视频

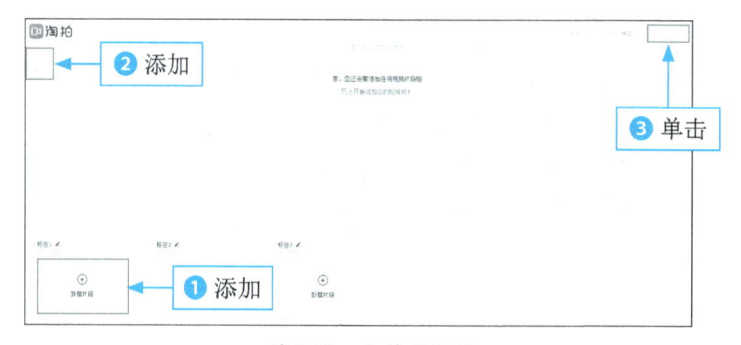

图 5-29 上传短视频

图 5-30 主图短视频

## 5.4.2 达人渠道：掌握达人号的渠道投放

达人是在淘宝上利用投放内容来推广商品的一个群体，卖家要想跟达人合作，首先需要确定自己经营的类目是否和达人推广的领域相符合，如果不符合就需要再找，因为达人一般都只推自己领域的产品。

卖家除了利用店铺投放的短视频来做引流，还可以跟一些达人合作，让这些达人来帮你做推广、宣传，因为现在的达人的权限增加了，使得很多卖家都会找一些达人合作。但是如果店铺没有足够的人气，也许会碰壁。所以，卖家可以自己开通一些账号，慢慢养成达人号。

开通达人号之后，还需要掌握达人号的渠道投放规则。

➤ 淘宝头条。目前该渠道的日活跃用户数量较多，而且优质账号可以快速吸引粉丝，收益也非常可观。

➤ 淘宝有好货。该渠道流量大且稳定，持续性强。

➤ 淘宝必买清单。该渠道适用所有类目，所有大 V、达人均可制作投放。

➤ 淘宝直播。是淘宝平台一种新型的推广方式，形式更加新颖，但是该渠道需要对应类目推广，并且需要有直播权限的达人才可以进行推广。

## 5.4.3 站外投放：将短视频分享到其他渠道

视频投放的渠道除了淘宝的站内投放，还有一种有效的投放方法就是把短视频的内容分享到站外，进行站外投放，为店铺带来更多的流量入口。短视频站外投放的渠道又有很多种。

➤ 视频 APP。例如，优酷、腾讯视频、爱奇艺等。

➤ 自媒体平台。例如，抖音、快手、微视、贴吧等。

➤ 新媒体平台。例如，微信公众号、微博等。

以优酷为例，上传了视频之后，进入视频的播放页面，看到画面的左下方会有分享的按钮，如图 5-31 所示。

单击"分享给朋友"按钮，就会弹出视频的不同形式的链接，如图 5-32 所示。

直接单击代码旁边的"复制"按钮，就可以把视频的网络代码直接复制到站外，比如空间、博客、其他网站等。

假如要把短视频推广到 QQ 空间，就可以通过复制代码到个人日志的形式，单击"插入视频"按钮，把视频代码粘贴在网络链接的框里，再单击"确定"按钮，如图 5-33 所示。这样就成功地把上传到优酷的视频分享到站外了。

图 5-31　上传视频页面　　　　图 5-32　视频代码

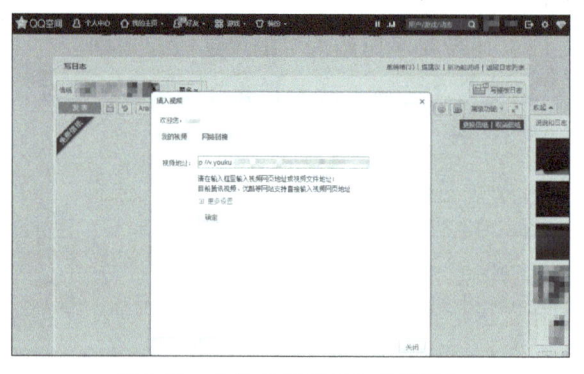

图 5-33　上传视频到 QQ 空间日志

此外，随着移动互联网技术的升级，以及智能手机时代的全面开启，大部分视频平台采用了扫二维码在移动端上看视频的方法，使得用户可以更加便捷地随时随地观看没有看完的视频。

## 5.5　直播运营：最潮的电商流行新玩法

淘宝直播上线以来，受到许多淘宝达人以及淘宝商家的追捧。利用直播的形式来推广店铺的商品，是当下最流行的电商新玩法。本节主要介绍直播运营，从方法到步骤详细地解读如何玩转淘宝直播运营，帮助卖家掌握直播运营的技巧，让店铺更上一层楼。

### 5.5.1　如何开通：成为淘宝直播主播

目前淘宝直播主要集中在达人这里，不过随着直播的发展，相信最终还是会以店铺直播为主，毕竟在淘宝平台上，卖家数量达到上千万，所以这部分的店铺直播才可能会成为未来的淘宝直播主流。

在淘宝直播中，有两种直播方式：一种是卖家自己直播；另一种是卖家找达人或者机构直播。

卖家自己直播的优势是可以将粉丝累积在自己的账号上，随时随地，想播就播，稳定性好；而找达人或者机构直播合作的优势就是省心省力，花钱把内容制作交给专业的人士去做。

卖家直播的过程大致是：开通直播权限→针对店铺粉丝进行直播→直播活跃且数据良好→开通浮现权限→在淘宝直播广场浮现。

在淘宝平台上，卖家如何成为淘宝直播的主播？手机端开通的步骤如下所示。

（1）登录手机端淘宝账号，单击淘宝直播，进入淘宝"直播页面"后；❶ 单击右上方的按钮；❷ 单击"主播入驻"，如图5-34所示。

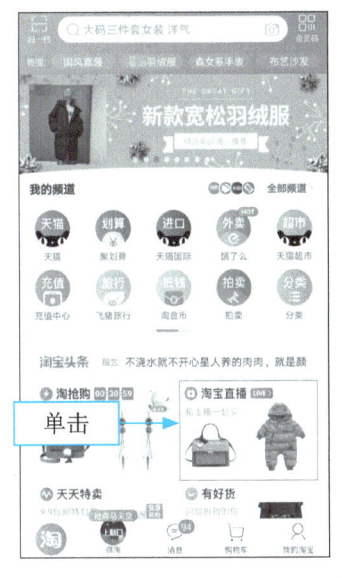

图5-34　淘宝直播页面

（2）进入"主播入驻"页面，这里需要填写主播个人的相关信息，并且会关联到你的淘宝店铺，下方需要添加个人的照片以及录制生活视频，如图5-35所示。

（3）填写好相应的信息之后，单击"提交申请"，接下来等待淘宝审核通过就可以了。注意视频的时长一般建议不超过5分钟，否则可能会影响审核通过率，如图5-36所示。

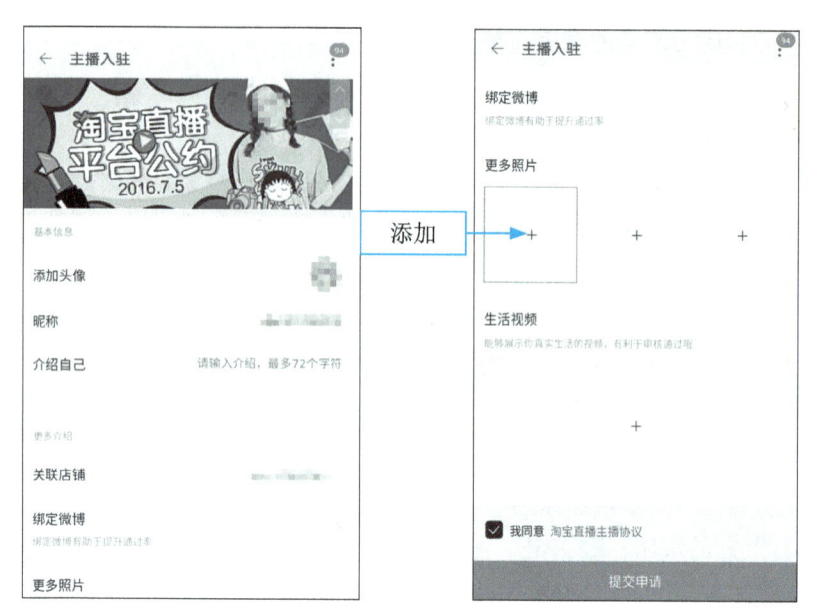

图 5-35 主播入驻填写信息

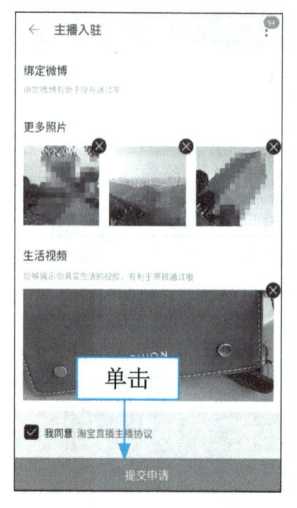

图 5-36 主播入驻填写信息

### 5.5.2 如何玩转：直播互动玩法大揭秘

成为淘宝直播的主播之后，接下来就是进行直播。直播也需要掌握技巧，跟观众互动是最重要的，通过互动可以增强粉丝的黏性，让他们更加地相信你，并且愿意长期地在你店铺购买商品。

一般来说，直播新手遇到的最多的问题就是容易冷场，导致场面尴尬，有几个原因，例如主播个人性格的原因；又或者是一时不适应直播的场面。但是最主要的原因还是在于没有掌握到直播互动的技巧，主播只有把直播间的气氛调动起来，才可以吸引用户进来观看并且成为粉丝。

如何玩转淘宝直播呢？这就需要主播掌握直播互动的玩法。

### 1．丰富的表情动作

看直播基本上就是视觉上的欣赏，表情动作是一种动态享受，需要让观众感受到你的互动带来的情绪变化，这样才会提高他们的参与积极度。所以在语言表达的同时适当地添加动作，夸张一点也可以，例如在收到礼物时，表现出非常惊喜、开心的样子，并通过肢体语言（比心、卖萌）向观众表示感谢。

### 2．极强的现场感染力

主播的现场感染力能够让观众深深地被你吸引，主播动人的声音加上行云流水般的解说，可以感染一大批受众，有利于打造个人 IP。

### 3．擅用"连麦"技巧

连麦是最能直接让观众参与直播活动的，也是互动的最有效的技巧之一，所以主播在直播的过程中要巧用连麦功能，可以选择跟一些主播去连麦，通过聊天对话，慢慢积累自己的人气，有时候你的个人魅力可以吸引连麦对手家的粉丝。

除了以上这 3 种互动技巧，其实还有游戏互动、聊天、回答问题互动等方式，主播在直播的时候要时刻关注弹幕动态，弹幕的数量也能体现出该直播间的气氛。

## 5.5.3 如何经营：视频直播的内容要求

直播首先是一种内容呈现形式，因而在内容方面的呈现就显得尤为重要。什么内容才是好的内容？对卖家和买家来说，能满足卖家的营销需求和满足买家的关注需求才是本质要求。

在淘宝直播上，商家怎么才能经营好直播，来吸引更多的买家进来观看，并且提高直播间的人气呢？那么，就需要卖家了解视频直播对于直播内容的一些要求。

视频直播的内容要求主要有以下几点。

（1）封面设计。图片要清晰、注意色彩效果；封面图能够突出主题，图片内容可以是主播自己的照片或者跟主题相关的，要通俗易懂；图片中的元素不可过多，简单一点，体现图片的高品质。注意封面图片上不可出现文字信息，以免跟标题内容重复，如图 5-37 所示。

图 5-37　淘宝直播封面

（2）商品类目。目前包括了服饰、美妆、母婴、美食、数码等一些类目。

（3）注意避免踩中以下直播雷区。枯燥的直播内容，例如简单的服饰上新、宝贝介绍等；单纯地打广告；直接说店铺宝贝有哪些，而没有介绍其亮点特色。

（4）禁止出现的内容。视频中禁止出现黄赌毒信息以及低俗内容等信息，另外在直播过程中，切记不要出现微博账号、微信账号等内容。

（5）标题设计。标题要新颖，标题格式建议：直播商品类型 + 目标人群 + 适用场景。例如，冬季新款羽绒少女美搭出行。

# 爆款引流篇

# 第 6 章

# SEO 优化：提升排名获取搜索流量

如何让自己的店铺在淘宝自然搜索中获得更好的排名，是广大卖家最关心的问题之一。SEO 优化是提升店铺排名的关键，而优化又包括很多方面，如通过搜索优化、关键词挖掘、标题设计、主图设计，以及上/下架时间规划等多种优化方式。卖家需要掌握这些方法和思路，才能提升店铺的排名，来获得更多的搜索流量。

本章系统、详细地介绍了当下比较实用的 SEO 优化方法、思路及操作技巧，并配以丰富、典型的应用案例加精美图片解析进行说明。

搜索优化，提升店铺和产品排名
关键词挖掘，书写优秀的宝贝标题
标题设计，阅读量破 10 万的标题法则
打造高点击率主图，吸引顾客主动下单
宝贝上/下架时间规划，轻松提升自然排名

## 6.1 搜索优化，提升店铺和产品排名

在提升店铺排名时，淘宝 SEO 是必不可少的手段，淘宝的 SEO 优化，能提升店铺的排名，而且还会让商品获得一个不错的展现机会，对于新手卖家来说更加重要。本节便着眼搜索优化，从实务方法、规则解析等多个角度切入，使卖家深刻了解和掌握这些规则、技巧以及方法，了解淘宝搜索的规律，有助于卖家更好地对店铺商品进行调整优化，从而在众多的店铺商品之中崭露头角。

### 6.1.1 什么是淘宝 SEO

淘宝 SEO 其实就是淘宝搜索引擎优化，就是利用淘宝搜索排名的规则，让卖家的产品展示给搜索人群，简单说就是当卖家的目标客户搜索卖家的产品时，利用一些方法将卖家的产品展示在搜索结果的前面。

淘宝 SEO 又分为广义的淘宝 SEO 和狭义的淘宝 SEO，如图 6-1 所示。

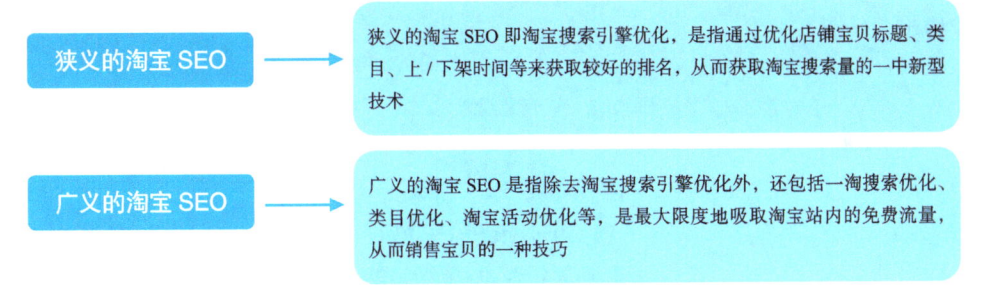

| 狭义的淘宝 SEO | 狭义的淘宝 SEO 即淘宝搜索引擎优化，是指通过优化店铺宝贝标题、类目、上/下架时间等来获取较好的排名，从而获取淘宝搜索量的一中新型技术 |
| --- | --- |
| 广义的淘宝 SEO | 广义的淘宝 SEO 是指除去淘宝搜索引擎优化外，还包括一淘搜索优化、类目优化、淘宝活动优化等，是最大限度地吸取淘宝站内的免费流量，从而销售宝贝的一种技巧 |

图 6-1 狭义的淘宝 SEO 和广义的淘宝 SEO

### 6.1.2 为什么要做好淘宝 SEO

在知道了什么是淘宝 SEO 之后，许多商家会有一个疑问，为什么要做好淘宝 SEO，它能给店铺带来什么好处？

以下这些情况的出现，让淘宝 SEO 变得重要起来，让卖家懂得做淘宝 SEO 对店铺的益处。

（1）平台的卖家越来越卖多。电商发展的红利期，许多人会通过电商创业来赚钱，所以平台上的卖家越来越多，竞争越来越激烈，这些卖家不断分走流量，流量稀缺让店铺各个数据得不到提升，导致排名起伏不定。

（2）卖家之间的竞争越来越激烈。卖家数量的增加，同行业之间的竞争加

剧，每个店铺都在极力地打造店铺爆款，通过打价格战来淘汰一些小卖家，但是这样对自己店铺的损失也很大，产品没有利润可言，价格一旦拉低，再想升回来就很难了。

店铺流量的流失，加剧了卖家之间的竞争力度，店铺的流量变得珍贵起来，许多人会通过一些免费渠道以及付费渠道去为店铺引流，这样一来，不仅成本高，而且效果还不一定让人满意。

所以淘宝 SEO 就变得尤为重要，利用淘宝 SEO 优化店铺的宝贝、类目等，可让店铺获得更好的排名，引入更多的流量。

### 6.1.3 淘宝的搜索模型分析

淘宝用户在购物时，都会习惯性地通过淘宝搜索来找到自己需要的宝贝，而目前大部分淘宝卖家都知道淘宝搜索对于店铺经营的重要性。卖家在开淘宝店铺之前，要对淘宝的搜索规则进行了解，了解淘宝搜索的规律，这样才能更好地提高店铺的排名，让宝贝获得更好的展现。在淘宝搜索中，有如图 6-2 所示几种搜索模型。

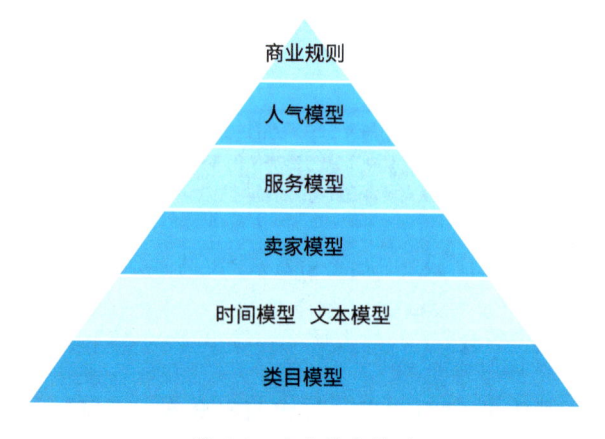

图 6-2 淘宝搜索模型

该模型呈现出一个金字塔结构，层层筛选，最后能到达金字塔顶端的卖家才会被推荐给买家。例如，某卖家宝贝类目选错，那么该店铺的宝贝将在搜索结果页不会有很好的展现机会；又例如，类目选择正确，但是宝贝的标题中没有买家的搜索关键词，那么同样会被搜索结果过滤掉，宝贝得不到展现的机会。下面来解析各个搜索模型。

（1）类目模型。按字面意思理解，就是宝贝类目。如果卖家在上架宝贝时选错了类目，那么当买家搜索该宝贝时，就获取不到靠前的排名，这是整个金字塔模型最基础的部分，这个地方选错了，那么就可以直接忽略后面的步骤，所以，在选择宝贝类目的时候，要正确选择。

（2）文本模型。其实指的就是宝贝标题中的关键词。如果该宝贝的标题关键词与用户所搜索的关键词不匹配，也会影响宝贝搜索排名，所以卖家在规划宝贝标题的时候，要尽可能地去参考热门关键词，其次要贴近宝贝真实性，不能偏离宝贝。

（3）时间模型。该模型是根据宝贝的上/下架时间来看，公平给予宝贝展现的机会。可操作性较强，因为宝贝越临近下架时，排名越靠前，所以卖家最好合理规划店铺的宝贝上/下架时间，这个对宝贝的排名非常重要。

（4）卖家模型。该模型是指卖家（店铺）本身的一个经营状况，用来评估卖家的综合质量，例如该店铺是否加入了消费者保障服务、店铺的信誉分等。

（5）服务模型。主要是由整个店铺的大数据组成，包括店铺的退款率、纠纷率、投诉率等，该模型能体现出卖家一个整体服务的能力，在店铺平时经营中，卖家需要把控好这一方面。

（6）人气模型。该模型主要是统计、评估买家对店铺产品的一个认可程度，包括店铺的评分、转化率、商品收藏数、销售额等一些店铺数据指标。

（7）商业规则。这是金字塔的顶端层，能到达这个层级的卖家才会有一个不错的搜索展现，主要是卖家提供的特色服务，包括：七天无理由退换、顺丰包邮、送货上门、消费者保障计划等一些服务。

## 6.1.4 淘宝搜索的核心因素

淘宝搜索有以下几个核心因素，如图6-3所示。

除了这些，其实还包括了一些其他的因素，例如，宝贝的销量、宝贝的转化率、宝贝的主图（是否高点击率）等，另外，淘宝会根据买家之前的搜索习惯以及浏览习惯、购买习惯来推荐相关宝贝，而且会把一些有过违规行为的宝贝直接给屏蔽掉。

所以，在淘宝的千人千面之下，通过这些淘宝搜索的核心因素，可以为买卖双方节约大量时间，既提升买家的购买体验，又提高卖家的流量价值。

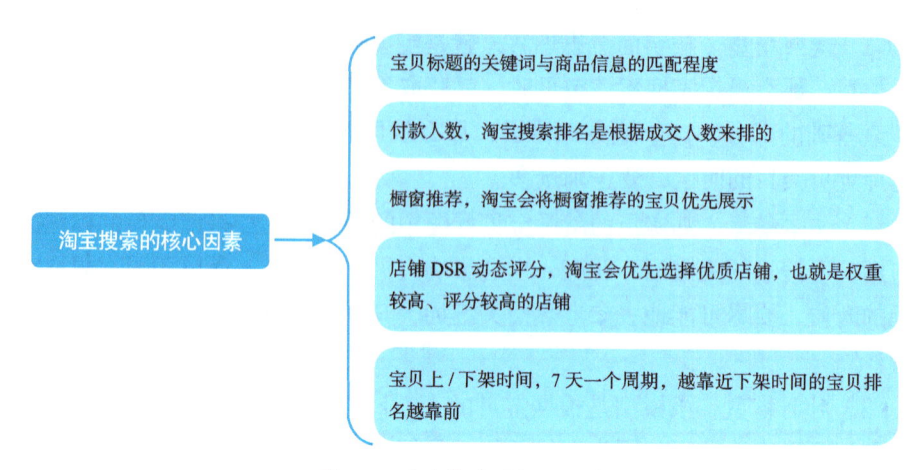

淘宝搜索的核心因素:
- 宝贝标题的关键词与商品信息的匹配程度
- 付款人数,淘宝搜索排名是根据成交人数来排的
- 橱窗推荐,淘宝会将橱窗推荐的宝贝优先展示
- 店铺DSR动态评分,淘宝会优先选择优质店铺,也就是权重较高、评分较高的店铺
- 宝贝上/下架时间,7天一个周期,越靠近下架时间的宝贝排名越靠前

图 6-3 淘宝搜索的核心因素

### 6.1.5 淘宝的搜索引擎规律

很多卖家从开店以来,一直愁的问题就是人气无法提升,店铺排名靠后,导致买家很少,流量也少,那这是什么原因造成的呢?

其实,仔细观察,你会发现这就是淘宝的搜索排名造成的,如果卖家不懂得淘宝的搜索引擎规律,那么店铺的排名也不会好到哪里去,所以,了解淘宝的搜索引擎规律对于新开店的卖家来说非常重要。

通过对淘宝搜索引擎的优化,能让宝贝的排名靠前,得到更多的曝光率。那么淘宝站内的搜索引擎的规律是什么,如何直通你的店铺呢? 这个搜索规律就是直接搜索,也就是淘宝首页的搜索,如图6-4所示。

图 6-4 淘宝直接搜索

买家可以通过淘宝首页的搜索框,输入关键词搜索宝贝或者直接搜索店铺,如图6-5所示。

所以关键词能直接影响到店铺宝贝的搜索排名,当然店铺名字也有关键词,同样会影响店铺搜索排名。

在这里给广大卖家一个建议:做淘宝类目优化,宝贝关键词优化,宝贝标题优化,宝贝上/下架时间优化等,可以为店铺提高一定的权重。

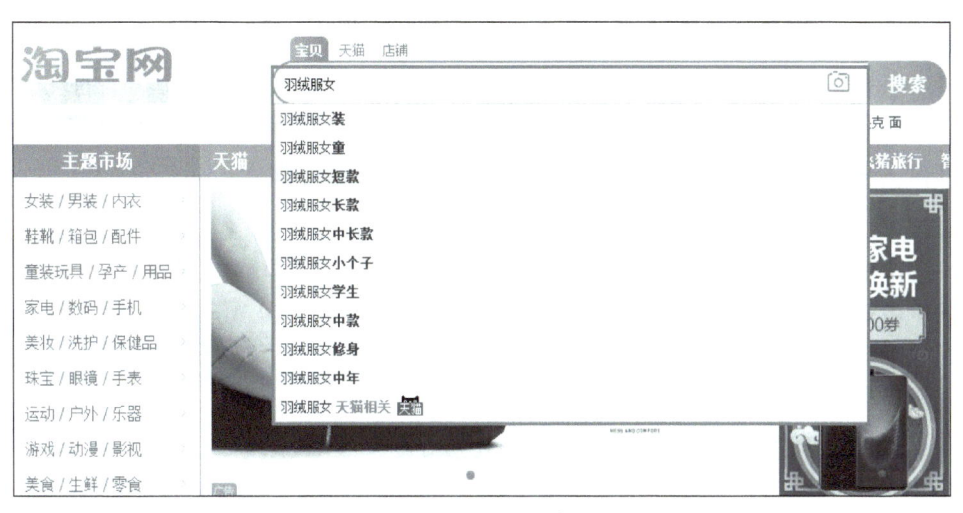

图 6-5　淘宝搜索

### 6.1.6 淘宝首页的搜索规律

卖家想要做好、做大店铺，就必须对淘宝平台的规则以及玩法了解得非常透彻，淘宝搜索是提升店铺排名的基本通道，那么淘宝首页的搜索又有哪些规律？淘宝首页的搜索规律有以下 4 个。

（1）无关因素规律。就是排名先后与销量、浏览量、价格、好评、如何支付、所在地等权重的基本因素无关。通过随意输入关键词搜索出来的结果，一般不会特别精准，这是因为淘宝的扶持政策影响了搜索结果。

（2）搜索结果排名规律。影响宝贝排名的关键因素有两个，分别是"剩余时间"和"是否橱窗推荐"。

剩余时间＝宝贝的有效期 – 当前时间 – 发布时间。

宝贝有效期有两种取值，分别是 14 天和 7 天，对应于产品发布时选择的有效期，发布时间就是宝贝上架时间。橱窗推荐就是店铺的橱窗推荐选项。

搜索结果会根据"是否橱窗推荐"因素和剩余时间多少来排名。剩余时间越少排名越靠前。

（3）等效搜索词规律。就是利用几个关键词一起搜索。

（4）高级搜索规律。就是精准搜索，直接搜索到想要的宝贝。

通过这些搜索的基本情况，可以看出，宝贝的标题、详细数据填写、上 / 下架时间和橱窗推荐都至关重要，这些都是影响买家搜索卖家店铺宝贝的重要因素。

特别是对于新手来说，这些基本情况要了解清楚，如果不了解淘宝的玩法，那店铺是做不起来的，关键在于卖家自己要去领悟里面的精华。

### 6.1.7 影响宝贝权重的因素

店铺权重不仅仅是店铺收藏、店铺访客，卖家需要做的工作非常多。在这里简单地给店铺权重做个定义：就是淘宝的规则，即淘宝对卖家的一个规定。很多新手卖家对于淘宝后台都不了解，同样对淘宝规则也不了解，所以一般新手店铺的权重都非常低。

这里简单地列出淘宝规则中主要的几条规则，如图 6-6 所示。

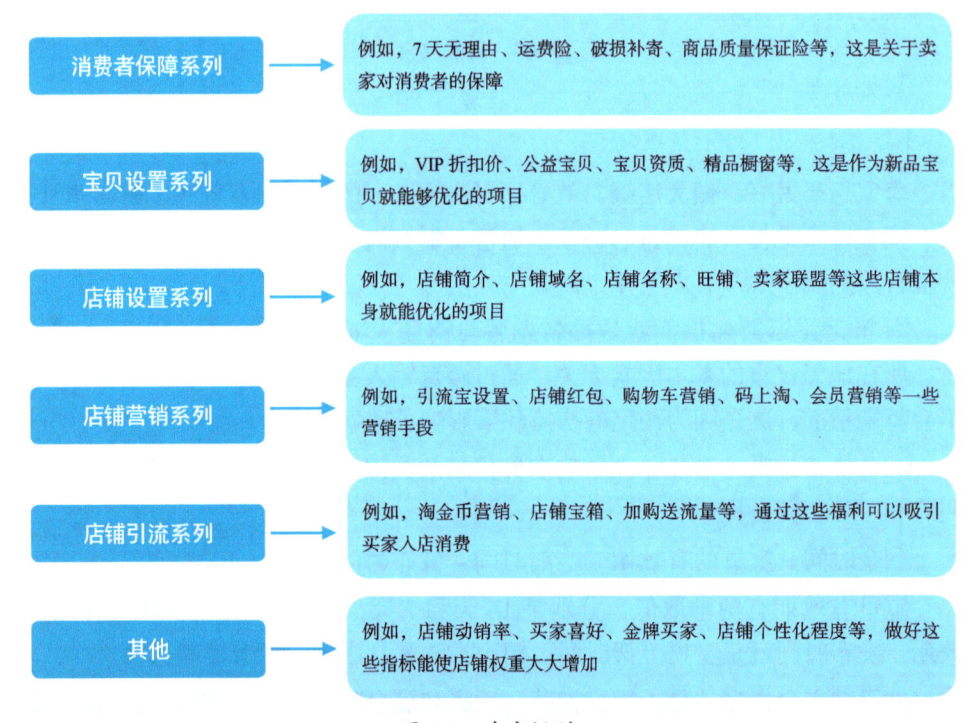

|  |  |
| --- | --- |
| 消费者保障系列 | 例如，7天无理由、运费险、破损补寄、商品质量保证险等，这是关于卖家对消费者的保障 |
| 宝贝设置系列 | 例如，VIP 折扣价、公益宝贝、宝贝资质、精品橱窗等，这是作为新品宝贝就能够优化的项目 |
| 店铺设置系列 | 例如，店铺简介、店铺域名、店铺名称、旺铺、卖家联盟等这些店铺本身就能优化的项目 |
| 店铺营销系列 | 例如，引流宝设置、店铺红包、购物车营销、码上淘、会员营销等一些营销手段 |
| 店铺引流系列 | 例如，淘金币营销、店铺宝箱、加购送流量等，通过这些福利可以吸引买家入店消费 |
| 其他 | 例如，店铺动销率、买家喜好、金牌买家、店铺个性化程度等，做好这些指标能使店铺权重大大增加 |

图 6-6 淘宝规则

除此之外还有很多，上面列举的都是店铺比较常见和基础的优化，新手做淘宝店铺还需要明白影响宝贝搜索排名权重的因素。

（1）自然搜索成交百分比。自然搜索成交百分比越高，排名越靠前。

（2）商城优先，消保其次，无消保其后。

（3）成交客户信誉值。成交客户的信誉值越高，排名越靠前。

（4）按宝贝销量大小。销量越大，排名越靠前。

（5）按动态评分。动态评分越高，排名越靠前。

（6）7天下架时间。距离下架时间越近，排名越靠前。

（7）类目匹配程度。宝贝类目属性匹配度越高，排名越靠前。

（8）按宝贝点击率。点击率越高，排名越靠前。

（9）按宝贝成交客户覆盖区域。覆盖区域越广泛，排名越靠前。

（10）宝贝转化率。成交量跟点击量之间的比值，比值越高，排名越靠前。

（11）关键词质量。关键词质量分越高，排名越靠前。

（12）是否橱窗推荐。有橱窗推荐的排名靠前。

（13）无线端是否完善。无线端页面效果越好，排名越靠前。

（14）询盘转化率。询盘转化率越高，排名越靠前。

（15）店铺有无作弊记录。按作弊程度，作弊越少，排名越靠前。作弊被查处严重者会进行封店处罚。

（16）宝贝退款率。退款率越低，排名越靠前。

（17）店铺被投诉的投诉率。投诉率越低，排名越靠前。

（18）店铺/宝贝收藏量。收藏量越高，排名越靠前。

（19）好评率。好评率越高，排名越靠前。

（20）回头客。回头客越多，排名越靠前。

（21）买家收到货的速度。收货越快，排名越靠前。

（22）支付宝使用率。用支付宝支付的客户越多，排名越靠前。

（23）发货速度。发货越及时，排名越靠前。

（24）退款速度。退款越及时，排名越靠前。

（25）经营规范。看店铺规范经营程度、无货空挂程度。

（26）旺旺响应时间。响应越及时，排名越靠前。

（27）旺旺在线时长（不包括手机在线）。时长越长，排名越靠前。

（28）店铺扣分数量。扣分越少，排名越靠前。

（29）按店铺级别。级别越高，排名越靠前。

（30）按店铺信誉值。店铺信誉值越高，排名越靠前。

## 6.2 关键词挖掘，提炼优秀的宝贝标题

宝贝标题能与买家搜索关键词产生最大联系，也是最直接的。买家在淘宝搜索中输入关键词，系统会自动匹配相关的宝贝标题。所以说，一个优秀的宝贝标题可以为宝贝带来更多的搜索展现机会。

本节就着眼于关键词挖掘，从实际方法、操作技巧等角度深入解读宝贝标题关键词的挖掘，帮助卖家掌握书写优秀标题的方法与技巧，让店铺的宝贝得到更好的搜索排名与展现。

### 6.2.1 宝贝标题的 4 个关键词

在淘宝的千人千面之下，不同搜索习惯的买家如果搜索同一个关键词，出来的结果都会不一样。虽然结果是这样，但是作为卖家，还是不能忽视宝贝标题带来的作用。一个吸引人的宝贝标题，能够给宝贝带来一定的转化率。如何找到与自己宝贝匹配度高的关键词？并不是关键词堆积越多越好，而是需要寻找精准关键词。

➢ 主词。这类词的流量大，展现机会也多，但是点击率低，转化率也低，所以大流量主词基本是以展现为主，是品牌店家最爱的优化方向，属于低质量词。

➢ 辅助词。辅助词和主词组成的关键词属于中等流量，这类型的关键词转化率低、展现大、点击率中等，是那些定位精准的店铺所喜欢的词。因为定位精准、流量高、黏度高，所以这类搜索词的买家有明确的购物目标，例如，欧美风、韩国风、冬季新款等。买家购买了自己喜欢的商品，那么对该店铺的黏度会很高，这类辅助词属于中等质量词。

➢ 属性词。属性词加主词属于低流量，这类词的展现量一般、点击率高、转化高，是小店铺最喜欢的词，因为不需要跟大型店铺去竞争，而且单品定位精准，不需要备货，对店铺风格化要求不高，流量集中，卖家可以用最少的投入带来最高的转化率，这类词属于高质量词。

➢ 长尾词。不管是新品还是爆款，都是由长尾词带来的流量和权重进行堆积的，例如，"韩版秋款女装蕾丝娃娃袖修身"这类长尾词，很多卖家都觉得长尾词流量低、访客少，但是，长尾词是由很多词组成的，被人搜索到的概率会大很多。

## 6.2.2 淘宝标题的搜索切词技术

做淘宝的大部分卖家都知道，宝贝标题最多支持 60 个字符，一般是不超过 30 个汉字，一个数字就代表一个字符，一个空格也是如此，在淘宝搜索中，系统如何来分辨买家搜索的关键词与宝贝标题的匹配性，这就需要了解淘宝宝贝标题的搜索切词技术。

切词技术是当买家在淘宝搜索中输入关键词搜索时，系统会先把输入的关键词进行切分，然后把切分完的结果去标题数据库中进行匹配，最后再把跟关键词匹配程度最高的宝贝标题展示出来。

切分是如何进行的呢？例如，在淘宝搜索中输入关键词"新款修身连衣裙"，那么系统会自动将该关键词进行切分，结果如下。

> 新款修身。
> 修身。
> 连衣裙。
> 修身连衣裙。
> 新款修身连衣裙。
> 新款（空格）修身连衣裙等。

输入该关键词，在淘宝中的查询结果如图 6-7 所示。

图 6-7 淘宝搜索查询结果

关键词被切分完后，只要标题中含有切分后的关键词，在搜索时都有被展现的机会。那么，在关键词的中间加空格符号对切分结果会不会有影响？其实是没有影响的。

但是在书写标题时，建议写满 30 个字，不要过多使用一些数字字符或者其他无效字符，而且特殊符号是不允许在标题中出现的，例如"（）""—"等，所以书写标题一定要规范。

### 6.2.3 该不该选择蓝海关键词

蓝海词是关键词的一种，又可以称之为长尾词，指的是具有搜索热度但竞争力又不大的关键词，这个是很多新手卖家以及小卖家所喜欢的。通常搜索出来的精准匹配产品在搜索结果页中数量不超过 3 页，要是卖家能掌握好这类关键词，宝贝获得曝光的机会将会更多。

若是新开店铺，刚开始实力不是很强，在店铺宝贝竞争优势不大的情况下，可以选择挖掘蓝海关键词；但店铺经营到后期积累了一定的人气与销量之后，就应开始着手大词，热度高、流量多的关键词。

当买家搜索到蓝海关键词时，说明他/她对自己要买的产品需求很明确，当通过搜索关键词进入店铺时，若店铺的宝贝不符合他/她的需求，或者达不到想要的效果，那么这个买家相当于流失掉了，不仅提高不了店铺宝贝销量，反而会拉低店铺的转化率。

要想改善这样的情况，就需要卖家多去挖掘关键词，最好是能选择到精准关键词，以贴合宝贝实际。除了关键词的挖掘，卖家还需要着手宝贝优化、店铺优化，来提升店铺的整体服务水平，给买家一个好的购物体验。

### 6.2.4 挖掘关键词的 7 种方法

宝贝标题可以凸显出一个商品的主题以及特色，吸人眼球的宝贝标题是可以引导买家进店消费、带来销量以及提升商品转化率的。宝贝标题也不是随意取的，需要掌握挖掘关键词的方法秘诀，才能提炼出优秀的宝贝标题。

挖掘宝贝关键词的方法有 7 种，如图 6-8 所示。

高转化率、高点击率的宝贝一定会有一个吸睛的宝贝标题，写宝贝标题关键是掌握宝贝关键词的选取方法，挖掘关键词的方法有很多种，但是要注意，竞争力大的关键词尽量不要去选。在卖家掌握这些挖掘关键词的方法和技巧后，就能迅速找到与宝贝契合度高的关键词，从而设计出优质的宝贝标题。

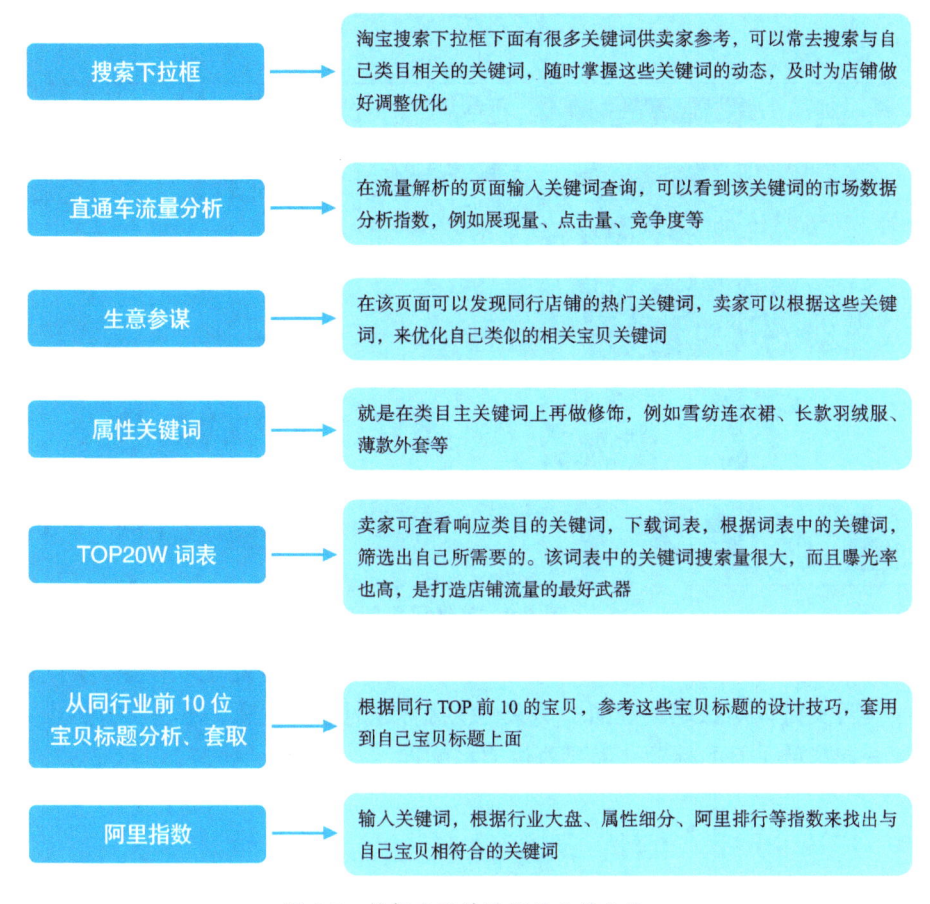

|  |  |
|---|---|
| 搜索下拉框 | 淘宝搜索下拉框下面有很多关键词供卖家参考，可以常去搜索与自己类目相关的关键词，随时掌握这些关键词的动态，及时为店铺做好调整优化 |
| 直通车流量分析 | 在流量解析的页面输入关键词查询，可以看到该关键词的市场数据分析指数，例如展现量、点击量、竞争度等 |
| 生意参谋 | 在该页面可以发现同行店铺的热门关键词，卖家可以根据这些关键词，来优化自己类似的相关宝贝关键词 |
| 属性关键词 | 就是在类目主关键词上再做修饰，例如雪纺连衣裙、长款羽绒服、薄款外套等 |
| TOP20W 词表 | 卖家可查看响应类目的关键词，下载词表，根据词表中的关键词，筛选出自己所需要的。该词表中的关键词搜索量很大，而且曝光率也高，是打造店铺流量的最好武器 |
| 从同行业前10位宝贝标题分析、套取 | 根据同行 TOP 前 10 的宝贝，参考这些宝贝标题的设计技巧，套用到自己宝贝标题上面 |
| 阿里指数 | 输入关键词，根据行业大盘、属性细分、阿里排行等指数来找出与自己宝贝相符合的关键词 |

图 6-8 挖掘宝贝关键词的 7 种方法

## 6.2.5 将关键词组合成优质标题

上面介绍了挖掘宝贝关键词的 7 种方法，在找到适合宝贝的关键词之后，如何将这些关键词组合起来，制作成一个优质的宝贝标题，来获得更多的展现量，那就要先了解标题中的关键词分类，一般分为 4 大类型。

➢ 营销关键词。例如包邮、特价、清仓、热卖、新款、爆款等。

➢ 属性卖点关键词。这类关键词指的就是宝贝本身所包含的特点，例如修身、显瘦、加厚、舒适等。

➢ 类目关键词。这个很容易理解，就是宝贝的名称，例如羽绒服、连衣裙、休闲裤、运动鞋、毛绒玩具、手机等。

➢ 长尾关键词。指的是宝贝的特色，例如直筒毛线拖地长裤、过膝加厚白鸭绒外套等。如图 6-9 所示。

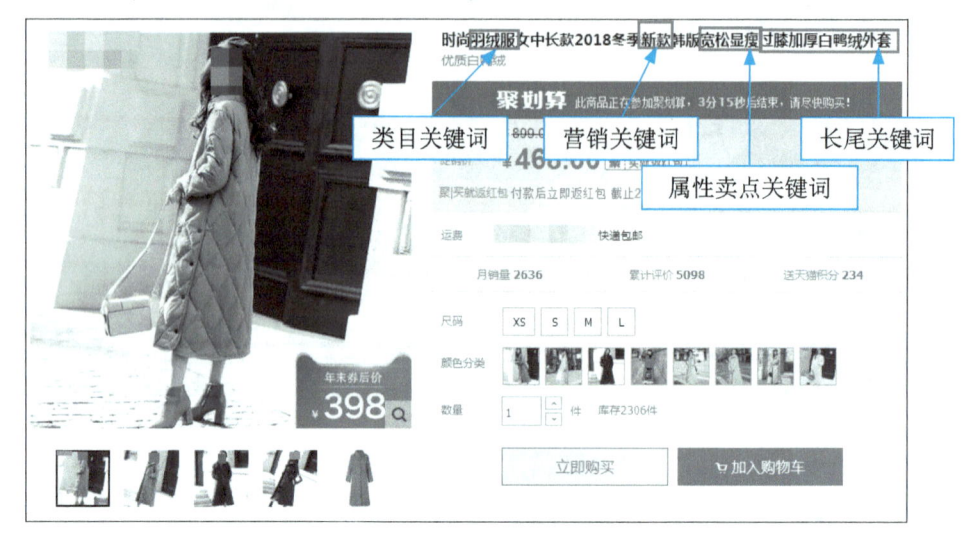

图 6-9 关键词类型

把这些关键词分类组合起来成一个公式，就是：营销关键词＋属性卖点关键词＋类目关键词＋长尾关键词。卖家在挖掘标题时需要注意，不是所有热点关键词组合起来就是好的标题，而是要讲究搭配性。

## 6.3 标题设计，阅读量破 10 万的标题法则

优秀的宝贝标题能为店铺引进流量，在众多淘宝商品中，要让你的宝贝标题具有特色，在标题设计上面就需要花费心思。如何设计出让阅读量破万的标题是广大卖家所需要解决的问题。本节就着眼标题设计，从方法、技巧与案例解析的角度出发，让广大卖家需掌握的标题设计 10 大法则，帮助卖家提升店铺流量。

### 6.3.1 符号法则

在标题设计的符号法则中，包含以下 3 种符号：叹号、问号、省略号。一般在书写过程中使用符号的时候，叹号用来表示惊讶，多用于赞扬、惊叹、悲伤、愤怒等强烈的感情，用这种符号能让人感同身受，通过强调某一事物，容易引起别人的关注。

案例一：叹号标题的案例。

修改前："那些翻过车的 CEO"；修改后："十大翻车 CEO，最后一个让人同情不起来！"如图 6-10 所示。

该案例在修改前，只是简单地讲述文章的大概内容，标题的形式千篇一律，非常普通常见，激不起读者的好奇感。但经过修改后，首先例举了"十"这个数字，其次点明了最后一个人的失败经历明显与其他 CEO 不同，带动读者的好奇心。再加上人们对于那些创业失败的人的经历特别感兴趣，所以大家会抱着娱乐的心态点开看。

问号通常情况下是通过提问题的方式来吸引别人的关注，唤醒读者对某件事物的疑惑，使用这种符号，促使读者产生好奇感，有兴趣继续读下去。问号一般用于反问的语句中，把陈述句改为疑问句之后，会发现语气有明显的差别，感情也更加的强烈，容易引起读者的共鸣，进一步突出中心内容。

案例二：问号标题的案例。

修改前："小白 2 万元零基础创业月入百万的秘籍"；修改后："小白拿 2 万元零基础创业卖咖啡，他是如何做到月入百万的？"如图 6-11 所示。

相信看到这样标题的人都会有一个疑问，就是他是怎么做到月入百万的，是有什么方法吗？通过这种反问的形式，让读者产生疑惑，引起读者的共鸣，特别是对于新手创业的人来说，他们更希望从中获取知识，学习别人成功的经验，掌握创业的技巧。其实这就是戳中读者痛点，让他们怀着解决问题的心态去阅读。

省略号往往是表达一种意犹未尽、欲言又止的感觉，很好地突出了悬念，给读者留下了自由想象的空间，一般用于揭晓答案或者是出人意料的结果。

案例三：省略号案例的标题。

修改前："眼睛里的'星星'原来是受很多因素的影响"；修改后："为什么有人眼睛里自带'星星'，原来打败你的不是天真而是……"如图 6-12 所示。

该案例在修改前，给人一种看不太懂的感觉，那么这些影响的因素也许激不起读者的兴趣；这时通过修改标题，加上"为什么有人眼里会自带'星星'，原来打败你的不是天真而是……"这就是一个转折点，利用省略号来吸引读者的好奇心。

符号是浓缩的语言，用一些简单的符号就能表达出不同的语气情绪，以及丰富的含义。另外，符号又是抽象的，它能给读者充分的想象空间以及酝酿出丰富的情绪。人们对符号会有一种天生的敏感，所以，在设计标题时，适当地使用符号可以起到出人意料的效果。

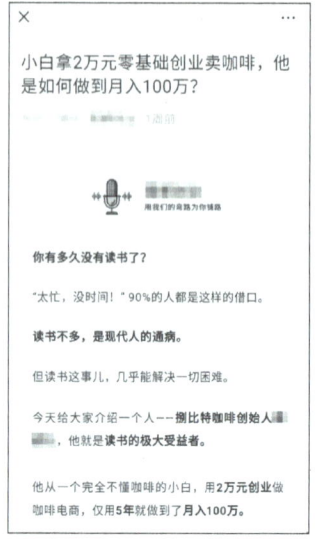

图 6-10　叹号标题案例　　图 6-11　问号标题案例　　图 6-12　省略号标题案例

### 6.3.2 数字法则

数字，是人们比较敏感的，在文章的标题中如果使用了数字，那么就会让人感受到这篇文章的信息含量比较高，并且迫切想知道其中包含的内容。利用数字提炼出文章中的精华，能引起人们想获取有价值的干货的欲望，点开文章看下去。

数字不同于汉字，数字可以给用户带来视觉上的冲击，与汉字形成一种反差，所以数字特别明显，也更容易吸引到读者。

例如，修改前："如何卖掉你的房子"；修改后："如何在 24 小时内毫不费力地卖掉你的房子"。

众所周知，卖房子有时靠运气，碰到急需买房的人也许很快就能卖出去，但更多的是靠方法和营销技巧。

房子有时能 24 小时内迅速毫不费力地卖出去，有时好几个月也卖不出去，这都是正常的现象。该案例通过修改标题，添加数字进去，使读者明显看出该标题的内容包含了迅速卖出房子的方法秘诀，吸引那些想快速卖出房子的读者，这就是数字带给人们的视觉震撼。

## 6.3.3 知乎体法则

知乎体法则一般适合科普类的文章，主要是通过设置情景，当事人讲述自己的亲身经历，一般这种经历是普通人接触不到的，这是近几年网上比较火的一种取标题的方式。

现在大部分人都偏向于"标题党"，标题吸引人，读者就会有点进去的欲望。反之，标题平淡无奇，读者可能就会直接忽略过去。

那么知乎体法则是怎么设计标题的呢？有以下这几种类型。

- 你有哪些 xxx 经历？
- xxx 是一种什么样的体验？
- 如何评价 xxx？如何看待 xxx？怎么理解 xxx？
- xxx 有什么样的意义等类型。

例如，修改前："特斯拉的前世今生"；修改后："拥有一台特斯拉是怎样一种体验？"

这个标题在修改前，也许不会引起读者的关注，因为特斯拉离普通人有点距离。那么，通过修改标题，利用知乎体的法则，用"拥有一台 xxx 是怎样一种体验"的形式来拟定标题。大家都知道特斯拉是国外的汽车品牌，在中国的销售范围还没有特别广，所以也不是所有人都可以体验到开特斯拉的感觉。当有人亲身讲述开特斯拉的体验时，就设置了情景，让读者身临其境。

## 6.3.4 对比法则

大家都知道，有对比才能看得出事物好坏，或者是差异，对比法则就是利用一种事物的两个方面来进行对比，通过数字对比或者是矛盾的对比，来寻找与常识相违背的观点。

例如，修改前："7 个方法教你打造高薪互联网文案"；修改后："月薪 3000 与月薪 30000 的文案区别"，如图 6-13 所示。

图 6-13 对比法则标题案例

这个标题就是利用了人们都希望获得高薪的心理。对于新手小白来讲，更是具有吸引力。通过修改标题，把月薪 3000 和月薪 30000 的文案做对比，可以覆盖更多的人群，对于做自媒体的人来说，他们会迫切地想知道文案的差别在哪里。

这个标题起到了很好的对比作用，将一个事物的两种结果作为对比。那这个差别究竟在哪里？既引起了读者的好奇心，又暗示了文章的干货内容，最后阅读量破 10 万也就是轻轻松松的事情了。所以，在设计标题时，需要找到文章中最鲜明的矛盾对比，这样才更容易获得读者的关注。

### 6.3.5 接地气法则

一般写文章都需要贴近生活实际，文章中所表达的内容尽量通俗易懂，让读者看起来不难理解，有必要避开生僻字和高大上的专业词汇。如果用过多的专业词汇来包装这篇文章，想让读者认可你的专业性，那么最后也许会导致读者看不明白你的主题，从而放弃继续阅读下去的想法。

接地气，就是需要用大家熟知的名词，这样读者才会感觉贴合生活，更容易理解，才会有更多的人对这篇文章感兴趣。标题中出现的关键词越简单接地气，就越容易理解，也越容易被广泛传播；相反，越专业高深的标题，传播范围就越窄。

例如，修改前："致矮基因竟是 GDF-5 基因的变体"，修改后"我虽然腿短，但我比你们大长腿扛冻啊！"如图 6-14 所示。

该案例在修改前表达的意思不太清晰，而且使用了比较高深的专业名词，让人看不懂。通过修改标题，内容贴近实际生活，能让人想知道短腿为什么会比长腿扛冻，让人有继续往下读的冲动。

图 6-14 接地气法则标题案例

### 6.3.6 识别度法则

识别度，也可以理解为知名度，例如马云、马化腾、雷军、乔布斯等这些名人，因为他们的知名度比较高，所以在人们听到这些人的名字时，就会有很深刻的印象。识别度法则是对一些事物强调标签化，因为带标签的东西才更容易让人记住。

例如，修改前："10 年前，这位企业家是怎样发明这个手机品牌的"；修改后："10年前，乔布斯是怎样发明iPhone的？"如图6-15所示。

该案例在修改前，看不出该手机品牌是什么，没有什么能吸引人的价值信息。修改后，添加了知名度较高的人名以及手机品牌词，引起读者对该名人的标签印象，从而想知道他的创业之道。

通过用识别度较高的人名或者品牌名，可把某些事物标签化。现在的人们都喜欢给一些东西贴上标签，如果标题中没有大众所熟知的东西，那么读者可能一下就略过去，不会停留太久。所以在进行标题设计时，适当添加识别度高的标签内容，不仅可以勾起读者对于该标签信息的回忆，而且还能快速获得大量的阅读量。

图6-15 识别度法则标题案例

### 6.3.7 夸张法则

夸张法则就是把某件事情的其中一个观点或说法放大化，借用一些比较夸张的词语，来吸引读者的注意力，这种夸张的手法其实也比较符合现在的"标题党"，因为现在很多人都对一些比较不符合常理的东西感到新奇。通过这种夸张的标题设计，可以进一步引起读者的阅读欲望。

例如，修改前："你见过这么大的贝壳吗"；修改后："这么大的贝壳，比猪都重"，如图6-16所示。

在修改前，该案例标题一方面是没有新颖度，再者是没有让人眼前一亮的感觉，读者心理波动不会太大；但添加一句"比猪都重"，读者看到了就会想象，什么样的贝壳能比猪还重，这就充分地引起了读者的阅读欲望，达到了让读者继续往下读的目的。

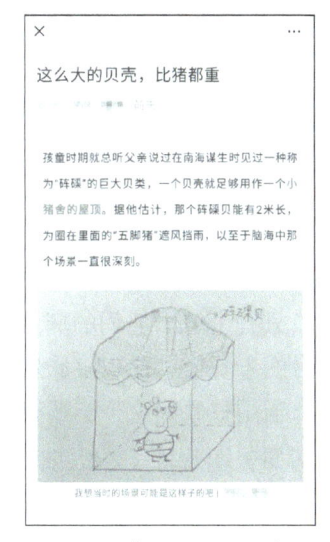

图6-16 夸张法则标题案例

### 6.3.8 名人效应法则

名人效应，就是通过使用带有名人的名词，吸引读者的目光，让文章具有影响力。因为名人一般都是大众所熟知的公众人物，他们本身就具有一定的宣传作用。现在很多电商企业会请一些明星来代言产品，让他们的产品在名人效应的带动下，吸引粉丝或普通顾客来购买产品，这些流量是非常可观的。通过借助名人光环，可以扩大品牌影响力。

当然，在标题的设计中也可以借助名人效应，来让文章获得大量的点击量、阅读量。

例如，修改前："一幅名画解救了一家上市公司"；修改后"徐悲鸿肯定没有想到，自己的一幅画拯救了一家上市公司"，如图6-17所示。

该标题在修改前，只是简单地说一幅画拯救了一家公司，但是没有给读者说明具体是什么画，也许读者会认为这是吊人胃口的；在修改之后，添加了"徐悲鸿"。我们都知道，徐悲鸿是一位非常著名的现代画家，其代表作品有很多，那么读者会想看看是他的哪一幅画能够拯救一家上市公司，这就勾起了读者的好奇心。

图 6-17 名人效应法则标题案例

### 6.3.9 用户痛点法则

当你写一篇文案时，需要知道你的目标读者是哪类人，这类读者最关心的是什么，只有了解了他们的痛点，才能写出针对目标读者的好文章。一般这类文章所蕴含的干货信息比较多，所以，需要选择某一个用户痛点，将其提炼到标题上面来，当用户看到这个标题时，就能知道里面的内容可以满足他的需求。

例如美图软件，在以前还没有这些美化图片的APP之前，大部分图像处理软件美化图片的过程都是非常繁杂的，比如Photoshop软件，美化一张图片需要好几个步骤，所以大部分人一般不太愿意用这些软件来处理图片。

其实并不是这些软件性能不好，而是过程太复杂，人们喜欢追求简单化，第一省时间，第二省精力。所以后面才有了众多美化图片的 APP 出现，例如美图秀秀、天天 P 图等，解决了人们对于图片处理操作复杂的困扰。

对于肥胖的人来说，他们的痛点就是怎么做才能让体重减下来。案例，修改前："如何正确地减肥呢"；修改后："跑圈节食都到位，我终于可以安心长胖了"，如图 6-18 所示。

该案例在修改前，并没有说中读者的痛点，相信想减肥的伙伴们都看过许许多多的减肥秘籍、妙招等，所以这个标题看起来并没有那么吸引人；在通过修改之后，看到了"终于可以安心长胖"这样的字眼，这就戳中了用户的痛点，从字面上来看，说明里面的内容不仅可以让你瘦下来，而且不再担心过度肥胖的问题，想减肥的人自然会点进去看。

图 6-18　用户痛点法则标题案例

## 6.3.10 设置悬念法则

在标题里设置悬念，读者想知道内容就不得不点进去看，即首先抛出一个诱饵，再将剩下的关键信息放在正文中供读者阅读。可能有人有疑问，为什么不将全部的价值都体现在标题当中？换位思考，如果将你的价值完全说出去，那么读者就没有点进来看的必要了，因为他已经从标题中看出你想表达的核心内容了。

将悬念设置好了，那么带来的阅读量将会非常可观，但是需要注意的是，不可盲目地设置悬念，必须要与文章内容相关联，否则脱离实际，让读者空欢喜一场，最后就会流失掉这些用户。

常见的设置悬念有以下几种方法。

（1）直接提问法。例如，这个 APP 为何这么火。

（2）矛盾对立法。将一个事物用两种不同的方法来表述。

（3）倒叙法。将事情的结局放到标题上，然后讲述这件事的来龙去脉。

（4）吊胃口法。在标题上抛出一个问题，不给解决方法，直到文章的末尾才给出答案。

（5）迷惑法。设计让人看不太明白但又能激发读者好奇心的标题。

例如，修改前："美丽的城市——延安"；修改后："万万没想到，你是这样的绝色延安！"如图6-19所示。

该标题在修改前，直接讲延安是座美丽的城市，并没有设置出悬念，读者也没有点击文章的想法。而修改标题之后，增加了"万万没想到、绝色"这样的词汇，设置了悬念，让读者想进一步领略延安的哪些地方是一种绝色美。

这种设计标题的方法，很好地给读者留下想象的空间，想看绝色的延安，必须点开文章才能看到。

图6-19 悬念法则标题案例

## 6.4 打造高点击率主图，吸引买家主动下单

若一个宝贝有展现量却无点击率，其主要原因则出在宝贝主图上面。好的宝贝主图可以给宝贝带来流量与点击率。本节就着力打造高点击率主图，通过案例解析、方法技巧等多方面切入，让卖家掌握优化主图的工具和技巧，帮助卖家打造高点击率的主图，从而吸引买家主动下单。

### 6.4.1 什么是宝贝主图及其重要性

卖家在发布宝贝时，一般情况下需要添加5张宝贝主图，这些主图需要体现出宝贝的特点。对于主图的要求有以下两个方面。

（1）主图图片类型。主图包括模特图（1张）、整体图（2张）、细节图（2张）。2张整体图。需要展示出宝贝的正面与背面，向买家呈现出宝贝的整体形状；2张细节图，例如"宝宝秋裤"，其细节图就是裤头、裆部、袖口、无骨缝制等，如图6-20所示则是对宝贝的细节部分进行了重点展示。

（2）主图图片大小。在制作宝贝主图时，要尽量保证图片清晰。淘宝主图的标准尺寸大小是800×800像素，图片大小是小于3MB。PC端上的淘宝主图系统有自动"放大镜"的效果，如图6-21所示。

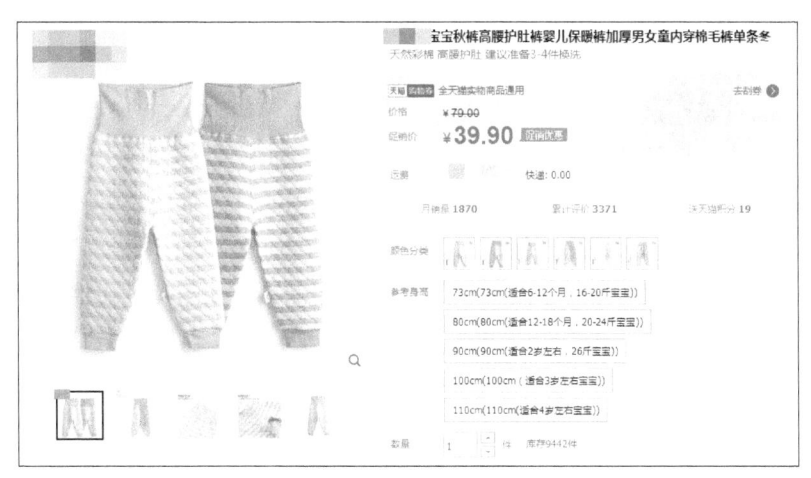

图 6-20 宝贝 5 张主图

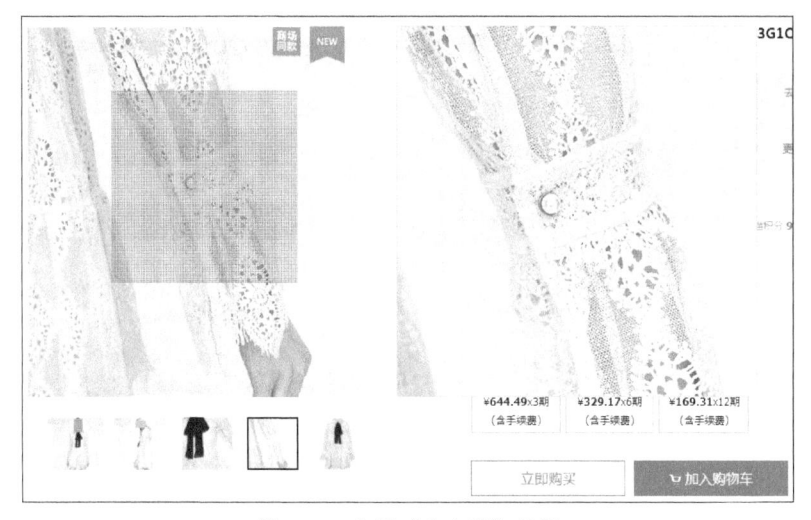

图 6-21 主图"放大镜"效果

随着移动互联网的高速发展,人们越来越倾向于在网络平台上购物,而使用手机端购物的买家居多,那么淘宝的移动端就变得非常重要了。同样宝贝主图也尤为重要,因为首先展示在买家眼前的就是宝贝的主图,赏心悦目的主图可以提升美感。

买家在购物时都喜欢看"颜值高"的东西,这就让宝贝主图的设计变得越来越重要,所以,主图是需要卖家用心去制作的。优秀的宝贝主图能提高点击率,增加店铺的流量,让买家快速清晰了解该产品。

### 6.4.2 优化主图的注意事项

图片的重要性是所有卖家都知道的，如果将有些便宜的商品堆在街上卖，就变成了一堆待处理的地摊货，但是把这些商品图片美化后放在网上卖，就会让人觉得"高大上"了许多。主图就像一个宝贝的形象照片，优化得好，就能给买家非常好的第一印象，最终达成转化。

在制作淘宝主图时，一定要严格按照要求来设计。在图片优化中需要注意以下几点事项。

（1）主图背景。现在是一个视觉营销的时代，宝贝主图背景也能给买家带来视觉上的冲击，这就需要让你的主图背景明显区别于其他的宝贝，背景与产品的对比度不要过于强烈，不然会给买家一种不适感，且背景不可太过花哨，建议底色最好能统一，如图6-22所示。

图6-22 主图背景

（2）文字描述。在主图上，不要使用过多的文字说明，一般建议放店铺LOGO和宝贝的卖点就行，字数不要超过8个字，文字在主图中占的面积最好不要超过1/5，切忌出现"牛皮癣"现象，如图6-23所示。

（3）频繁换主图。短期内频繁地换主图会被淘宝系统误判为"偷换宝贝"，如果被误判了，那么对宝贝会造成不利的影响。所以，卖家在上架宝贝时，需要对宝贝主图、标题以及其他信息再三检查，确保无误后再发布出去，尽量减少换主图的次数。

第 6 章 SEO 优化：提升排名获取搜索流量

图 6-23 主图"牛皮癣"

有卖家可能会有疑问，如果想换主图了怎么办？其实可以在编辑宝贝时，把将要替换的主图上传至 5 张主图的第 4 张或者第 5 张位置，等 24 小时淘宝系统数据更新后再移动至第一位，切记不要直接替换主图。

### 6.4.3 主图优化的常用招数

淘宝上买过东西的买家都知道，我们只能通过眼睛的"视觉效果"去选择哪款产品。因此，宝贝主图的吸引力大小，很大程度上决定了买家是否继续浏览商品，而且主图还会影响排名。由此可见，想做好淘宝，主图的优化是至关重要的。

店铺的主图优化需要遵循两个原则：突出主产品；文案设计用语简洁，突出要点，禁止用过多的文字来修饰，造成"牛皮癣"的效果。

在做店铺主图优化时，也需要技巧，下面介绍几种主图优化的常用招数，让买家一眼就能被你的主图所吸引。

#### 1．利益吸引

"利益诱惑"比较适合低价产品或能够提供赠品与优惠的产品，例如育儿书籍，如图 6-24 所示。

• 145 •

图 6-24 "利益诱惑"的主图设计案例

再例如，母婴用品可以在主图中放上"点击就送育儿手册"的内容，目标非常明确（针对妈妈），紧抓需求（怎样育儿），加入行为驱动指令（点击）。其他的适合领域，如五谷杂粮送菜谱或粥谱、灯具装饰送装修方案或装修效果。注意此处是送电子版，这样不需要太多成本。

2．对比策略

对比策略是通过与同类型产品进行对比，突出自己产品的质量、功能、价格、服务等优势。例如，家具产品的主图卖点"送货到家，包上楼，包安装""承重强，更稳固"等，如图 6-25 所示。

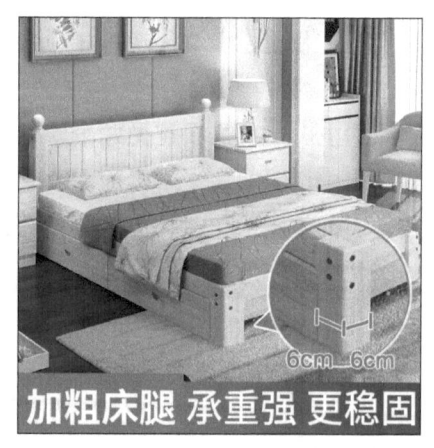

图 6-25 在主图上突出产品优势

## 3. 双拼设计

一般情况下，一款宝贝会有不同的颜色，如果主图放的是白色的，那么这款宝贝白色的销量就自然多一些。如果买家需要黑色，然而你的主图上没有显示出来，那么买家会以为这款宝贝没有黑色，这样就流失了客户。这时，卖家可以利用双拼设计方法，将两种颜色同时展示，以覆盖不同需求的买家，如图6-26所示。

图6-26 双拼设计法

## 4. 事件借力

事件借力就是借助具有一定价值的新闻、事件，结合自身的产品特点进行宣传、推广，从而达到产品销售的目的的一种营销手段。运用事件营销引爆产品的关键就在于结合热点和时势。例如，抖音小黄鸭表情包在网上风靡，就有卖家同时在淘宝上推出了同款产品，如图6-27所示。

图6-27 事件借力卖同款

### 5. 名人效应

在传达主图的视觉信息时，卖家可以利用大家都喜爱的明星或者名人来获得他们的认同，提升买家的好感度，从而为产品的营销活动提供更多的关注，最终提高产品销量，达到视觉营销的目标。

在主图上运用明星模特照片，可以吸引其粉丝关注进店消费，如图6-28所示。

图6-28 明星同款的产品主图设计

在使用明星效应设计主图时，一定要寻找与产品风格调性相似的明星，这样才能起到事半功倍的宣传效果，如图6-29所示。

图6-29 明星代言的产品主图设计

#### 6. 数字展示

如"买 1 送 3",这种数字展示的主图设计比较适合中低端产品,内容更加直观,如图 6-30 所示。再例如,月销 10 000 件(大爆款),也是数字展示的典型案例。需要注意的是,文案中描述的销量数字与真实展现销量差距不要太过悬殊。

如图 6-31 所示,是一个大容量充电宝的产品主图,其中包括 2 组数字,分别是 30 000 毫安和"109 起",分别体现了该产品的特色优势和价格优势。

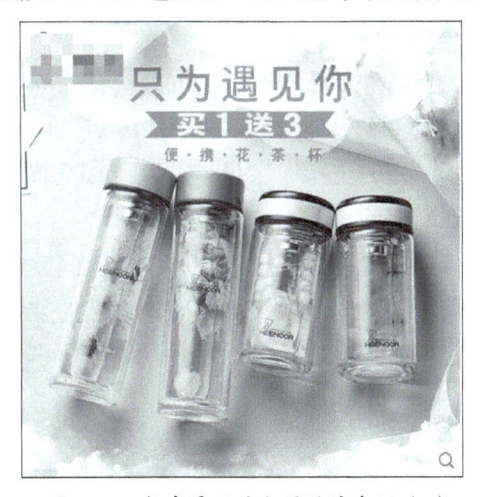

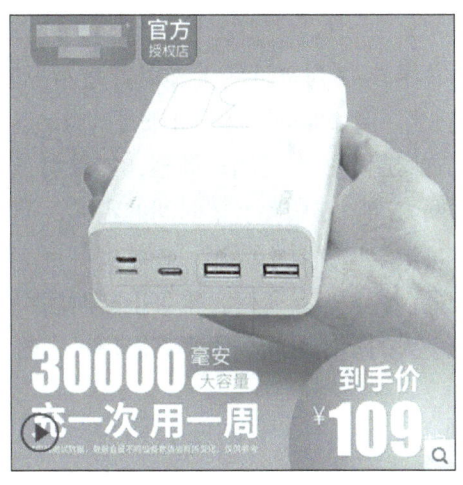

图 6-30 数字展示的主图设计案例(1)　　图 6-31 数字展示的主图设计案例(2)

## 6.5 宝贝上/下架时间规划,轻松提升自然排名

在众多的淘宝商品中,如何让自己的宝贝脱颖而出,获得更多的展现机会,这时上/下架时间的规划就变得非常重要了。本节就着眼于宝贝上/下架时间规划,从知识疏导、思路解析的角度切入,帮助卖家了解宝贝上/下架时间,合理规划店铺宝贝发布时间,让商品轻松提升自然排名。

### 6.5.1 什么是宝贝上/下架时间

宝贝上/下架时间一般是 7 天,从新款宝贝发布时的那个时间点开始算,以 7 天为一个周期,进行周转。宝贝上/下架时间也讲究技巧,掌握好宝贝上架时间调整的技巧,将流量进行合理划分很重要,如图 6-32 所示。

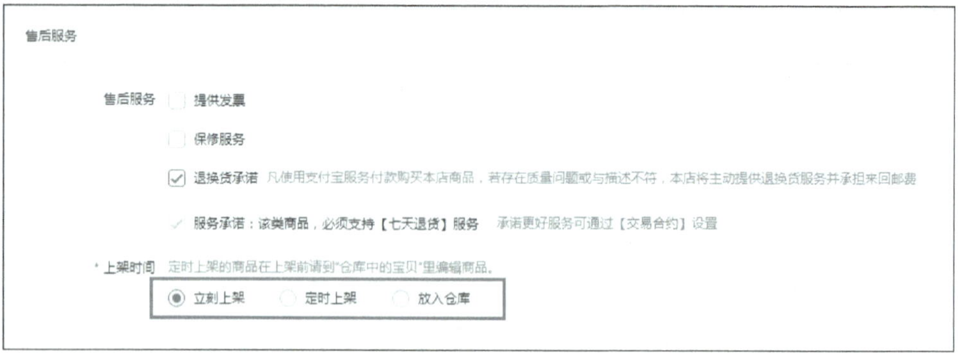

图 6-32　宝贝上架时间

图 6-32 为宝贝的上架时间发布界面，卖家在编辑宝贝时，可以选择"立刻上架"，例如时间是 1 月 1 日下午 14 点 30 分，那么到 1 月 8 日下午 14 点 30 分，这之间就是一个周期；同理，如果卖家选择"定时上架"宝贝，就以定时发布的时间为准。越靠近下架时间的宝贝，排名就越靠前。

淘宝搜索有个限制，就是同一页面最多展示同一家店铺的 2 款宝贝，同款宝贝最多为 4 个。所以，宝贝上架时间决定着下架时间，卖家如果想让自己的宝贝在一天的不同时间段内都有展现机会的话，就需要合理地安排好上/下架时间。

### 6.5.2　上、下架时间的两种规划思路

宝贝临近下架时间时，会优先得到淘宝搜索的排名，比往常都要靠前，展现量也多，因此要合理安排上/下架时间，将宝贝平均分配到每一天，保证每天都有不同的宝贝处在上/下架的时间点，就可以得到靠前的展示，那么店铺的自然搜索流量也会增多。

如何对宝贝上/下架时间进行合理的规划呢？这里分为两个思路。

#### 1. 抓住流量高峰期

将宝贝在流量高峰期进行上架，这样可以让宝贝获得更多被展示的机会，而且还会提高商品的点击量。根据大数据分析，淘宝的每周一、周五是流量最多的两天，所以在这期间，会有很多卖家把宝贝设置在这两天上架。除这两天之外，其余时间淘宝流量的高分期可以分为 3 个阶段。

➢ 上午：10 点 ~12 点。
➢ 下午：15 点 ~17 点前后。

> 晚上：20点、21点、22点前后。

这几个时间段是一天之中流量较多的，卖家根据这个规律，可以选择在这几个时间点上/下架宝贝，以获得更多的展现机会。

2. 均匀设置上/下架时间

前面说了要抓住流量高峰期上/下架宝贝，那么这里要说的就是学会错开高峰期上架宝贝，为什么这么说？因为如果将几款宝贝在同一个时间点上架，那么宝贝的竞争优势也就不明显了，为了避免同一时间段上架多款宝贝，增加宝贝的内部竞争，卖家应该把宝贝分成7天，在7天的不同时间段内，分批上架，保证每天都能获得靠前的展示机会。

# 第 7 章

# 精准引流：获取流量就这么简单

如何让自己的店铺从众多的网店中脱颖而出，是广大卖家最关心的问题之一。推广引流是店铺成功的关键，而线上推广引流的方式有很多，如通过站内、站外和促销等引流方式。卖家需要找到适合自己店铺的推广引流渠道和方法，这样才能吸引目标用户进店消费。

本章系统、详细地介绍了当下流行的引流方法和优秀卖家力推的各种经典营销工具及其操作方法，并配以丰富、典型的应用案例进行说明。

⁎

流量解析：更好地进行调整优化
引流技巧：相互配合，灵活使用
促销引流：快速引流让生意爆棚

# 7.1 流量解析：更好地进行调整优化

在进行店铺引流时，直通车、促销活动和打造爆款等方式是最常用的手段，同时卖家还会采用社交应用、新媒体平台、CRM 管理软件和 SEO 优化等方式吸引更多的买家，促使店铺成功跻身 Top 级卖家之列。

本节便着眼店铺引流，从实务方法、案例解剖等多个角度切入，使卖家深刻了解和掌握这些工具、手段和理念，更好地对店铺流量进行调整优化，从而在众多的竞争者中独占鳌头！

## 7.1.1 关键词已经变成了关系词

千人千面下，流量、爆款、引流款、镇店之宝等，以后都会慢慢地远离我们而去。搜索引擎的关键词匹配程度需要与店铺发生过关系或者有关系，其关键词才会有一定的展示权重，所以现在的行业关键词已经变成了关系词。

这些关系，要通过几个方面来做阐述，如图 7-1 所示。

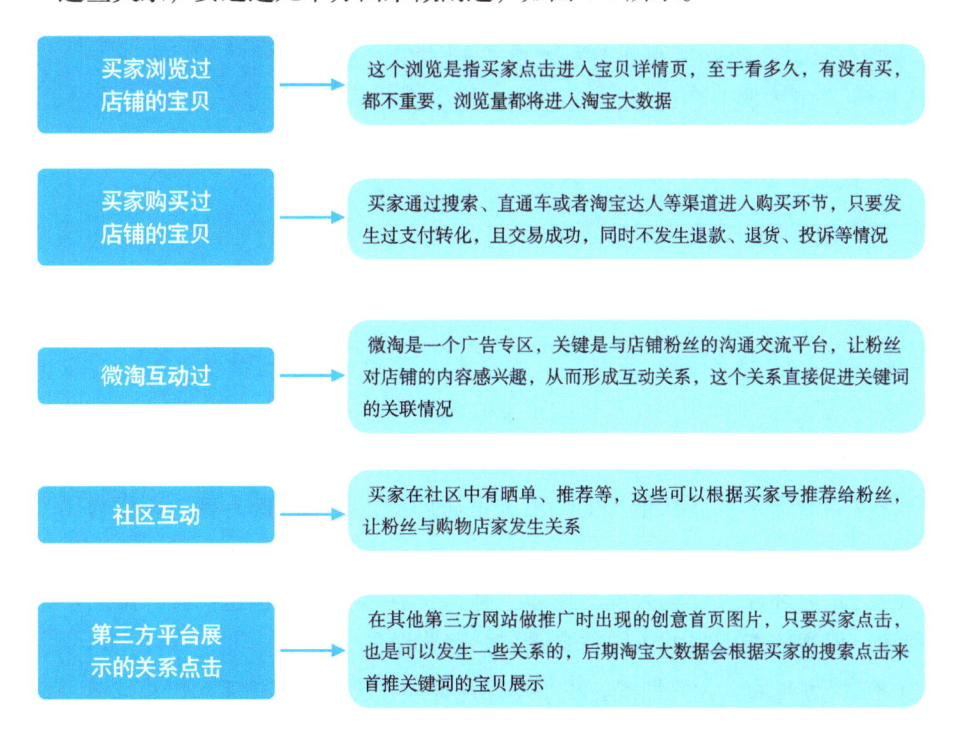

|  |  |
| --- | --- |
| 买家浏览过店铺的宝贝 | 这个浏览是指买家点击进入宝贝详情页，至于看多久，有没有买，都不重要，浏览量都将进入淘宝大数据 |
| 买家购买过店铺的宝贝 | 买家通过搜索、直通车或者淘宝达人等渠道进入购买环节，只要发生过支付转化，且交易成功，同时不发生退款、退货、投诉等情况 |
| 微淘互动过 | 微淘是一个广告专区，关键是与店铺粉丝的沟通交流平台，让粉丝对店铺的内容感兴趣，从而形成互动关系，这个关系直接促进关键词的关联情况 |
| 社区互动 | 买家在社区中有晒单、推荐等，这些可以根据买家号推荐给粉丝，让粉丝与购物店家发生关系 |
| 第三方平台展示的关系点击 | 在其他第三方网站做推广时出现的创意首页图片，只要买家点击，也可以发生一些关系的，后期淘宝大数据会根据买家的搜索点击来首推关键词的宝贝展示 |

图 7-1　关键词已经变成了关系词

另外，淘宝达人、淘宝客、直通车、钻展以及麻吉宝等都属于付费专属的点击通道，这中间的关系是用钱买来的。综上所述，我们的淘宝店铺流量哪去了？很明显，你有关系就有流量！

### 7.1.2 怎样才能拥有真正的人脉

不管是电商还是微商，流量都是决定店铺是否成功的关键因素。传统电商和微商行业经过多年的发展，行业已日渐饱和，人脉枯竭问题加剧，现在大家都在抢流量、抢资源、抢人脉。流量与人脉争夺愈演愈烈，导致相对应的成本居高不下。

对于电商或微商创业者来说，身边的人脉是白手起家的第一资本，也是最基本的流量池，千万不要忽略他们。那么，什么才是真正的人脉？怎样才能拥有真正的人脉？下面介绍一些人脉的基本特点。

➢ 人脉不是你认识的人有多少个，而是有多少人认识你，关键在于认识你的人之中有多少人认可你，你的存在对于他人有意义，他人的存在对你有意义，彼此有合作共赢的机会，这才是人脉！

➢ 人脉不是你和多少人打过交道、和多少人参加过饭局、和多少人进出过高档场所、和多少人合过影，而是有多少人愿意和你打交道、主动和你打交道、长期和你打交道、持续和你打交道。

➢ 切记，人脉并不是说你利用了多少人、有多少人被你呼来唤去、有多少人为你鞠躬尽瘁，而是你帮了多少人。

➢ 人脉不是有多少人在你面前吹捧你、奉承你，而是有多少人在你背后称颂和点赞。

➢ 人脉不是在你辉煌的时候，有多少人簇拥着你、捧着你，而是在你困境时、在你落魄时，有多少人愿意站出来慷慨援手，帮助你。

真正拥能够有人脉的人，都具备以下素养。

（1）换位思考。多从他人的角度去考虑问题，避免独断专行、刚愎自用、自私自利。

（2）适应环境。物竞天择，适者生存，优胜劣汰。人也是一样，虽然不是你死我活，但适应能力强的人往往是最先站稳脚跟的人。

（3）大方待人。大气慷慨，小事不斤斤计较，大事严谨慎重，严于律己，宽以待人。有一天你会明白，善良比聪明更难。聪明是一种天赋，而善良是一种选择。

（4）低调做事。低调做人，低调做事，慎独，你的所有细节，有心人自会看到，这样的人有眼光，或许是值得结交的同事，可能会成为事业上的伙伴，也有可能是你人生中的伯乐。

（5）赞美他人。赞美不需要钱，诚心点赞、真心赞美，是最有力的武器，而不是阳奉阴违、溜须拍马。

（6）对人礼貌。你的涵养，你的修养，你的为人，往往体现在一举一动之中。

（7）检讨自己。凡事都想想，所有问题都是自己的问题。

（8）学会感恩。做人，一定要有良心！千万不要忘记曾经帮助过你的人。否则，你的路只会越走越窄！

（9）遵守时间。不要让别人等太久，除非你不想尊重人，不想建立关系，破坏好感。

（10）怀揣一颗平常心。世事变幻莫测，一颗平常心显得弥足珍贵。

（11）学会忍耐。遇事要镇定，好多事情更多的时候是需要忍耐。有时候别人怎么看你，和你没关系，你要怎么活，也和别人没有关系，不要太在意别人的眼光。

（12）记得信守诺言。量力而行，言出必行。

（13）切记言多必失。守住并管好自己的嘴，多听多看，眼观六路耳听八方。

（14）待上以敬，待下以宽。尊重你的上司，敬重你的领导，对于下属要宽以待人，以身作则。

### 7.1.3 如何找到自己的精准用户

电商时代的我们，没有赶上它的红利时期；微商时代的我们，一样错过了疯狂期。这样，我们就应该好好想想，怎么找用户？如何才能做到精准？

来探讨一个问题：何为精准？

广义上的诠释为非常精确、准确，而我理解的是相关信息的复合度或吻合度，就像我们去比对DNA，如果比对成功，那就是精准了！

再探讨另一个问题：何为用户？

用户一般是指客户或者使用者，而我的理解则是相关的信息者，可以是用户可以是信息传播者。

理解了何为精准用户，再做一个关于精准用户的剖析：

> 我们的服务对象。
> 我的相关产品、服务的客户。
> 相关产品、服务的使用者。
> 相关产品、服务的信息传播者。
> 相关产品、服务的创造者。
> 相关产品、服务的同行者。
> 相关产品、服务的维系者。
> 相关产品、服务的输送者。
> 相关产品、服务的传带者。
> 相关产品、服务的企业体系。
> 相关产品、服务的团体体系。
> 相关产品、服务的礼品体系。

当然，这样的精准用户剖析还有很多。当我们找出它的破析，我们的思路会不会明确一点，有什么方法找到这些人或体系？有什么方法可以吸引这些人或体系？有什么方法会破坏这些合作？有什么方法促成共识？如何产生共赢？

破析，对于电商创业者来说是一个很好的方法，来分析这些产品、服务的构造，同时分析它们的相关信息携带者的具体情况，可以为精准引流提供更好的思路。

### 7.1.4 突破店铺流量的3个技巧

前面介绍了打造关系、建立人脉和找到精准用户的方法，接下来我们要趁热打铁，在这个良好的基础上去突破店铺流量。当然，这其中也有很多技巧，下面来分析对于店铺流量突破的总结。

#### 1．对于手机淘宝首页流量的把握

手机淘宝首页流量是突破店铺流量最大的门槛，如猜你喜欢、淘宝直播和每日好店等流量入口，如图7-2所示。

通常情况下，一个普通品牌的店铺超过了4~5万的流量，即使有很多强大的爆款，也会进入一个很长的停止期，因为很多搜索流量已经无法满足了，所以突破手机淘宝首页流量是一个非常大的概念。

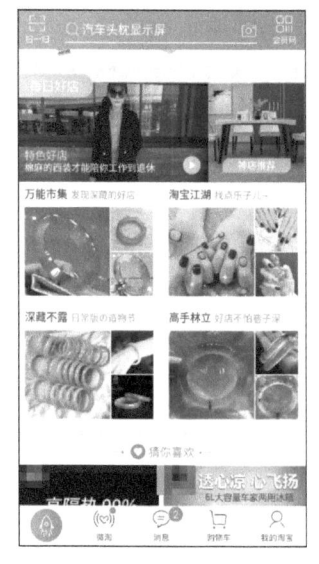

| 淘宝直播 | 每日好店 | 猜你喜欢 |

图 7-2　手机淘宝首页流量的流量入口

那么如何突破呢？一个产品，在上架之后，任何内容都没有变动的情况下，如果一小段时间，例如两三个星期或者一个月，能够达到 1 000 单，那么手机淘宝流量就会蜂拥而至。当然，前期要用一定的付费流量（如直通车）等才能达到这个效果。

**2．在权重快起来时猛推**

在权重快开始的时候做一个猛推，这里的"推"包括业务员类型的客户、帮派、合作的淘客资源以及付费推广等方式。

权重快起来是一个什么概念呢？就是在一个爆发点，用猛推之后流量就会起来，可能使一个几千流量的店铺流量翻倍。

**3．做别人不做的特色产品**

找一些别人没有或者根本不做的特色产品，在店铺里放几十个，这种产品的转化率很高，因此权重也很容易起来。即使产品的流量很低，一旦全店的转化起来后，这个小流量的入口，就会挤到大流量的搜索下，从而提升整个店铺的流量。

例如，一个面包服（类似羽绒服）的产品，本来产品的搜索率不高，但因为卖的人稍微少一点，因此转化率很高，会直接进入羽绒服的热词搜索中，而且每个产品都会进去，从而形成一个非常大的流量。

### 7.1.5 做好新店铺的引流及转化

卖家开始经营新店时得先了解以下方面：开店卖什么？我的产品有什么特色？产品价格如何？消费人群是谁？是自己干还是请人建团队？

开店卖什么？对于这个问题，很多人都会说，我有产品才会去开店赚钱的。这个想法当然是对的，但是你是否思考过，这个产品现在淘宝卖得如何？价格多少？销量如何？有多少家店铺（有多少竞争对手）？他们的单品利润如何？

如果一样的产品，利润没有在40%以上，不建议你开这个店铺，因为你会一直亏钱的！

另外，关于引流，也就是大家所说的进店量。新店（集市店）有3个月的扶持期，这个扶持期应该如何理解呢？需要以下条件。

> 开店的证件齐全。

> 店铺产品没有发布错误类目。

> 店铺有详情页及首页设计（注重手机端）。

> 店铺有5张主图，如图7-3所示。

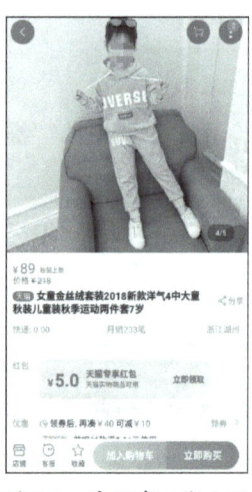

图7-3 店铺有5张主图

> 店铺宝贝标题有核心关键词且写满30个字。例如，卖烤鸭产品的店铺，

## 第 7 章 精准引流：获取流量就这么简单

标题必须得写有"烤鸭"这个关键词，不能写"鸭肉"，如图 7-4 所示。

➢ 发布产品时，基本的属性都要填满，就是产品的详细资料都要完整，如图 7-5 所示。

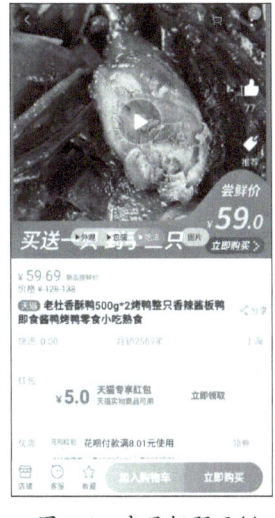

图 7-4　宝贝标题示例　　　　图 7-5　产品详细资料要完整

➢ 店铺保持一周 2 ~ 5 个单品上新。

➢ 店铺的宝贝价格不能虚高（就是他人的店铺平均定价 500，你定价不建议超过这个数字的 3 倍以上）。

➢ 店铺不能违反《广告法》。

淘宝官方会根据店铺宝贝、店铺单品价格、宝贝属性，推荐一批流量，以及适合的消费水平的客户！这一批客户，在第一周会分开推送，至于是不是你要的客户，就看转化率，如果推送给你的客户没有转化，说明你的产品及价格存在问题。

如果推送给你的客户没有流量（就是没有点击进店铺），那就说明你的首图设计有问题。这个时候，即使你不会优化，官方的扶持也会根据你的上新单品同样推送客户群体。

除了官方的推荐流量，还有免费流量和付费流量要利用好，如图 7-6 所示。

以上这些，对于新店来说是引流的问题！先做内功再做引流（或者边引流边优化），内功的具体内容如下。

➢ 店铺的装修。

➢ 店铺的主图设计。

- 店铺的详情页设计（电脑端和手机端）。
- 店铺产品文化、品牌文化、个人 IP 的影响。
- 5 类目是否错发。
- 是否违返淘宝规则。
- 是否违反《广告法》。

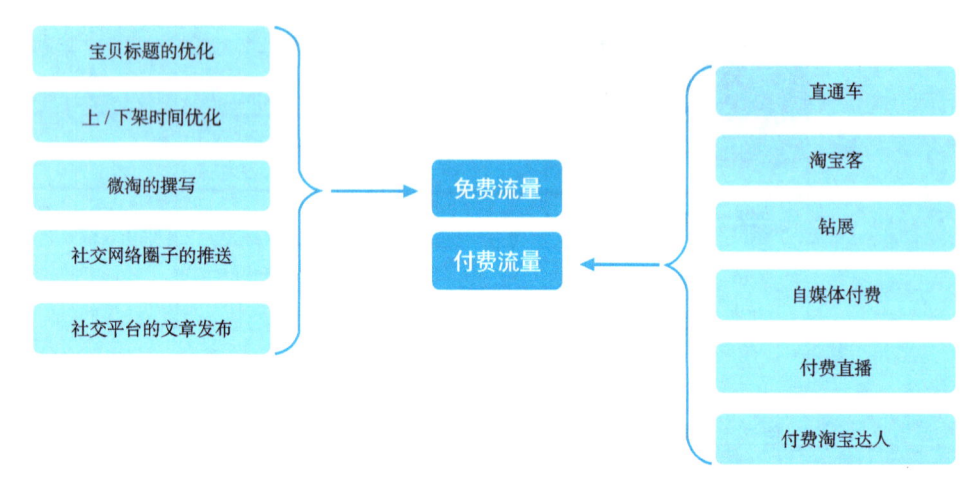

免费流量来源：宝贝标题的优化、上/下架时间优化、微淘的撰写、社交网络圈子的推送、社交平台的文章发布。

付费流量来源：直通车、淘宝客、钻展、自媒体付费、付费直播、付费淘宝达人。

图 7-6　免费流量和付费流量

## 7.1.6 老客户流量的性价比最高

老客户的维护在店铺经营中是非常重要的，不管是线上还是线下的店铺，大家都需要做好老客户的工作。老客户不仅可以提升店铺的回头率，还能提高店铺的 DSR 评分。

客户认同你才会产生二次购买的消费行为，当老客户一直有产品需求时，他便会一直在你这里成交，甚至推荐自己的朋友过来购买，其流量价值好过你做其他的付费推广带来的流量。

在经营老客户的工作方面，一般可以分为蓄、算、给、要这几个环节。

（1）蓄，指的就是把成交的客户放在一个地方储蓄起来，可以是群的形式，或者平台的形式。建群的地方可以是微信、QQ，而平台一般就是论坛、微淘、微博等，这种相对开放，也有可能吸引新客户，并且方便发布内容的地方。

这些平台各有利弊，而且还有很多细节的操作方法，没有做老客户工作的卖家，有机会可以详细去学习，了解怎样做才能取得事半功倍的效果。

（2）算，就是要把老客户的情况"算计算计"。具体算计老客户哪些内容？例如，聚划算、淘抢购来的客户属于精明能干、精打细算类型的，不是很明显的折扣估计不会心动；而日常来的客户，需要跟紧产品的反馈，向他们推荐新品，这样成功率会高些；超出客单价很多的大额客户，单独剔出给予重点 VIP 客户的照顾。

这是一种对客户服务的"算计"；另外，在产品回购周期上的"算计"，很多吃、穿、用的产品都属于定期消耗品，那么周期一到，卖家就可以找理由提醒客户，这方面使用专业的 CRM 软件会更方便管理。

还有一种"算计"是针对客户兴趣，这就需要对店铺定位要明确。店铺定位越明确，就越能够做好相关规划。知道客户的兴趣对店铺有什么好处呢？其实，就是在建立"蓄水池"的时候有用，可以帮助客户与店铺之间形成更多的共鸣和互动。例如"双 11""双 12"这样重要的大促活动开始之前，卖家记得一定要去唤醒老客户。

（3）给，意思就是卖家能给老客户带来什么。也就是关于节日促销要怎么做的问题，有的卖家促销效果非常好，有的效果就稍微逊色，为什么会这样？关键就在于前期召唤客户的方式与方法能否让客户产生兴趣。同时这也是促销当天能否产生转化的重要因素。常见的促销手段一般是打折、满减、满送等，而大卖家的促销方法也是用了这 3 招，只是大卖家在细节方面做得更加到位。

例如打折，在商品本身有一定成本的情况下，打超低价折扣一般不太现实，那怎么让客户感受到自己的诚意？其实可以设最低折扣商品，像常见的"全场 3 折起"，虽然 3 折也许就 3 样东西，但这是一种诚意所在。所以在打折之前，卖家可以把商品按自身可以承受的利润去分类。

（4）要，在老客户运营上还有一个环节是"要"。卖家如果能反客为主，上架了产品就推送给老客户，而不是等着老客户主动上门来买，主动出击一般都能获得比较好的效果。这样一来，卖家的二次营销就比较成功，与老客户的关系也会维护得更好，可以建立非常好的信任度。

总的来说，老客户流量是性价比最高的。商家在做宣传推广时，不要忘记了老客户的作用，把老客户经营好了，他们还可以为你免费宣传，推广给其他人，成为免费的店铺代言人。

## 7.1.7 流量下滑的几个重要原因

流量下滑，是由很多原因导致的，并不是说没有对店铺进行修改动作就不会流量下滑，没有动作不是好动作，这是做电商人的基本意识。为什么这样说？正常运营的店铺一般有店长、运营人员、推广人员、策划人员、美工人员、客服人员等多个岗位，如果不对店铺进行优化，那请这么多人也就没有必要了。

关于流量下滑的案例：店铺每天 300 个访客，并不是一个很完美的店铺。不知道转化如何。每天访客多少，要看店铺产品的类目，如果是大类目产品，300 访客不算多。假如某店铺有 10 个宝贝，平均每个宝贝 30 个访客，这就说明单品权重、店铺权重并不是很高。

导致流量下滑有以下几个因素。

➢ 店铺权重不高，被后来的同类目竞争店铺抢走流量。淘宝是一个系统化优胜劣汰的平台，不进步就等于退步。竞争对手并不会因为你没有动作而给你留一个位置。

➢ 单品权重不高，没有形成大流量的爆品计划。很多运营都说 2017 年是内容的元年，内容占比流量超过 40%，但还是有 60% 是爆品的流量，当然有很多店铺单品是靠老客户形成的。单品权重不高，导致自然搜索流量没有被倾斜，转化率自然就不可能过高了。

➢ 店铺的整体规划、装修设计。一个好的店铺装修是给客户留下深刻印象的一个重要因素。

➢ 店铺的产品规划。依然是前面所说的引流款、活动款、利润款、形象款的搭配组合。

➢ 流量的规划。包括自然搜索流量、直通车流量、淘宝客流量、智钻流量、直播流量、内容微淘流量、自媒体流量、小视频流量、第三方平台流量等。

➢ 店铺上新规划。保持每周上新单品，说明店铺有更新的单品提供给客户，让客户有更好的买家体验。

除了这些，最后还有一个点就是数据，卖家通过查看生意参谋行业数据，观察是不是整个类目都处于流量下滑趋势，如果是那就不用担心。不过该数据一般是要店铺破千访客才有一定的作用。

总之，如果店铺流量下滑，卖家首先要找出问题的原因，从各方面的因素去考虑，再想办法去解决。

### 7.1.8 没有付费流量，如何提高销量

很多淘宝店家为了提升店铺的销量，会去做付费推广来为店铺引进流量，有些店铺做了付费推广还是不见效果；但也有店铺在没有做任何的付费流量的情况

下，店铺的销量依然非常好，这是什么原因呢？其实这中间的原因有很多种，主要包括下面的这些因素。

- 蓝海市场。
- 大量的老客户和粉丝。
- 第三方平台的内容大 IP。
- 第三方平台的直播导流。
- 主搜索流量比较多（或者说淘宝官方扶持进来的流量直接转化了）。
- 经常参与官方的活动。
- 碎片化渠道流量来源。
- 单品坑位价值高，UV 价值高于竞品。
- 社群流量；团购流量。
- 线下店铺流量、线下推广流量等。

例如某淘宝店铺，没有开直通车，也没有做淘宝客，但是销量却很好，这是怎么做到的？销量一般的商品，为何综合排名还会排在前面？通过分析发现，这不是上 / 下架周期的问题，而是不管什么时间去搜索，这家店铺的商品都是排在前面的。

对于这样的单品，需要去研究它的流量来源。

（1）生意参谋——市场行情。通过店铺流量商品排行榜，找到这个宝贝，看其流量来源基础，包括手机淘宝搜索、手机淘宝首页、购物车、淘内免费其他、我的淘宝、聚划算、淘抢购、手机淘宝旺信等，观察该单品的流量来源渠道。

（2）生意参谋——竞争。了解监控对手的单品运营情况，简单列举几个很重要的功能，如图 7-7 所示。

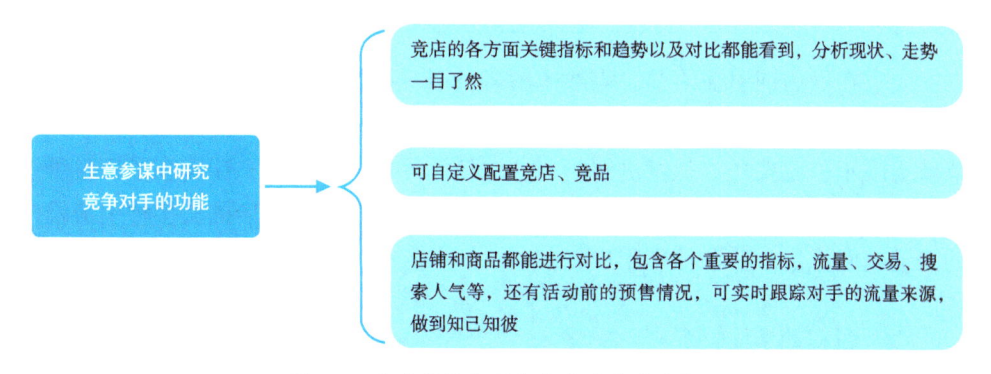

图 7-7　生意参谋中研究竞争对手的功能

（3）生意参谋——流量纵横。根据商品流量来源，能找到和竞品一样或者差不多的单品，分析流量来源有哪些，具体的指标数据，以及需要通过什么关键词吸引流量。

现在手机淘宝的搜索，在千人千面的情况下，上/下架已经很少会影响到商品的流量。

➢ 手机淘宝首页，一页只展示 4 个宝贝，基本都是销量 Top3 或者直通车推广的单品，还有一种是官方流量扶持转化率高、坑位价值高的单品。

➢ 上/下架时间在 PC 端有一部分权重影响，毕竟淘宝首页展示的产品多种多样，分成自然流量和付费流量的单品。

单品的销量一般，综合排名却高，有以下两个原因。

➢ 单品价值高，也就是 UV 价值。例如，大家都给 1 000 次展示、100 个点击量与 10 个转化量的机会，但是有人的单价高，排名就比你靠前，综合排名自然就高了，再看客单价、品牌效应和转化效果。

➢ 该单品受千人千面的影响，同样的产品和价格，而且销量比我的差，但他的搜索排名高，这可能是用了第三方软件，导入淘宝客户的 ID 关联；又或许是店铺营销人员推送了单品的优惠券给淘宝客户，客户直接通过优惠券进入店铺，那么该单品再次搜索权重就会高。

做淘宝店铺研究竞争对手的同时，还要做好自己的产品质量和产品服务，宁愿多服务一个客户也不要多个客户没有服务好。客户是店铺赖以生存的基础，如果没有服务好客户，总是想着要多流量多成交，最后导致店铺出现许多差评，就会得不偿失。

## 7.2 引流技巧：相互配合，灵活使用

卖家在做店铺引流之前，需要了解各种引流技巧，掌握引流技巧更方便卖家得心应手地做店铺引流工作，快速为店铺引进流量，从而达到更高的转化率。本节就着眼于引流技巧，从案例解析、方法使用等多角度介绍，让卖家了解各种引流工具的概念以及使用方法，灵活使用这些引流技巧，帮助店铺从多种引流推广的渠道获取流量，获取精准用户。

### 7.2.1 提高类目流量

店铺每上传一个商品都会有相应的分类，那么类目就是上架时所选择的分

类，类目越详细就越有利于搜索。对于淘宝店铺来说，提升店铺流量是大部分卖家所追求的目标。那么如何提升店铺流量，这就需要引流技巧，通过对淘宝类目流量的优化，为店铺引来大量的流量。

类目流量主要是指买家进入淘宝首页，在左侧的"主题市场"众多类目中选择某一个类目。例如羽绒服，买家点进该类目，会出现一个展现结果，这就是通过类目流量进来的，买家不需要去搜索关键词，直接通过类目找自己的需求产品。类目流量的主要特征如图 7-8 所示。

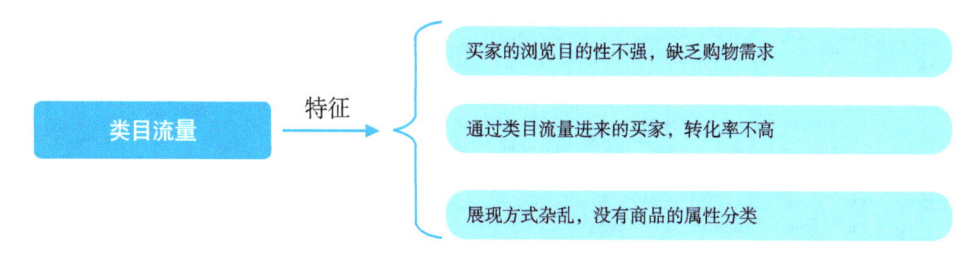

图 7-8　类目流量的主要特征

在淘宝流量日渐减少的情况下，流量变得尤为"珍贵"，对于广大卖家和淘宝客来说，淘宝类目流量是一个不错的选择，也是一个比较热门的话题，其好处是长期免费，而且流量非常精准，不需要花费太多时间。

淘宝类目流量在淘宝首页就可以看到，如图 7-9 所示。

图 7-9　淘宝类目流量

如何去提高类目流量？首先需要了解自己的产品属性，再去找淘宝推荐的属性。类目流量与淘宝搜索不同的地方在于，买家在淘宝搜索中会输入自己所需要的产品属性，例如森系外套、学院风外套，这就是有目的的去找自己所需的产品风格。

买家在淘宝类目当中选择时，并没有目的性，那么淘宝就会推荐该类目热卖的属性供买家选择，如图7-10所示。

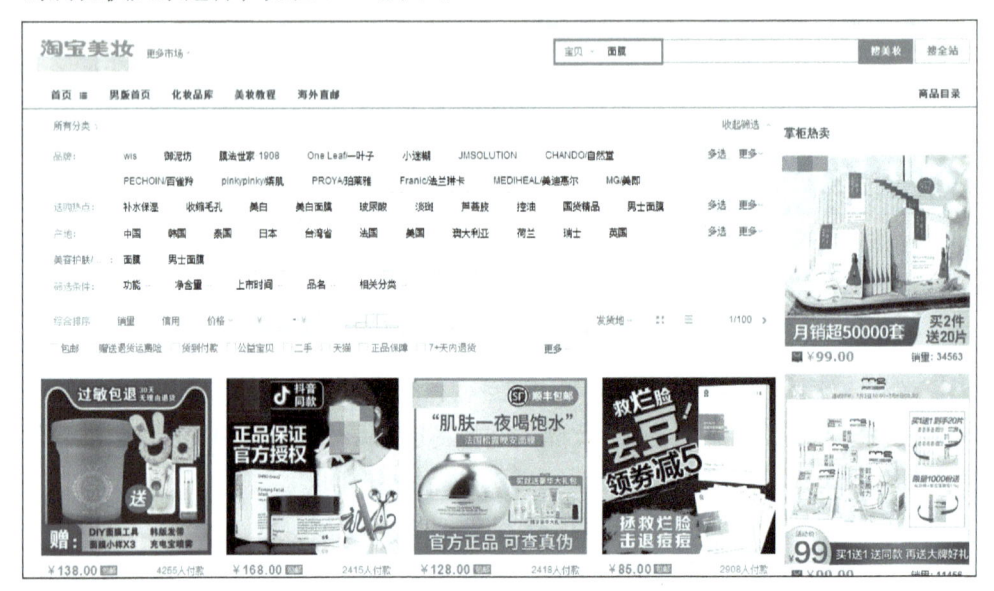

图7-10 选择类目时系统推荐属性

从图7-10可以看到，当买家在选择"面膜"类目时，系统推荐的就是补水、祛痘的热卖属性产品。只要你的宝贝属性里面设置了补水的属性，那么就有机会优先推送给买家，因为买家就是希望买到当前热卖属性的产品。

### 7.2.2 店铺收藏引流

当店铺有大量的收藏加购数时，说明该店铺的产品非常受欢迎，买家心仪你的产品，就会收藏该商品，浏览完商品后再加购物车，那么这部分买家就是你的潜在用户，可能会给店铺带来转化，店铺收藏如图7-11所示。

店铺收藏可以提升店铺的权重，所以卖家需要重视店铺收藏这一块，尤其是对于新手卖家与小卖家来说，店铺收藏能在店铺前期经营时引进流量。

在淘宝千人千面之下，如何提升店铺的收藏加购数呢？

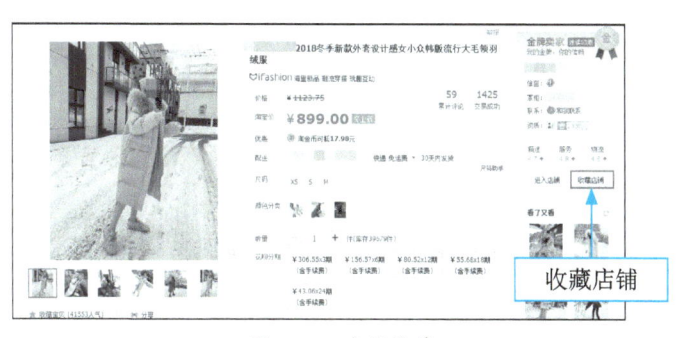

图 7-11 店铺收藏

### 1. 店铺定位要明确

首先店铺要有特定的目标人群，现在淘宝上大部分的店铺都在做"小而美"，专注于一类商品，这样便于明确自己的店铺风格。只有店铺定位精准，才能吸引到精准用户。

例如，卖森女系女装的店铺，吸引过来的用户就都是喜欢森女风的服饰；卖母婴产品的店铺，吸引的就是宝妈人群。

### 2. 设置个性化的收藏按钮

在店铺首页可以设置明显的收藏按钮，或者可以设计个性化的图案。即使买家没有收藏的想法，看了这个收藏按钮之后，也会被提醒。

例如，"森女部落"淘宝店铺，在首页放置了收藏店铺的个性化板块，如图7-12 所示。

图 7-12 "森女部落"个性化收藏按钮

### 3．设置收藏有礼

如果想让买家主动收藏你的店铺，除了商品风格符合买家心意，其次还需要给买家一点优惠信息，例如送无门槛红包、无门槛优惠券、淘金币等。用利益来引导买家，这样才能快速让买家收藏店铺。如图 7-13 所示。

图 7-13　收藏有礼

## 7.2.3　淘宝论坛引流

淘宝论坛是以淘宝网为依托，属于淘宝的站内推广方式，同时是最具人气的淘宝店铺推广社区论坛。淘宝论坛为用户提供了学习交流的平台，在这里有大量的关于淘宝店铺经营的咨询信息，卖家可以在这里找自己所需的干货内容。卖家也可以将自己的开店心得分享在这里，例如：买家购物攻略、防骗技巧、店铺促销方法等信息，或者发日志、发心情、记录生活都可以，整体来说实用性比较强，如图 7-14 所示。

从图 7-14 可以看到，淘宝论坛页面的"行业板块"有许多行业类型，卖家可以在论坛上发帖，利用文章分享干货来引流。

例如"淘宝女装"，该页面有最新发布的帖子，卖家可以在这里看一些干货知识，或者在上方的搜索窗口中，❶ 输入关键字查询所需的帖子；当你想分享关于"淘宝女装"的信息时，❷ 可以单击右上角的"发表帖子"，如图 7-15 所示。

图 7-14 淘宝论坛

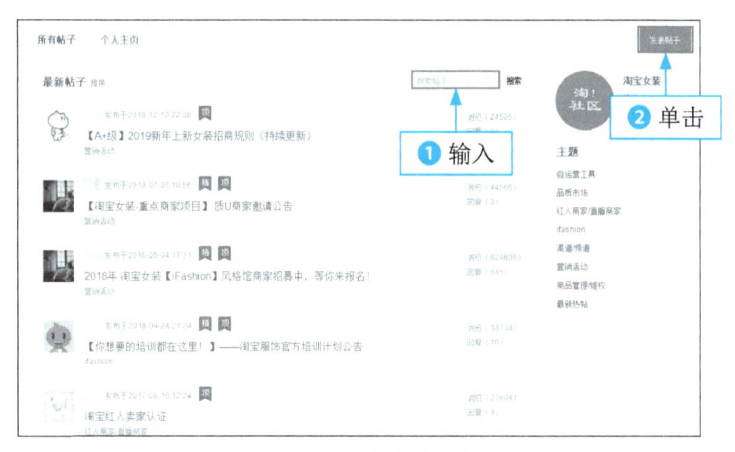

图 7-15 "淘宝女装"行业

淘宝论坛的流量对于卖家来说好处很多,卖家可以在上面分享产品的特色、优质文章、传递特色话题、分享店铺近期的活动信息等,买家从这上面可以学习到干货知识,那么怎么让这群人变成店铺的潜在用户呢?卖家需要建立此平台的群,然后分配人员专门去管理,不定期分享干货,为群里的成员专门定制优惠价格,以吸引他们进店消费。

## 7.2.4 淘宝社区引流

前面说了卖家可以通过淘宝论坛来引流,在淘宝社区里,论坛只是社区中的一方面。淘宝社区上发布了许多关于如何开店、店铺装修、开店分销代理货源等信息，免费给广大用户查看，而且还整理了淘宝免费的店铺装修模板、素材以及图片等。

在淘宝社区中发帖子，可以让这个帖子不断地被人浏览。例如你发布的某个帖子为你带来了 20 个成交量，而这个帖子的浏览量有 4 000 个，虽然看起来成交量不大，但是随着这个帖子不断地被传播浏览，成交的可能性会大很多，还能不断地为你带来流量和成交量。

还有个非常重要的点，淘宝社区的宣传效果非常好，在淘宝社区里面为店铺做推广，发布帖子，当帖子被加精置顶之后，随之而来的信任度和认同感也会大大提升，当别人被你的帖子内容所吸引，就可能成为你的潜在用户，这样不仅让用户对你产生一个好的印象，还能提高店铺的人气。

卖家有时间可以多逛逛淘宝社区，多看看别人发表的帖子，现在很多淘宝卖家是靠淘宝社区来为店铺引流的。

### 7.2.5 淘宝问答引流

流量对于淘宝电商来说非常重要，在一定程度上决定着店铺产品的销量，关系着产品卖不卖得出去。

如何拥有流量基础呢？可以通过问答的方式来获取。现在网络上的问答平台很多，比较热门的就是百度知道、360 问答、知乎等，下面就以百度知道为例进行介绍。

先在平台上面找到问题，如果你是卖衬衣的，那么就去搜服装类的问题，通过搜索相应的关键词，找到自己的精准用户，然后去做引流工作。怎么引流呢？非常简单，就是在这些问题的下面回答别人提出的问题，顺便在下方留下自己的联系方式，或者是店铺名称，如图 7-16 所示。

但是联系方式不能直接输入"微信"QQ 等字眼，很容易被平台屏蔽掉，放个图片或者是用谐音字，例如"V 信、企鹅号"等，而且联系方式需要是长久使用的，能在许久以后，买家还可以联系得到你。

一般只要是不太冷门的话题，问答被查看的次数可以迅速达到上万，只要你回答得准确到位，可以解决买家的需求，就会有源源不断的买家主动上门来找你，这相当于是店铺的一个免费引流渠道。

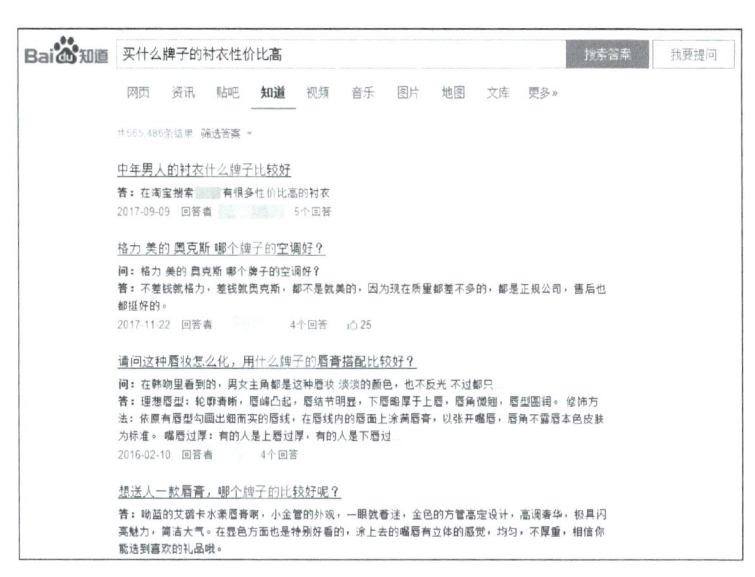

图 7-16 百度知道

## 7.2.6 淘宝视频引流

现在伴随着视频自媒体平台的兴起，吸引了一大批的用户，对于淘宝卖家来说，视频引流是一个新型的引流方式。那么在众多淘宝视频中，想要从中脱颖而出，就必须要让自己的视频具有创意、题材新颖，让用户看了之后觉得与众不同，这样才能够吸引他们继续看你的短视频。

做视频引流的方式有以下这些。

➢ 淘宝平台内的视频。例如主图视频。

➢ 视频自媒体平台的推广。例如抖音、微视、火山小视频等。

➢ 视频 APP。例如优酷、爱奇艺、腾讯、芒果 TV 等。

➢ 新媒体平台。例如开通店铺的官方微信公众号，专门推广店铺产品，拍摄产品的创意宣传推广视频。

下面就以视频 APP 为淘宝店铺引流为例，首先进入视频 APP，然后卖家将自己拍摄的店铺产品视频发布到该视频平台上，如图 7-17 所示。

从图 7-17 可以看到，该店铺卖家在视频平台上发布产品的视频动态，当买家浏览到该视频时，如果对这个产品感兴趣，就会通过卖家留在下方的联系方式或者店铺链接等信息，搜索到店铺，只要卖家不删除这个视频，就会不断地被买家点击看到，也就能给店铺带来更多的流量。

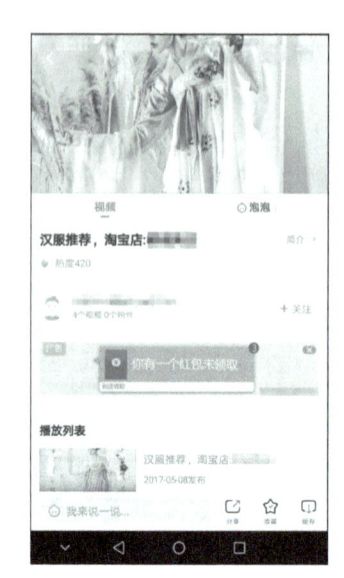

图 7-17 视频引流

### 7.2.7 淘宝客引流

淘宝客的推广是一种按成交量计费的推广模式，淘宝客只需从淘宝客推广专区获取商品代码，任何买家（包括自己）经过淘宝客的推广（链接、个人网站、博客或者社区发的帖子）进入淘宝卖家店铺完成购买后，就可得到由卖家支付的佣金。

简单说来，淘宝客就是指帮助卖家推广商品并获取佣金的人，这个购买必须是有效购物，即指确认收货。卖家如果想让自己店铺快速增加流量可以利用淘宝客推广来为店铺引流，那么如何进行淘宝客引流呢？这就需要先了解淘宝客的推广方式。

常见的淘宝客推广方式包括通用计划、营销计划、活动计划和自选计划 4 种类型，下面分别进行介绍。

#### 1. 通用计划

通用计划主要用于店铺推广场景，渠道广泛、成本可控，卖家可以设置一个合理的佣金比率，让淘宝联盟的推广者自行推广，成交之后才计算佣金。通用计划适用人群不区分专业和业余，所有淘宝客都可以参加，佣金比例普遍在 0.5%~50%，如图 7-18 所示。

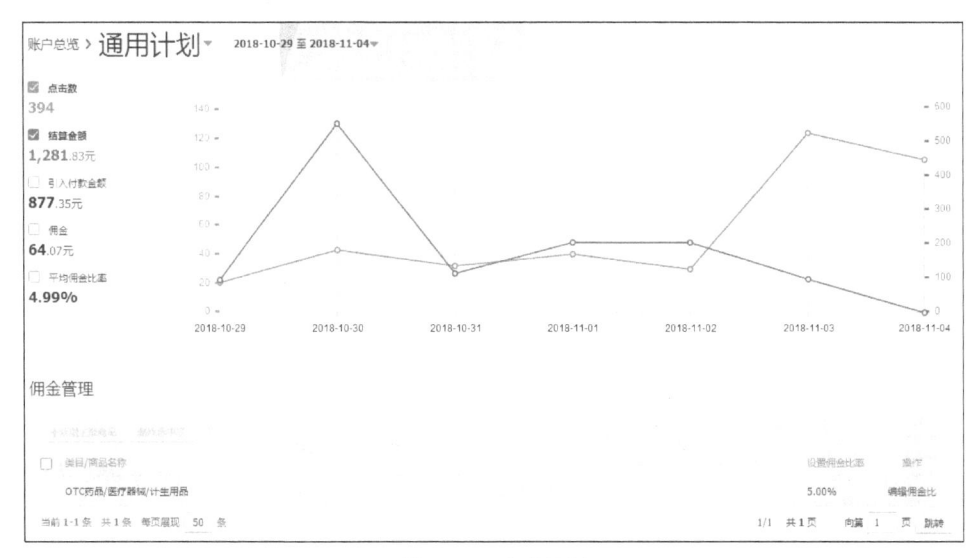

图 7-18　通用计划

### 2. 营销计划

营销计划是淘宝客推广的主要阵地。在营销计划中，卖家可以设置单品推广时间和佣金比率，以及选择使用阿里妈妈推广券，如图 7-19 所示。

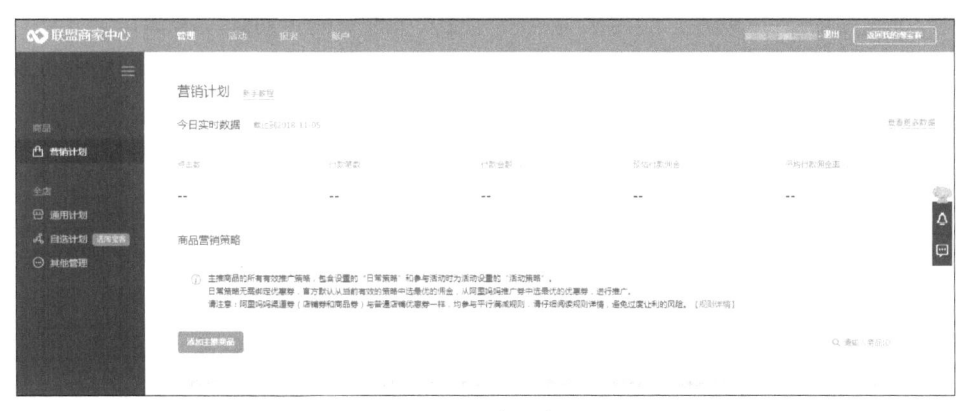

图 7-19　营销计划

目前，营销计划正在升级为商品管理推广计划，后期将会逐步收紧所有推广计划的单品推广部分，降低卖家的操作成本，让卖家参与推广更可控，推广更安全，流量更确定。

### 3. 活动计划

活动计划主要是报名团长活动，与有招商渠道的团长进行合作。只要卖家达到团长活动的相关要求，即可报名参加，由他们推广报名商品，如图 7-20 所示。

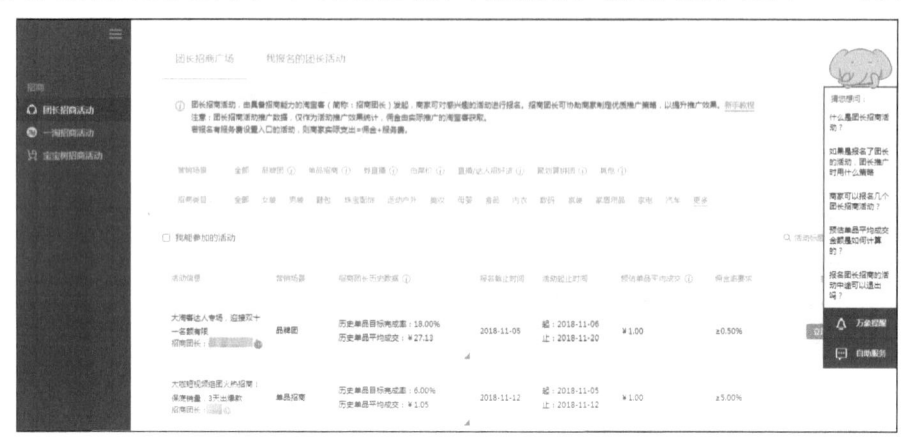

图 7-20　团长招商活动

### 4. 自选计划

自选计划是淘宝联盟为卖家管理淘宝客而量身定制的新计划，卖家可自主选择同淘宝客的合作关系，如为某淘宝客开设人工审核的定向计划等。自选计划可以吸引更多优质淘客推广你的商品，并追踪他们的成交效果，其优势如图 7-21 所示。

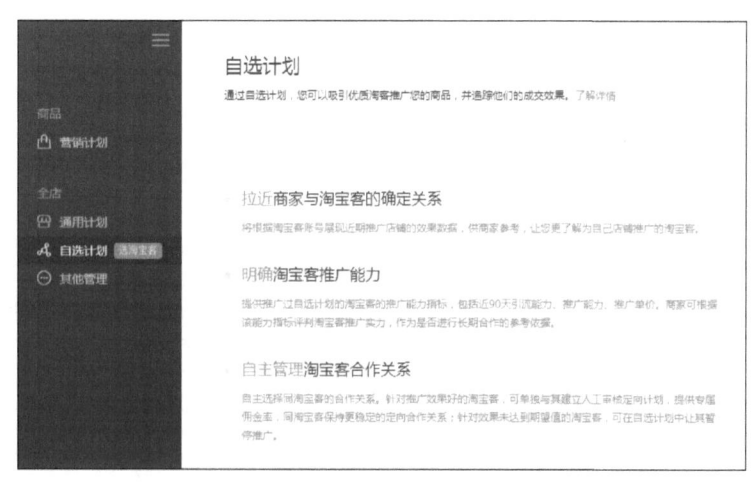

图 7-21　自选计划的优势

自选计划上线后，原来的公开自动审核定向计划将不再生效，卖家只能查看历史数据，活动时间、类目佣金比和主推商品佣金比等都不能进行设置，而且也不可以清退和审核淘宝客。

卖家在掌握了这些淘宝客的推广计划之后，就可以选择一种适合自己店铺的方式开始为店铺进行引流推广。

### 7.2.8 淘宝站内活动引流

平台上的推广引流方式多种多样，淘宝站内的活动其实也是一种很好用的引流方法。下面简单地介绍几种。

1．聚划算引流

聚划算是一个展现淘宝卖家服务的互联网团购平台，包括商品团、品牌团、非常大牌、聚名品、全球精选、量贩团以及旅游团等子类目。卖家可以在"营销中心"选择聚划算，单击"我要报名"按钮即可参与，如图7-22所示。

图7-22 聚划算报名页面

聚划算是淘宝内部优质流量的汇合处，对于卖家来说，聚划算用得好，不仅可以为自家店铺和商品带来丰富的真实流量，更能帮助打造爆款，提升店铺销售额。

2．天天特价引流

淘宝天天特价是淘宝网扶持中小卖家的一个官方活动，是卖家促进销量必须参加的一个活动，也是能让买家享受到优惠的地方，如图 7-23 所示。

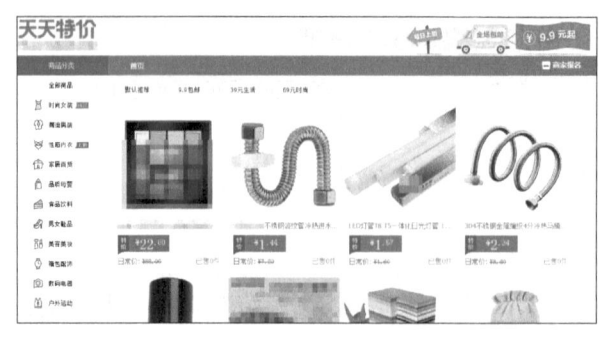

图 7-23 "天天特价"活动页面

卖家可以通过卖家中心找到"天天特价"的报名入口，在活动主页单击"我要报名"按钮即可。天天特价的门槛比较低，大部分的卖家都需要去做，做好了可以更好地促进销量，带动店铺流量。

### 3．参加免费试用

店铺在新品刚推出时，由于其产品性能、功效以及感受等方面都还不被人所知，所以要打造产品品牌就更加困难。为了加大新品的推广力度和曝光率，很多时候卖家们都会参加淘宝官方活动，其中淘宝免费试用活动是最适合做新品推广的。目前，淘宝的试用中心已经更名为阿里试用，如图 7-24 所示。

图 7-24 免费试用活动

阿里试用作为集用户营销、活动营销、口碑营销和商品营销为一体的营销导购平台，为数百万商家提升了品牌价值与影响力！当消费者成功申请到免费试用的产品后，在体验产品的同时，还需要针对自己的实际使用体验，写出一份客观而真实的试用报告。

## 7.2.9 直通车引流

在淘宝店铺的众多引流方法中，直通车推广是很直接的引流方式，在直通车推广中，给宝贝带来曝光量的同时，精准的搜索匹配也能给宝贝带来精准的潜在用户。

很多卖家开了淘宝店铺之后，花时间和精力做了内功，但还是在整天抱怨淘宝店铺难做，没办法做下去，其实不是现在的淘宝店难做，而是在于店铺缺少流量，以及卖家不懂得推广引流的技巧。甚至有些店主在开通店铺没多久后就直接上手开直通车，这些人因为不懂得直通车的操作技巧，进去就加价加词，最后导致的结果就是直通车不仅烧钱，还不能达成成交。

真正懂直通车的人都知道，直通车其实是为自然搜索流量做辅助的，如果你想通过直通车做投入产出比，就很容易掉进直通车的陷阱里面。

我本身实操直通车 7 年，刚刚开始也是觉得不好开，既烧钱又没转化；但经过多次实践之后，掌握了直通车的关键词要点、出价步骤，自然就很容易把直通车对店铺的引流辅助功能发挥出来。

通过看店铺的直通车出价数据，就能知道卖家需要的是点击流量，不是展示流量，如图 7-25 所示。

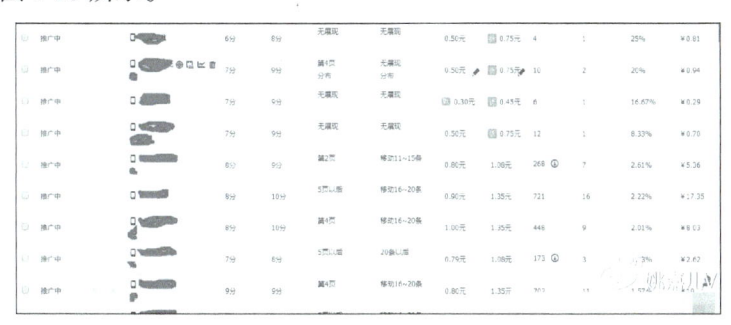

图 7-25 直通车数据

懂得了直通车的概念后，就可以好好地学习直通车的技巧。

> 关键词的组合和选择很关键。
> 关键词的出价要按行业的竞争和自己的竞争来做。
> 创意标题要配合关键词才能得到更高的点击率。
> 创意图片是为了提高点击率，必须引起客户的好奇和注意力。
> 懂得分析自己的宝贝标题和关键词之间的关系，关键词是根据宝贝的标题来挑选的。

直通车的法则很简单，就是要么加词减词，要么加价减价。不过要基于对自己店铺宝贝的分析，具体可以看生意参谋和直通车的数据。

### 7.2.10 站外引流

对新手卖家和小卖家而言，他们最关心的就是如何获取流量。流量获取的渠道除了淘宝的站内引流，还有站外引流。站外引流也有很多种，比较常见的有微博、微信、社群以及各种自媒体渠道，卖家需要找到适合自己店铺的引流方式来做。

#### 1．利用微博引流

淘宝和新浪微博在多个领域进行了合作，甚至还发布了微博淘宝版APP，将双方的账号体系打通，淘宝卖家可以直接通过微博淘宝版来上架和管理商品，还可以实现商情监控。

在新浪微博中，还开通了微博橱窗和淘宝优惠券等社交电商功能，卖家可以直接在微博中导入淘宝店铺的商品和优惠券，以及与买家进行互动；买家则可以通过微博来领取商家的优惠券，直接在微博中购物消费，如图7-26所示。

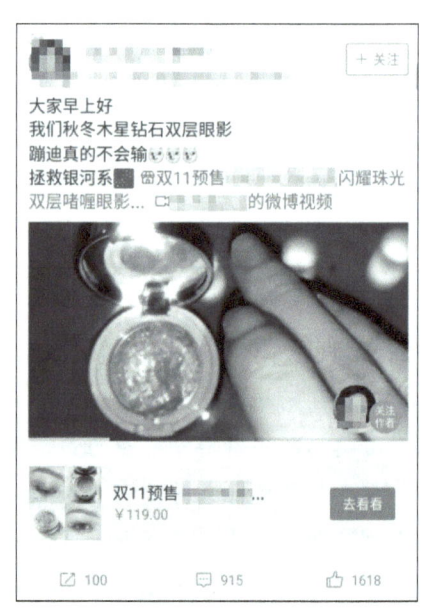

图7-26 微博橱窗和动态中都可以插入商品

微博吸粉引流的关键是要提供用户感兴趣的内容，围绕这个内容产生互动，自然而然地，用户就能成为我们的粉丝。例如，做女装类目的卖家可以在微博上发布关于穿衣搭配的文章，迎合年轻女性的需求，使她们对发布的内容产生兴趣，从而成为卖家的粉丝。

2．利用微信引流

相比于微博，微信主要以社交为主，不仅可以为淘宝天猫卖家引流，还能帮助他们更好地管理和维护店铺客户群。下面介绍相关的微信推广引流技巧。

（1）发福利。逢年过节的时候，也是大家的消费高峰期，卖家可以在微信群内发红包或者一些小赠品，提升节日气氛的同时还能吸引大家到店铺消费，如图7-27所示。有条件的卖家甚至可以每天都发红包，金额不用太多，只需要保证微信群的活跃度即可。

（2）预上新。当店铺有新品即将上架时，可以首先在微信群中发布新品的优惠互动信息，让喜欢尝鲜的群友及时下单购买，如图7-28所示。

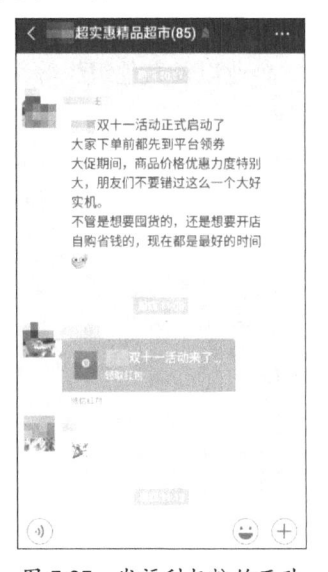

图 7-27 发福利与粉丝互动　　图 7-28 发布新品的优惠互动信息

（3）多激励。可以经常在微信群或者朋友圈中举办一些有奖活动，如分享有礼，可以在转发内容中添加商品分享链接或者二维码，对于转发的朋友可以给他们私发红包或者小礼物，多激励朋友们分享自己的店铺和商品。

总之，只要你的产品质量有保障，售后做得好，能够带给消费者更好的购物体验，就能让他们对你和你的产品产生信任感，即使没有奖励，也会愿意为你分享。其实，很多时候，买家并不是看中你卖的东西有多好，价格有多优惠，而是在乎你这个人，你的态度，你的人品，你的服务，都能让他放心。此时，就算你的商品比别人的更贵，他们也愿意去消费。因此，淘宝天猫的卖家千万不能错过社交电商，一定要多跟自己的粉丝互动，为店铺带来更多的发展机会。

### 3．利用自媒体渠道引流

"互联网+"时代，各种自媒体平台将内容创业带入高潮，再加上移动社交平台的发展，为自媒体运营带来了全新的粉丝经济模式，一个个拥有大量粉丝的人物 IP（Intellectual Property，知识财产）由此诞生，成为了新时代的商业趋势。

常见的自媒体引流和变现渠道包括今日头条（头条号）、一点资讯（一点号）、搜狐公众平台、简书、腾讯内容开放平台（企鹅号）、百度自媒体平台（百家号）、阿里大文娱平台（大鱼号）以及网易新闻（网易号）等。

例如，一点资讯自媒体平台又称为一点号，是由一点资讯推出的一个内容发布平台，个人媒体、机构媒体、政府政务组织、企业以及其他组织等都可以申请注册该平台。如图 7-29 所示为一点资讯平台概述。

图 7-29　一点资讯平台概述

当你申请到一点号账号后，即可通过一点资讯平台为用户提供更精准的资讯内容。一点资讯的 APP 还首创了"兴趣引擎"模式，以用户兴趣为引导来推送各种资讯，同时结合了个性化推荐和搜索技术，成为移动互联网时代高效、精准的内容分发平台。

一点资讯 APP 通过掌握并分析不同用户的兴趣，然后根据用户的主动订阅行为来加强对其兴趣的解读，并在这些兴趣之间建立一种连接关系，主动为用户推荐他们感兴趣、想看的内容。

一点资讯的内容分类也比较清晰，如 PC 端包括了首页、热点、社会、股票、美女、搞笑、科技、互联网、财经、军事、体育、趣图、汽车、健康、时尚以及科学等常见的内容形式。

丰富的内容再加上独特的"兴趣引擎"，一点资讯通过移动互联网技术极大地提高了用户体验，这对于互联网创业者来说，也为他们带来了更多用户群体，可以帮助优秀的自媒体人更快地找到与自己匹配的粉丝。

### 7.2.11 直播引流

近两年直播作为一个引流的潮流趋势，许多个人或者公司都会利用直播平台来为自己的店铺引流。直播，属于视频下的一个分支机构，更能展示视频的实效性、专业性、分享性、点评性，卖家利用好直播平台就可以快速地为店铺引进流量。

但是直播需要做好前期准备：首先，要有专业的团队，包括拍摄、文稿、直播现场、直播录制、剪切等人员；其次，直播并不是一个人就能完成的工作，这需要团队之间完美的配合。想成为一名专业的直播员，还得靠自身的经历、阅历。

有人会疑问，直播有什么意义？其实直播这种形式，更能直观地表达对一件事情、一个兴趣、一个现场的报道，把这些事情实时报道出来给观众看，时效性非常高。所有的直播，必须要有这几个特性：兴趣、爱好、直播现场的真实性、点评性、参与性、互动性、专业性、表达性、敏锐性及存在性，如图 7-30 所示。

卖家想利用直播来引流，有两种方式，第一通过跟网红合作，让这些有点名气的人帮你宣传推广；第二自己开通直播账号，来为店铺做宣传推广。如果卖家暂时不太了解直播平台的规则以及玩法，可以先去了解怎么做直播来引流，掌握了方法/技巧之后再开始着手直播。

直播讲究现场气氛，气氛活跃了，自然会有人想咨询你的产品，而这些人都可能成为你的用户，而且直播与需求连系紧密，用户有需求才会继续观看下去。

所以在做直播的时候，一定要找出观众的需求，以及你可以为他们带来什么价值，不然再好的产品，也是卖不出去的。

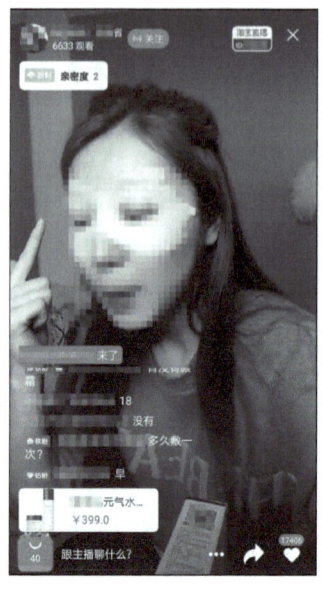

图 7-30　淘宝直播页面

### 7.2.12　淘抢购引流

随着网络购物平台无线端使用人数的增加，无线端的占比越来越重要，许多淘宝天猫卖家也都开始关注平台上的一些大型活动，通过参加活动来为店铺引流，淘抢购就是其中一个。

淘抢购每天分 13 个场次进行商品开抢活动，分别为：0 点场、8 点场、10 点场、11 点场、12 点场、13 点场、14 点场、15 点场、17 点场、19 点场、21 点场、22 点场、23 点场；而报名参加活动的商品是限时限量抢购。

淘抢购的位置在手机淘宝的首页上也非常显眼，而淘抢购页面有一个"实时热抢"的板块，商品只有 9 秒的时间抢购，手慢则无；下方的导航栏里面包含了即将售罄、围观抢红包、爆款返场、品牌抢购等，如图 7-31 所示。

如何报名淘抢购呢？商家可以在"营销中心"中选择淘抢购，在淘抢购页面单击"我要报名"按钮即可参与，如图 7-32 所示。

淘抢购是淘宝站内的一个重要的营销产品，对于商家来说，利用好了，就能给店铺带来非常可观的流量，并且还能提高店铺的销量，为打造爆款打好基础。

图 7-31　淘抢购页面

图 7-32　淘抢购报名页面

## 7.2.13 实体店铺导流

现在店铺的主要流量集中在手机端，竖屏时代是促进转化率提高的重大因素。要练好开店"内功"，需要抓住图片的充分展示及卖点展示。一个单品想要做好，必须要有自己的卖点，不然很难有转化。

如果卖家既有实体店又有淘宝店,那么引导实体店铺的客户到线上采购是一个很好的店铺破零手法,但应该要注意以下几个点。

> 进入淘宝店铺的渠道(包括关键词、手机推广海报、线下推广二维码、店铺二维码、店铺收藏、店铺优惠券、店铺淘短链等)。

> 购买的通道。用户是通过咨询购买的还是通过买家秀购买的,卖家需要做好充分的研究。

> 发货选择。禁止选择无须发货,发货时一定要有物流快递信息,建议用顺丰快递完成交易。

> 签收评价。尽量让买家简单评价和晒图。

> 二次复购时卖家可以考虑做新品的扶持破零。

有卖家认为,现在流量很少,很难有客户进店。有这种情况时,卖家就需要从以下几个方面来改善流量少的局面。

(1)研究生意参谋市场行情。清楚哪些款式是爆品,哪些款式销量不行,自己是要做爆款计划,还是做蓝海小众化产品。

(2)选好产品。将产品做基础销量及基础评价,最好有宝贝晒图及买家秀。

(3)做宝贝标题优化。抓住一部分自然搜索流量。

(4)开直通车、智钻推广、淘客推广。这样的付费推广方式可以获取超高的流量,前提是得投入比较大的广告费用。

(5)有流量有转化。需要有更好的宝贝详情来解决新客户的转化。

(6)再看市场行情。看该单品在市场类目的排名如何,能获取多少自然搜索的流量,以及店铺的流量入口有哪些,例如手机淘宝首页、手机淘宝搜索、猜你喜欢、直播、小视频等。

在做完引流计划之后,最后店铺还需要做一个周期计划。

> 计划3个月一个周期,能做到什么流量,投入多少,产出多少。

> 计划如何执行,美工规划、运营规划、活动规划等。

> 售后服务如何执行。

> 出来什么结果,应该如何应对。

> 在下一个周期计划,应该如何规避出现的问题等。

在做完上述的工作计划之后,接下来就可以开始进行实体店铺导流到淘宝店铺的工作,卖家需要注意各个细节,不要遗漏某个环节,相互配合,才能为线上店铺带来更多的流量转化。

## 7.3 促销引流：快速引流让生意爆棚

促销是一种短期内的活动，有时间的限制，目的是通过这种形式来销售商品。对于淘宝天猫店铺来说，在旺季的时候，店铺商品的销售非常火热。但是一到淡季，客流明显减少。那么，日常店铺经营中该怎么做才能达到销售的目的？

本节就着眼于促销引流，从案例解析、解决方案的角度切入，让卖家掌握各种促销引流的方法以及促销的工具，从而帮助店铺快速引流，让生意爆棚。

### 7.3.1 价格促销方案及案例

在多种促销引流的方法中，卖家用得最多的就是价格促销，一般卖家开展活动大多是以降价的形式来做。下面就给大家介绍几种常见的价格促销案例。

（1）错觉折价：给顾客不一样的感受和体验。例如"花190元可以买到价值270元的商品"，这就属于错觉折价，相当于商品打7折，但是却可以给顾客一种我做的是优惠价格而不是折扣价格的感觉。

（2）低至一元：舍小取大的促销策略。例如"几款价值20元的商品以低至一元的活动参加促销"，从价格上看卖家似乎是亏本的，但是换位思考，用这低至一元的策略，可以吸引大量的顾客，这些顾客还可以免费帮忙宣传，推给其他人前来购买，那么以这种连带销售的方式，带来的利润就可以抵制之前所降价的成本。

（3）非整数价格：给顾客视觉上的刺激。例如，将10元改成9.9元，20元改成19.9元，这样顾客将会络绎不绝地来购买，这种定价策略给顾客一种视觉上的错觉，使该商品看起来非常便宜。这也是目前最普遍的促销方案。

（4）一刻千金：让顾客如潮水般涌来。例如，全店"10分钟内所有货品1折出售"，条件是限购1件。虽然顾客抢购的商品数是有限的，但是通过超低折扣的方式，带来的客流量却有着无限的商机。

（5）阶梯价格：给顾客紧迫感。例如"商品上架后的1~3天全价销售，3~8天降价25%，9~13天降价50%，14~18天降价75%"。利用这种阶梯式的降价，可以吸引很多顾客，这个顾客不买，总会有其他的顾客来买；而且对顾客来说，价格的降低，可能会让其他人争相购买，竞争加大，无形中产生了一种紧迫感，因此，最后顾客还是会选择在你这里购买。

（6）降价与打折相结合。给顾客双重优惠。例如，"顾客在本店购买的商品满150元可减10元，并且还可以享受8折优惠"，这种先降价再打折的方式，会让顾客觉得自己占了便宜，就会抓紧机会购买。假如满150元打6折，损失利润60元；但通过满150元减10元再打8折的形式，最后损失降低至38元。这种双重力度的折扣使得更多顾客纷纷购买。

### 7.3.2 奖品、会员促销方案

一般的淘宝店铺都会有会员制度，只要你在该店铺购买的金额达到一定的标准，就可以成为该店铺的会员。成为会员有很多好处，例如会员日优惠、通过每天签到领取会员专属礼品、领取会员积分兑优惠券或者奖品等。

还有一种促销方案就是奖品，例如，顾客购买的商品数量或者是商品金额达到多少标准，就能获得价值多少的奖品。当然这个奖品一定要有诱惑力，不然顾客不感兴趣也是没有用的。

下面介绍3种奖品促销方案。

（1）"满就送"：送赠品带动其他产品的销售。例如，单笔实付满128元，赠小样，或者是赠送一些店铺的爆款商品给顾客体验，如果顾客用完赠品之后，觉得不错，那么他下次就会继续购买。

（2）单单有礼：买即送奖品。例如，顾客在购买商品时，不论他们购买商品的数量是多少，都可以随机赠送奖品。这种方法没有门槛，一般店铺都会使用这个方法来做促销。

（3）"转盘摇奖"：摇出来的实惠。例如，设置一个转盘摇奖的活动，放在店铺首页，顾客下完单（需满足一定的门槛，比如购满39元）后有一次摇奖的机会，每转到一个地方都有相应的奖品。用这种摇奖的方式，可以让顾客感到快乐，这样顾客才会长期光顾你的店铺，给店铺带来利润。

### 7.3.3 变相折扣、年龄促销

变相折扣就是让顾客很明显地看到优惠，让他们觉得自己买这个商品是赚到了。例如，36.6元的商品卖家只收取36元，那么这0.6元顾客就觉得是商家给他们的优惠，在心理上会得到满足感，虽然看起来商家给了顾客优惠，其实这比打折赚取的利润还多。

下面介绍3种变相折扣促销方案。

（1）多买多送：给顾客看得见的优惠。例如，设置"买二送一，买四送二"等促销语。

（2）组合促销：连带商品的销售。例如，卖家将相同属性的商品组合出售，把价格适当降低一点，至少要比单买要优惠，这样组合促销才会有效果，给顾客一次性优惠，从而也带动了其他产品的销量。

（3）加量不加价：让顾客感受到诚意。例如，卖洗衣液产品"超值特惠装，2kg＋800g，加量不加价"，通过这种促销方法，能让顾客感受到商家的大方。看到实惠，才会引起顾客的购买欲望。

而年龄促销方案则可以划分为4个年龄段：儿童、青年、中年、老年。例如针对儿童的促销，在"六一"儿童节时，店铺活动促销可以设置为"欢乐儿童节，活动时间购节日套餐，可免费获赠儿童节开心礼物一份"，那么父母就可能会为了让孩子开心，而下单购买套餐。

总之，促销就是为了吸引顾客多多购买，卖家需要选择有效的方法进行。

### 7.3.4 性别促销活动方案

性别促销方案是针对男性和女性设置分别的活动方案，例如淘宝天猫上的"女神节""女王节""天猫男人节"等活动。很多时候，男性和女性的消费行为有所不同，男性顾客偏于理性，购买商品时主要注重功能、质量；而女性顾客则偏向即兴购买，容易受外界因素的影响。

所以卖家针对不同性别的顾客应该制订相应的促销活动方案。

（1）全身搭配：给顾客"焕然一新"的感觉。购物是大部分女性都喜欢的事情，当顾客进入店铺为衣服搭配而烦恼的时候，如果店铺客服或卖家能够提供让顾客满意的搭配，并且适当地给顾客打点小折扣，让她获得优惠，就很可能将其变成回头客。

（2）追星效应：送给追星人员的精美礼物。现在追星已经是一种很常见的事情，有些人为了支持自己喜欢的明星，会去购买其代言的产品。所以现在大部分品牌都会找明星来代言自己的产品，来给品牌增加名气，获取流量。

例如"单笔实付满228元，即送该代言人的明信片＋海报，你值得拥有"，这样对于追星的人来说是具有一定诱惑力的，这样的促销可以很好地提高店铺销量。

（3）满足需求：打好男性顾客这张牌。例如卖酒类产品的店铺，顾客买一瓶就送高档卷烟一包，就能吸引到既喜欢喝酒又喜欢吸烟的这部分男性顾客，很好地满足了顾客的需求。

### 7.3.5 心理与情感促销方案

在经营店铺时，获得顾客信任能让该顾客长期购买你店铺的商品。例如，当你推出新产品时，作为忠实粉丝，他就会及时地购买。利用心理与情感促销方案，掌握顾客的购物心理，打感情牌，就能快速推销产品，达成销售目的。

（1）专业形象。让顾客快速信任你。专业形象不只是说一些顾客不能理解的所谓专业术语，更重要的还是通过有说服力的表达，让顾客看到产品的优势。

卖家或客服在与顾客的沟通过程中，如果一问三不知，只是一味强调产品好，又说不出到底好在哪，顾客又怎么会相信你呢？

（2）多答多得。让顾客产生"速度与激情"的感觉。例如店铺内推出，购买零食产品的顾客即可通过答题来获得相应的零食大礼包，难度层层叠加，并且答题时间有限，当很多顾客同时参加时，让顾客产生紧张感的同时还可以获得通过自己努力得来的礼包。

（3）用户特点。记住新老顾客的喜好和生日。例如，在特定的日子里推出相应的产品，做一些回馈新老顾客的活动，并及时通知顾客进店浏览；在顾客生日的时候，给用户赠送一定额度的无门槛优惠券，通过短信等方式告知顾客，给顾客惊喜和感动。

## 第 8 章

# 爆款打造：让店铺销量更上一层楼

如何让自己的店铺走在行业的前列，是广大卖家的最终追求。爆款打造是店铺成功的关键，需要了解爆款的意义、关键点、打造爆款的步骤和技巧等。卖家需要通过数据分析找到潜力宝贝，推出爆单品，利用爆款打造的方法来为店铺抢占先机，从而让店铺销量更上一层楼。

本章系统、详细地介绍了比较实用的打造爆款的方法和详细的操作步骤，并配以丰富、典型的应用案例进行说明。

爆款分析：揭秘爆款的秘密
单品推爆：爆款打造四部曲
推爆方法：打造爆款的技巧

## 8.1 爆款分析：揭秘爆款的秘密

在打造店铺爆款时，了解打造爆款的好处、分析爆款的规律是卖家最需要做到的，同时，卖家还需要掌握爆款的3大关键要素，利用爆款为店铺带来更多的流量，从而提升店铺商品的人气。

本节便着眼爆款分析，从实务方法、案例剖析等多个角度切入，揭开爆款背后的秘密，使卖家掌握打造爆款的方法，更好地为店铺引进流量，从而让爆款在众多商品中得到买家的青睐。

### 8.1.1 打造爆款的好处

所谓爆款，其实就是指销量非常大、人气很高的单品。不管是淘宝还是天猫店铺，提起"爆款"，卖家是再熟悉不过的了。爆款可以为店铺聚集大量的人气，还可以为店铺引进非常可观的流量资源，所以每个店铺的运营都会专心打造店铺的爆款。爆款商品的热销，可以带动店铺的崛起，并且能够吸引顾客购买，获得利润，如图8-1所示。

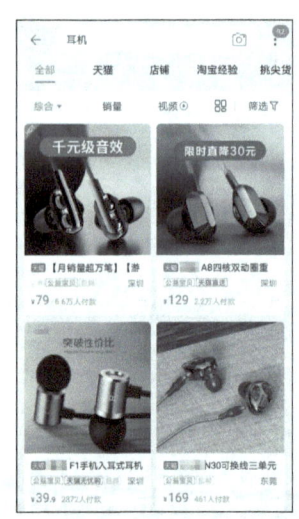

图8-1 "爆款"商品

对于中小卖家而言，爆款相当于他们手里的一根"救命稻草"。众多卖家都在寻求打造爆款的方法以及技巧，爆款的打造是关系着店铺能否经营成功的主要因素，打造爆款需要从以下几个方面来考虑。

> 商品的质量过关,品质要好。
> 价格不要太高,需要对比同行的商品价格来定价。
> 货源好控制,要有自己的货源渠道,要及时补充库存,避免有销量无库存的局面。
> 爆款的选择,还需要看利润,有利润可言的爆款商品才能获得盈利。
> 商品的人气,以及销量如何。

众多的淘宝天猫卖家都知道,打造爆款将为店铺带来许多好处,那么具体有哪些呢?如图 8-2 所示。

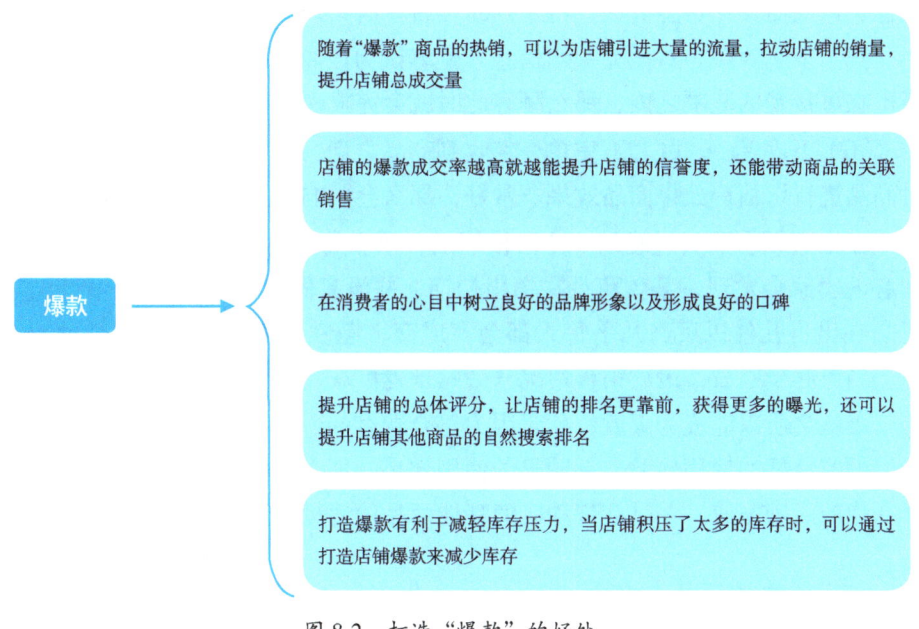

爆款 →
- 随着"爆款"商品的热销,可以为店铺引进大量的流量,拉动店铺的销量,提升店铺总成交量
- 店铺的爆款成交率越高就越能提升店铺的信誉度,还能带动商品的关联销售
- 在消费者的心目中树立良好的品牌形象以及形成良好的口碑
- 提升店铺的总体评分,让店铺的排名更靠前,获得更多的曝光,还可以提升店铺其他商品的自然搜索排名
- 打造爆款有利于减轻库存压力,当店铺积压了太多的库存时,可以通过打造店铺爆款来减少库存

图 8-2 打造"爆款"的好处

## 8.1.2 挖掘爆款背后的规律

卖家知道了爆款给店铺带来的好处之后,就会争相去打造爆款,不过也会有卖家有顾虑,假如打造爆款这么简单容易的话,为什么有这么多淘宝天猫卖家没有做起来?其实,打造爆款并不是想象的那么简单,但其背后一定有规律可循。

卖家若想发现爆款背后的规律,就要先来分析顾客的购买过程。一般顾客在购买商品时,会经过以下几个过程,才会决定下单购买。

（1）搜索商品。顾客在进电商平台购物时，首先会根据自己的需求来寻找自己感兴趣的产品。

（2）货比三家。当顾客只看到一家商品时可能还不会下定决心购买，毕竟网购平台上的商品琳琅满目，需要多观察几家再做决定。

（3）商品评价。通过货比三家之后，顾客再次来到该商品页面，接下来便是通过看商品评价，来收集以往消费者对于该商品的使用体验，看该商品是不是像商品描述的那么完美。

（4）购买决定。当找到喜欢的商品之后，顾客会看该商品能给自己带来什么效益，以及需要花费多少钱，再来判断是否要购买该商品。

（5）下单购买。对比完一切信息，顾客认为该商品符合自己的需求，并且价格也在可接受的范围之内，那么顾客此时就会完成购买行为。

（6）下次消费。顾客下完单，在收到商品之后，结合自身的使用体验，再次对商品进行评估，如果商品效果非常好，那么会影响其下次的消费行为。

在知道顾客购买过程的 6 个阶段以后，爆款背后的规律就慢慢显现出来了。细心的卖家会发现，某款商品在销售初期，并没有做推广，或者其他活动宣传；但是在出售几件以后，几乎每天都会有成交，慢慢地累积下来，成交量越来越多，当量起来以后，最后销售情况只会越来越可观，这就是爆款的"雏形"。

爆款之所以能成为爆款，就是因为符合顾客的购买需求，并且物美价廉，还能给顾客良好的使用体验，有明显的使用效果，那么顾客的下次消费可能还会选择在你的店铺完成，并且会带动店铺其他商品的销量。

### 8.1.3 爆款的三大关键要素

了解完爆款背后的规律之后，卖家应当利用这些规律，并结合自己的店铺营销方式，制订营销战略，达到打造爆款的目的。当然，了解爆款的规律还不能很好地达到目的，还需要找出爆款的关键要素。

#### 1. 商品的流量

店铺做的所有宣传推广工作，最后的目的都是为了引进流量，从而将这些流量转化为成交量。在淘宝搜索中，通过搜索展示出来的热卖商品几乎占了三成的流量，这说明淘宝搜索是一个非常好的流量入口。

淘宝上的商品种类繁多，但顾客想要购买一样东西时，看不到实物，就会以销量的多少来判断商品的好坏，购买的人多，说明这款商品是受欢迎的，自然就是比较好的商品，这是大部分消费者判断商品好坏的一个最基本的逻辑模式。

### 2．消费者的从众心理

前面说到消费者判断商品好坏是依据商品的购买人数，那么卖家就应该知道高人气、好评多的商品比较容易获得消费者的青睐。所以，只需要抓住消费者的这种从众心理，推广店内的人气产品，把商品的排名尽量提升到淘宝搜索靠前的位置。

例如，买家在搜索"洗衣液"商品时，出现了好几个同款，此时，买家会比较倾向于销量多的那一款，如图 8-3 所示。

图 8-3 "洗衣液"产品销量对比

### 3．商品本身的质量保证

商品的质量需要重视，不然销量再好的商品，要是没有质量保证，迎来的只能是大量的差评以及退换货等售后问题，导致成为一次性销售的商品。所以，卖家必须知道，只有好的商品才会提高性价比，带来流量，从而吸引更多的消费者前来购买，最终实现爆款打造。

当卖家抓住爆款的 3 大关键要素之后，店铺的人气产品才会带动一系列的连锁销售反应，使商品销量成倍快速增长，最后成为店内爆款商品。

## 8.2 单品推爆：爆款打造四部曲

在把单品做成爆款时，直通车和其他宣传推广方式是最常用的手段，同时卖家需要知道把商品打造成爆款的四部曲，才能帮助店铺抓住机会走在同行的前面。

本节便着眼单品推爆过程，从实务方法、案例剖析等多个角度切入，使卖家更好地掌握爆款打造的过程。另外还涉及爆款成长过程中可能出现的问题及解决方法，让卖家更好地对爆款进行调整优化，从而"掌握先机"！

### 8.2.1 筛选爆款：明确目标

前面对爆款做了简单的分析，卖家在掌握了如何打造爆款之后，下面的工作就要转到筛选爆款商品上来。这就需要卖家明确爆款的标准，清楚需要将哪一款商品打造成爆款。

打造爆款的意义是什么？

爆款是商家针对单品做的一个宣传推广活动，能在短时间内达到一定的销量，为店铺积累人气，提升店铺的排名；并且还能实现带动其他产品的销售，为店铺带来更多的流量，这就是店铺打造爆款的意义。

在打造爆款之前，卖家需要明白打造爆款的目的。

- 为了提升店铺的销量。
- 为了提升店铺的人气。
- 想获得更多的利润。
- 最好是能带动整个店铺的销量。

通过爆款的 3 个关键要素，可以看到，打造爆款是一个循环的营销过程，在前期的爆款准备中，爆款的挑选和推广决定着爆款是否能成功，筛选出好的商品做爆款是成功的开始。

在打造爆款的前期，卖家可以适当地选择一些营销推广工具，来帮助爆款的打造。为爆款吸引更多的流量，还要看所挑选的爆款是否符合大众需要。

下面介绍做爆款的前期准备——筛选爆款。

1．分析市场数据，抢占先机

这些市场数据包括：分析整个行业的市场环境；分析自己的主要竞争对手；分析消费者的需求；分析行业爆款的特点。

当卖家收集到了这些数据，并做好数据分析，就比同行的竞争对手多了一个优势，利用分析出来的数据结果，确立爆款的目标销量，选择店内最具潜力的商品，转化最好的商品，抢占行业先机。

2．挖掘真正有价值的机遇

卖家通过数据分析可以发现接下来的时间段里可能成为爆款的商品，这时商家抓住机会，着手上架这一商品，打造出爆款，让店铺在同行中抢占先机，从而在众多店铺之中脱颖而出。

打造爆款一定要抢在同行的前面，如果等大多数店铺都开始推这种款式，你再后知后觉地做爆款，就没有任何优势可言，所以，想要成功，就必须比别人跑得快，走在同行的前面，及时关注行业市场、热门类目的变化，及时分析数据，挖掘机遇。

3．注意商品的性价比以及是否符合大众审美

分析完数据后，需要将分析出来的结果形成计划，然后付诸于实践。首先，卖家在选择爆款商品时，需要注重其性价比，想要商品成为热卖产品，价格方面不能太高；其次，需要从买家的角度出发，商品质量一定要有保证；再次，要为买家着想，例如售后保障，需要打消买家的疑虑、解决买家担心的问题等；最后，看商品的款式是否符合大众的审美趋势，卖家可以同时上架几款宝贝，前提是要保证流量基本均衡，看哪一款最受欢迎，成交量最高的款即具备打造爆款的潜力。

## 8.2.2 培养爆款：投放推广

筛选出爆款之后，需要对爆款商品进行培养，增加其曝光率，这就需要对商品进行宣传推广，做好前期的引流工作。卖家可以根据店铺的情况或者参照之前的推广计划，选择合适的方式来进行推广引流。具体的推广方式有以下几点，如图8-4所示。

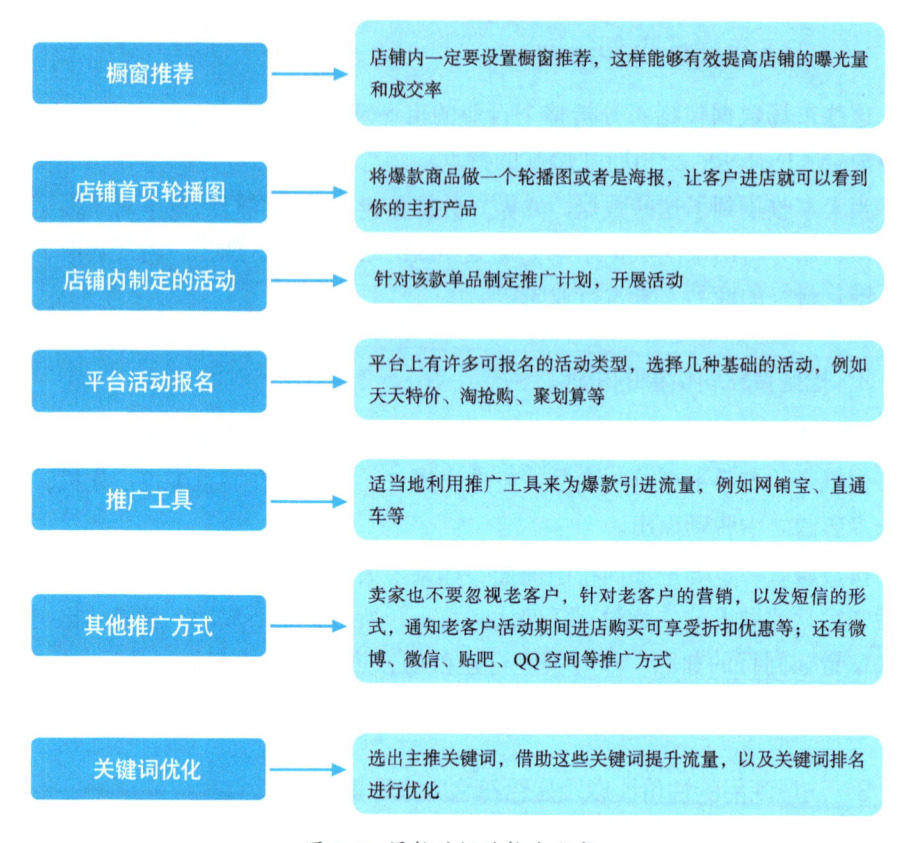

| 橱窗推荐 | → | 店铺内一定要设置橱窗推荐，这样能够有效提高店铺的曝光量和成交率 |
|---|---|---|
| 店铺首页轮播图 | → | 将爆款商品做一个轮播图或者是海报，让客户进店就可以看到你的主打产品 |
| 店铺内制定的活动 | → | 针对该款单品制定推广计划，开展活动 |
| 平台活动报名 | → | 平台上有许多可报名的活动类型，选择几种基础的活动，例如天天特价、淘抢购、聚划算等 |
| 推广工具 | → | 适当地利用推广工具来为爆款引进流量，例如网销宝、直通车等 |
| 其他推广方式 | → | 卖家也不要忽视老客户，针对老客户的营销，以发短信的形式，通知老客户活动期间进店购买可享受折扣优惠等；还有微博、微信、贴吧、QQ空间等推广方式 |
| 关键词优化 | → | 选出主推关键词，借助这些关键词提升流量，以及关键词排名进行优化 |

图 8-4　爆款的投放推广方式

图 8-4 是爆款投放推广方式。爆款的预热培养一般是提前一个月或者一个半月进行，因为要不断地测试主推的几款宝贝，不断地分析数据，看哪款商品最终能成为店铺的爆款。

### 8.2.3　爆款成长：数据分析

通过对爆款的培养，商品已经积累了一定的人气及销量，转化率逐渐稳定下来，流量也趋于均衡。在爆款进入成长期之后，卖家需要对其加大推广力度，监测数据变化，及时进行跟踪。

此时卖家可以在营销工具上增加投入，同时也要观察该商品是否值得投入这么大的成本；爆款在成长期是流量以及成交量上升最快的时期，所以，卖家可以适当使用直通车进行推广。

直通车是引流的利器，而且流量相对精准，卖家可以通过拼质量得分、拼出价、拼"卡位"来获得好的展现位置和低的 PPC（Pay Per Click，点击付费广告），再配合优秀的推广图，可以获得极大的流量。

在淘宝直通车的后台，卖家可以根据自己的需求和目标来建立多个直通车推广计划，如图 8-5 所示。

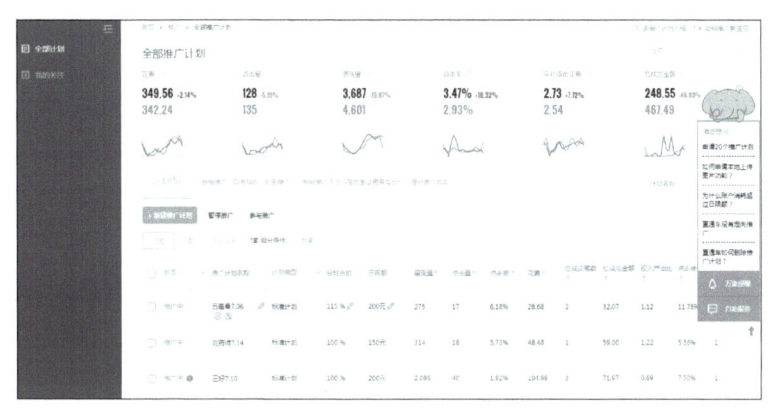

图 8-5 多个直通车推广计划

商品最后能否成为爆款，很大程度要看商家在爆款成长期的操作，这会影响打造爆款的效果。

### 8.2.4 爆款爆发：评估整改

爆款到了爆发期，卖家要观察宝贝的销量，是否达到预期的目标，若没有达到，需要对这种现象做一个评估，然后去解决这个问题。首先商家要去寻找转化率低的原因。

（1）是否是客服原因。例如态度不好，旺旺响应时长，没有及时回复客户的问题等，需要对客服人员进行培训。

（2）页面的布局是否有问题。若是页面设计存在问题，那么就需要进行页面优化。

（3）关键词是否与宝贝相符合。宝贝标题的关键词是抢占搜索流量入口的重要元素，卖家可以在其中添加一些搜索热度高和匹配度高的关键词。

（4）店铺的流量导入是否有问题。观察店铺的流量导入是否存在问题，及时做好调整优化。

（5）免费活动流量是否参加。及时报名平台活动，例如天天特价，或者通过其他免费活动的流量渠道来为店铺引流,如类目、淘口令、微淘等。

分析出存在的具体原因之后,再寻求解决问题的方案。当商品的销量超过10 000笔时,流量也基本稳定下来,转化率也趋于稳定,这个时候,爆款处于基本成型的状态。

## 8.3 推爆方法:打造爆款的技巧

前面讲述了如何将单品推爆,以及打造爆款的步骤,但是推爆单品还需要掌握技巧,如新品破零、提升商品转化率,以及分析爆款的搭配策略等,这都是打造爆款的必备思路。同时从店铺的各个数据来分析如何提高转化率,促使店铺获取巨大的流量。

本节着眼于打造爆款的技巧,从实务方法、案例剖析等角度切入,使卖家深刻了解和掌握打造爆款的技巧及思路,从而成功打造店铺爆款,在众多店铺中脱颖而出。

### 8.3.1 新品上新,如何快速破零

新品在前期一定会有扶持,而淘宝也会给新品机会,毋庸置疑!只不过是机会有多有少而已,卖家要想新品获得更多的机会,那么就需要做好以下几点。

(1)务必要做好整店动销。想办法提升店铺的综合质量得分,给店铺定一个比较高的标准来要求自己。

(2)整店产品的数据。包括产品的转化率、店铺活跃程度、上新频率等,做好这些数据有利于提升店铺的排名;卖家要尽可能去避免退款等售后问题的出现。

(3)新产品动销率不可太低。新品最好在24小时之内有销量。

(4)先定价再上新。先不要着急把产品上新,把价格决定好再说,一般上架后不建议修改一口价,因为改了会影响商品的权重。如果卖家想调整商品价格,可以通过返现或者促销工具调整。

(5)标题不可轻易改动。新品上架后,标题最好不要轻易更改,卖家在上架新品时,就应该对标题、下架时间等考虑周全。实在需要改,建议不要超过4个字,而且时间建议在凌晨为佳,这时候是最容易被收录的,淘宝库的收录时间一般是15分钟,如果没有被收录,应该是权重出现违规。

（6）标题关键词热门。新品的宝贝标题多选一些热门词、飙升词、与宝贝属性相关的词，有助于让商品被更多人搜索到，覆盖面广；另外，宝贝首图需要自己精心优化，不建议用分销商给的原图，因为淘宝站内都是机器识别的，如果发现首图是一样的，会被认为是旧品或者同款，这样将影响到淘宝对于新品的扶持。

（7）推广渠道的选择。例如，直通车展示、淘宝客推广、淘宝达人推荐、网红合作、淘宝头条展示等。

（8）保证新品成交量的均衡。保持上新 24 小时内有成交量，到第 4 天再成交，第 7 天多成交，这需要结合宝贝上、下架时间来操作。

新品破零是一个大工程，卖家需要慢慢来，不可操之过急，按照操作步骤走，如果操作得当，那将会给新品带来大量的销量，以及有更多的展现量。

### 8.3.2 销量低的产品如何提升转化率

很多卖家在店铺经营中都会出现这样的一个问题，例如新店开张一个月，真实销量只有 4 笔，流量全靠直通车来维持，而直通车添加创意图片（图片是自己拍摄的）后收藏和加购的效果还比较好，但问题是一直看不到转化，销量上不来，这时候很多卖家就开始着急。直通车的页面，以及商品流量来源如图 8-6 所示。

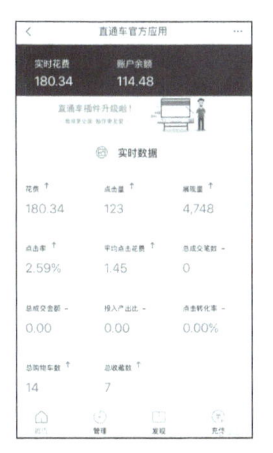

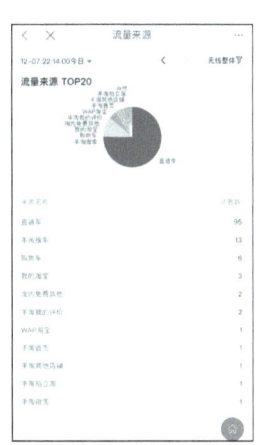

图 8-6　直通车页面及商品流量来源

月销售只有 4 笔，说明该卖家没有在单品的基础销量上下功夫，一般店铺单品销售需要有一定销量来支撑，淘宝买家的购物习惯属于羊群效应，要是商品没有销量或者销量低的店铺，转化都会不乐观，这是个普遍现象。卖家想要做好转化，必须了解以下这些情况。

（1）分析店铺情况。一个5星的店铺，说明成交目前还是比较少的；直通车的收藏和加购比较好，说明该单品具有一定的吸引力，关键是转化率上不来。

（2）自己拍摄图片。商品的图片需要自己拍，最起码说明没有去盗图，但是图片效果如何，这个需要卖家去对比竞争对手。如果图片优化得不好，或者做得不够好，没有解决客户疑虑，是很难提升点击率的。

（3）看直通车的数据。从上面的直通车数据中可以看出，一天100多的点击量，这显然是不够的，卖家需要做直通车的提升，将访客量提升上去，最起码要保持每天1 000个访客才能更好地分析店铺的转化原因。为什么转化不好？原因有以下几点。

➢ 主图没有在3秒内引起客户的兴趣，或者是主图没有说明产品的完整性。一般店铺的图片需要有产品图、产品场景图、产品细节图、产品白底图、使用模特图等图片类型。

➢ 产品详情页出现问题。7页以内，将电脑端和移动端的详情分开设计，毕竟电脑端是横屏为主，移动端是竖屏为主，应让客户第一眼就能看到大图的广告。

➢ 买家秀（用户说）模块没有充分利用。这里是买家已经购买了店铺产品，收到货后给商品评价晒图的地方。通过用户说模块表现在移动端详情页前面，是最能体现买家收到货是什么样子的地方，越来越多的买家在买东西之前，会翻阅之前的已购买的买家对产品的评价，以此来决定是否下单，如图8-7所示。

图8-7 买家秀（用户说）模块

> 基础销量低。如果行业的单品销量都是 100 笔以上，那 4 笔显然无法引起买家的第一消费意识，最起码也得做到 50 笔，再想办法做淘客等，将销量做到行业的平均水平。

> 单品评价问题。如果单品的评价数量低于 20 笔则无法满足单品的转化效果。买家购物一般会先看评价，结合好评和差评再来决定是否下单购买。

> 单品问答出现问题。淘宝上有一个客户问答平台，这里会有一些关于产品的问题，会邀请买家来回答，邀请的买家是已经购买过该单品的买家，所以他/她的回答对于还未购买的潜在客户来说，是非常有影响力的。

> 价格，也就是性价比问题。跟同行同质量的产品的价格对比，你的店铺是否有一定的优势，通常情况下客单价越高，转化率相对要更低一些。

除了这些，还有其他的一些原因，例如店铺违规、盗图等被屏蔽的现象。卖家如果检查完上面所描述的情况，再逐一排查店铺的问题，相信能改善转化率低的情况，提高商品的销量。

### 8.3.3 商品上淘宝首页的 8 个方法

大部分的中小卖家，在上完新品之后，就想快速让新品上到淘首页，但由于没有好的运营思路和方向，导致卖家们很迷茫。商品如何快速进军首页，抢夺行业市场"蛋糕"？这是每个卖家都尽力在做的事情。

通过了解以下 8 个方法，卖家可以让商品快速上到淘首页。

> 通过市场分析软件，分析各个层级店铺的考核指标（最少 7 天）。

> 考核维度为：店铺、宝贝、关键词。

> 找出在目标层架下店铺宝贝的不足，并把这个不足优化好。

> 卖家如何做出无线端的人气宝贝？一般情况下，无线搜索＝关键词人气权重＋无线端占比（流量、销量、转化率、无线端广告占比）＋加权项（无线端装修、无线活动）。

> 通过无线端付费流量，或者无线端活动来增加无线端流量占比，例如无线端钻展（低竞争时间段）；无线端站外定向直通车（超级便宜）；无线端淘好货和淘抢购等。

> 当无线端转化率不足时，需补充无线端转化率。

> 成交转化率及店铺动销率最大的影响力。

> 对于不开付费流量的卖家来说，除非你的产品好到每天成交上百单，否

则没有流量的支撑，商品上首页会比较困难。

掌握商品快速上淘首页的方法之后，就可以慢慢把店铺的商品做起来，重视无线端流量的占比，可以通过付费的方式来为店铺获取流量。

### 8.3.4 让产品尽快进入淘宝品牌库

对淘宝内行点的人都应该知道，自主品牌进入淘宝品牌库意味着什么，不进入品牌库将面临什么。简单点说，只有进入了品牌库，才可以在发布产品时找到自己的名字，才算排上了队。

只有进了品牌库，才有资格申请假一赔三服务，只有通过了假一赔三审核，店铺才可以参加淘宝官方大流量的各种活动，例如付邮试用、天天特价、淘金币等。如果你不在品牌库范围，以上活动，一概免谈，所以说，进入品牌库是一个门槛。

进入淘宝品牌库需要满足以下几个基本条件。

（1）店铺。集市店：一钻以上，店铺评分 4.6 以上，加入消保，加入 7 天无理由退换货服务）；商城店：店铺评分 4.6 以上。

（2）商品要求。试用品必须为原厂出产的合格产品，并且在保质期内的全新产品；付邮试用商品份数需 300 件起，30 天内该商品的均价不低于 20 元，价格不得虚高；美容美妆、日化、珠宝配饰、个人护理等类目必须有假一赔三或分销平台品牌授权；食品保健类商品必须有生产日期，且必须有 QS 或进口食品标记。

当店铺满足了基本条件之后，如何进入淘宝品牌库呢？这时店铺需要提交申请，品牌入驻申请表如图 8-8 所示。

首先，需要将自己的产品送去质检，质检机构都是淘宝指定的第三方检测机构，质检最少 10 款，30% 品种以上，各送 6 个产品去质检。

其次，质检合格以后，机构会出示质检报告，而且会提交给淘宝。到第二个月，你的品牌就出现在了淘宝搜索栏内。这里需要注意的是，卖家还需要提交送检产品的相关资质证件。

最后，当淘宝出现你的品牌名称后，你得将所有产品重新进行编辑，并找到自己的品牌名称，并且填上单品名称。当店铺 80% 以上产品都在品牌库里，才算完成。编辑完成以后，每个产品页面都会有"真"字标志。

完成品牌库入驻的各个环节所需的时间如下。

➢ 每月 15 日前质检通过并提交给小二的品牌，当月 15~30 日添加入库。

**淘宝网品牌库入驻申请表**

注：填写完毕后发送到[redacted]aobao.com（邮件标题统一为：品牌库入驻+集市店/商城店），我们会在 10 个工作日内将审核结果通知回复到您邮箱。其中，专营店需针对多个品牌填多份表格；另外，没有的项目则填“无”

| | | | | |
|---|---|---|---|---|
| Part A 联系方式 | 接口人姓名 | | 接口人职位 | |
| | 接口人旺旺 | | 接口人电话 | |
| | 接口人邮箱 | | 接口人 QQ 号 | |
| PartB 店铺实力 | 月平均推广费 | | 员工总数 | |
| | 视觉设计师人数 | | 运营推广人数 | |
| | Banner 作品 | 附件形式或者链接形式 | 活动作品 | 附件形式或者链接形式 |
| | 推广方式 | | 买家管理方式 | |
| | 证书或头衔 | 附件形式 | 其他 | |
| Part C 店铺基本信息 | 店铺名称 | | 店铺地址 | |
| | 好 评 率 | 商城店无须填此项 | 信 用 度 | 商城店无须填此项 |
| | 当季在线商品数量 | | 上新频率 | |
| | 店铺收藏数 | | 店铺类型 | 例：原创，旗舰，专卖，专营，其他 |
| Part D 品牌信息 | 品牌名称 | | 品牌发源地 | |
| | 品牌历史 | | 品牌定位 | |
| | 品牌文化 | | 主营类目 | |
| | 品牌形象海报 | 附件形式 | 其他 | |

图 8-8　淘宝网品牌库入驻申请表

- 月底公布本月成功添加的品牌清单。
- 卖家可在下月的月初编辑宝贝品牌，然后提交假一赔三申请。

例如某品牌，在 5 月 10 日质检完成；5 月 15 日小二提交添加入库；15~30 日完成添加入库并且在后台类目、SPU 库添加完成；卖家可在 6 月 1 日开始编辑宝贝品牌；编辑完成后，卖家提交假一赔三申请即可。

## 8.3.5 单品为王，分析爆款的搭配

在前面已经介绍过了何为爆款，这里不再做详细的解释。一个单品之所以可以做到爆款，不仅仅是商品本身的质量好，还要有好的搭配策略。适当的设计搭配，会收获意想不到的效果。例如图 8-9 所示的“牛仔裤”，下面来分析下其搭配策略。

不管什么季节，牛仔裤都可以穿，所以不存在季节限制。在这款商品页面的下方设计 3 套装搭配，就可以带动其他商品的销量，如图 8-10 所示。

从图 8-10 可以看到，该商品（牛仔裤）设置了搭配套餐，套餐的价格比单买要便宜许多。而且此页面的流量巨大，在这个页面内没有看到其他产品的分流样式，但卖家就是用这种不是很明显的方式来分流，既销售出去了产品，又给其他产品进行了分流，技巧性强，起到了很好的推动作用。

在宝贝详情页也可以看到“搭配单品推荐”的字样，单击后就可以进入毛衣

的商品页面，这样的设计可以很好地给其他商品进行分流，如图 8-11 所示。

图 8-9　牛仔裤商品

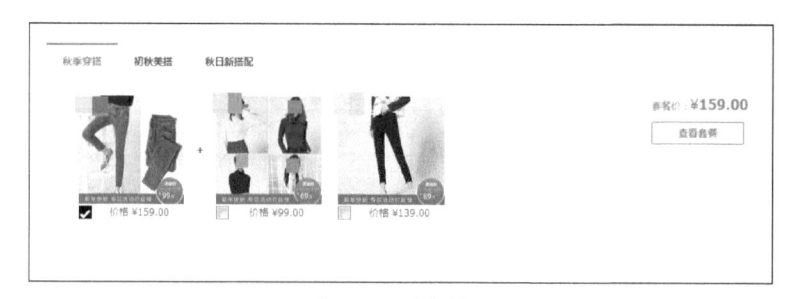

图 8-10　爆款搭配

图 8-11　宝贝详情单品搭配链接页面

# 玩法转型篇

# 第 9 章

# 借力微商：社交平台上的电商应用

随着移动互联网的发展，人们日渐喜欢通过网络来聊天、购物，这就带动了社交平台的兴起，出现了各种形式的盈利模式。微商是近几年比较火的一种移动社交电商模式。微商的营销方式有很多，如通过微信、微博等渠道。卖家需要找到适合自己的营销方式，这样才能快速地获得大量人脉并打造自己的个人品牌。

本章系统、详细地介绍了当下较火热的微商营销模式，即利用微信、微博来进行营销，帮助您了解其中的操作步骤及方法，并配以丰富、典型的应用案例进行讲解。

微商模式：未来人人皆微商
微信营销：快速引爆你的人脉
微博营销：缔造微时代个人品牌

# 9.1 微商模式：未来人人皆微商

现在的电商盈利模式越来越多，淘宝天猫店铺、微商等方式是最常用的营销模式。现在的微商令人不可小觑，想创业的人大多会进入微商的领域，利用微商的营销模式来获利。

本节便着眼微商营销，从微商解析、实务方法等多个角度切入，让想创业的人懂得微商营销的模式、理念，朋友圈广告的注意事项等，迅速进入微商行列。

## 9.1.1 微商小品牌为何能火

移动互联网趋势造就了移动智能终端设备的普及，社交工具的炙手可热让人人微商的创业模式开启了不平凡之路。微信、微博、淘宝等使用人群不断扩大，甚至一个人使用好几个号，目的就是为了圈人。

移动碎片化、个性化，让刷屏者也能赚上第一桶金。微信的使用弊端，即无对比性、价格无法透明化，让产品的销量不断加大；只要精通沟通交流技巧，喜欢网聊、擅长网络交流的一部分人群也能创立自己的品牌。

微商的人群定位精准，做微商的人一般以家庭主妇居多。微商有以下这些特点。

- 微商人群，基于人群细分。
- 家庭宝妈，脱离社会信息太久。
- 女性人群的需求，是一个不变的话题。
- 微商从业人员，80%为女性，如图9-1所示。
- 女性之间的交流，容易产生共鸣。

微商不仅操作简单，而且门槛低，人人可做。例如简单的朋友圈广告，就能成交；微信成交转化快，价格不透明，且兼职人员太多；产品客单价相对低。

做微商，虽然产品利润高，但是级别多。微商产品一般女性用品居多，其次是日化、护肤、美妆、文胸等。

微商的级别特别多，需要招很多代理来做宣传推广，一层一层下来，代理基数大。对于这些微商代理来说，最具有吸引力的就是，只要掌握了方法就能赚到钱。

图 9-1 微商的朋友圈

在做微商时，他们会开启囤货模式，这种模式会出现两种情况：第一种是卖出去了；第二种是没卖出去，那就需要发展代理。在这种模式下，如果能充分利用人性的弱点，就能快速赚到钱。

对于微商的营销模式，可总结为"鸡血式营销"，要想赚钱必须马上行动起来。如：

> 培训"打鸡血"。
> 上课"打鸡血"。
> 朋友圈广告"打鸡血"。
> 朋友圈晒钱、晒奢侈品、晒奢华生活。
> 成功学，就是告诉大家，做微商能让你赚钱。

微商发的广告文案一般为：产品效果好，立竿见影。他们利用信任代理、模特打广告的方式来吸引消费者，而且产品都在消费者手上，如果使用效果好，就可以提高消费者对产品的信心；微商还会把客户发展成代理，一起来赚钱；关于资质，他们会找代工工厂，准备一些资质证书备案，格调再高一点的就是请名人背书。

微商伴随时代的潮流诞生，但想要持续发展必须更改模式，在管理模式、销售模式、代理模式上必须要升级，才能长久地发展下去。

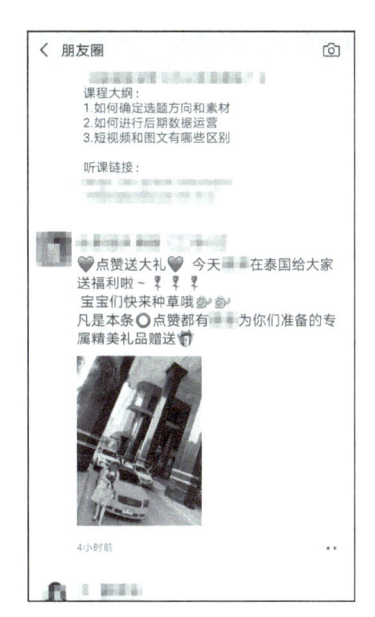

图 9-2 "鸡血式"营销

## 9.1.2 做好微商的十大基础

微商是一份非常锻炼自己和提升自己的工作,但是在做微商之前,必须要打好做好微商的十大基础。

(1)如何做好微商之一。信心。信心是做好一件事的前提,所以做微商也要有信心,没有信心什么都做不好。

(2)如何做好微商之二。了解产品。在做微商之前,一定要想办法熟悉自己将要做的产品,这很重要。同样竞争对手的产品也一定要熟悉,比如产品的定位、功能、优势、劣势等。甚至,还要懂产品周边的专业知识。

(3)如何做好微商之三。熟悉渠道工具。微商要懂得与渠道工具打交道,微信是一个好的微商工具,但除了微信,还有其他社交渠道工具,必须要去了解。先做好微信渠道,再思考如何做其他渠道。

(4)如何做好微商之四。在拒绝、拉黑中成长。做微商,经常遇到的就是客户的拒绝,其实,客户的拒绝就是邀请,客户能拒绝我们肯定也能拒绝竞争对手,只要我们多做准备,制订好战略方向,按照自己的思路一步一步走就能成功。哪怕被有些客户拉黑,也是正常现象。

(5)如何做好微商之五。好的口才。很多人对微商的认识,首先就是会聊天、口才好。确实如此，如果不善于表达的话，怎么跟客户介绍产品和促进成交呢？所以要对自己的产品彻底了解，并锤炼好话术，只有这样，见到客户才能讲明白。

（6）如何做好微商之六。善于发现客户需求。做微商也需要做一个善于倾听的高手，因为在成交过程中，不是自己一直在那里喋喋不休地说，而是一个相互沟通的过程。这时候留意客户说什么很关键，往往可以在客户的言谈中挖掘客户的需求和对产品的态度，通过聊天，找出客户的需求和自身的不足之处。

（7）如何做好微商之七。提高技巧和方法。微商是一份非常讲究实操性和技巧性的工作，可以学习微商高手的方法，或者通过不断实践来提升相应的技巧。正因为大家都说微商套路深，所以才更需要提高自己的技巧。

（8）如何做好微商之八。策划能力。成交的过程也是一场策划，比如跟好友聊天时怎么开场，开场之后怎么进入主题，怎么挖掘客户的需求，怎么建立信任，怎么促进成交，等等，这都需要精心准备和策划。如果只是盲目地去发朋友圈、刷广告或者直接问好友要不要产品，肯定失败的比较多，所以在做成交的时候，一定要做好万全之策。

（9）如何做好微商之九。客户资料管理。随着积累的客户越来越多，进行客户的资料管理非常有必要，可以把所有的客户按成交客户、意向客户、一般客户等类型进行一个大的分类；大的分类下面还要有小分类，可以按地区、沟通进度、诉求点、沟通内容、抗拒点等进行细分。当然还可以做得更细点，这就需要结合客户的情况好好去琢磨了。

（10）如何做好微商之十。坚持。要坚持下去，只有不断坚持，才能学到更多的东西；只有不断坚持，客户数量才会不断增多；只有不断坚持，才能给你带来物质和精神上的满足。

### 9.1.3 微商的营销模式——淘宝辅销

目前微信的引流从线上走向了线下，且费用越来越贵。在这个发展快速的互联网时代，很多人想通过微商快速发展自己的事业，但是市面上有很多微商的套路，也有很多微商的培训，甚至没有做过微商、没有卖过货品的人也在做微商培训，导致微商的引流越来越贵。

我总结为一点：没有认清自己的核心竞争力，很难快速发展自己的微商渠道。

淘宝店铺渠道是一个传统的电商渠道，淘宝每天都有大量的流量，是个自带流量的平台，只要充分利用好这个平台，很多微商数据都可以导入淘宝店铺来做成交。

很多人会说，淘宝的引流很贵，我做了7年的淘宝小二运营，当然知道怎么做是贵，怎么做是高性价比。贵与不贵，关键在于有没有找到高效又便宜的引流方法。淘宝客户，是通过店铺成交转化而来的，同样，微信客户也是通过转化而来的。

曾经看过一位老师的直播，他是这样说的：我们做生意，不是说第一单生意计算能赚他多少钱，而是他的消费能否带来3个新增客户。

每一个人都有一个生活圈子，这个圈子才是我们营销的重点。淘宝店铺的客户也是一样，当买家对一家店铺产生信任的时候，他介绍身边的朋友前来购买，这就变成了免费的品牌代言人，免费帮忙做宣传推广。

淘宝店铺渠道是传统的电商也是正规的电商，卖家可以利用淘宝店铺来做好微商营销。

- 计算出自己发展微商产业，在引流、推广、学习等广告渠道的费用。
- 合理安排费用，将50%的费用花在淘宝店铺里。
- 费用怎么花？例如店铺引流、店铺推广、店铺学习、店铺运营、店铺成本等地方。
- 很多做微商的朋友都试过在自己的朋友圈，点赞发红包、点赞送产品、转发二维码送产品、团购、免单等，这些都是淘宝店铺里面的套路，在朋友圈做的同时可以结合淘宝店铺来做。具体实操的关键点：一要有专门的微信；二要有专门的淘宝店铺（天猫也行）。
- 要送的产品，都通过淘宝店铺来处理，这样既做了引流又做了成交数据，只要有一点淘宝运营基础的朋友都认为这是补单，但是这个都是有真实成交存在的。
- 将有销量的宝贝通过报名淘宝官方活动的方式，来提高店铺的流量，这些费用都是在微信广告渠道里出。

只有结合带流量的平台店铺，才可以让自己的微商模式走得越来越好。所以做微商，想要赚更多的钱，有更多的发展机会，还需要结合电商平台来做，淘宝店铺就是一个很好的辅助营销方式。

### 9.1.4 微商提升产品转化率的窍门

微商的成交，80%来源于微信，包括微信朋友圈、私聊、社群、群发、公众号等渠道；20%来源于平台工具，包括微店、有赞、淘宝等。客户的第一次成交基于相互的了解或者好奇心理，那复购率如何去把控？我的理解就是靠产品质量，产品质量包括以下几个方面。

- 产品的基本资质证书必须齐全，由正规厂家生产。
- 产品的商标权必须已经落地。
- 产品的质量保障必须得到相关部门的认证或认可。
- 产品的价格统一。
- 产品已经被允许在市面上流通。
- 公司企业资质证书齐全。
- 特许经营的产品，必须要有相关的特许经营权。
- 有个别的产品，需要购买相关商业保险。

我认为微商成交提升20%的小窍门在于服务——个性化的服务。例如，我在跟一个种山药的朋友聊天时，了解到他家自己种了60亩山药，而且自己办了一家合作社，合作社里也有100多亩山药。那他的服务是怎么做的呢？其实，他也在走微商渠道，他做微商的过程如下。

- 完好无损的包装及快递保障。
- 重量有保证，宁愿多几两也不少1克。
- 客户收到山药后，只要投诉山药坏了、被快递弄坏了等情况，不解释，要么重新发货，要么全额退款。
- 价格不打折，就那么几块钱利润，打折就不卖了。
- 不掺假货。
- 保证装箱山药的长度。

具体地说，他是依靠以下这些服务来提升成交率的。

（1）基本的服务。指产品使用问题的服务。这是作为微商应该做的服务，做到了这点，客户会认为你的为人靠谱。例如，客户在你这里购买了一箱山药，你可以告诉客户山药的详细食用方法及一些注意事项，包括使用的流程等。

（2）关联的服务。指与产品相连的服务。如果你做到了与产品相关联的服务，那么客户自然会认为你的服务很好。例如，客户买了山药后，定期提醒客户记得食用等。

（3）增值的服务。指跟产品无关但跟人品有关的服务。做到了这点，客户会认为你的人品好，你和客户之间不再是简单的买卖关系，而是朋友、兄弟关系。例如，线下见面吃饭、在外旅游给客户带一些礼物、客户生日寄一些礼物、帮助客户转发一些信息等。这相当于做一单生意交一辈子的朋友！

最后关于提升 20% 转化率的窍门，我总结为三个方面：好产品；好服务；好人品。微商做到了这三点，想提升转化率就简单方便了许多。

### 9.1.5 微商如何走进客户的心里

目前，微信活跃用户已超过 10 亿，就如我们经常所说的，哪个工具的使用人数最多，就用哪个工具来卖货，这是永恒不变的定律。微信的核心价值在于更方便地帮助人与人、企业与用户以及人与设备之间建立连接。找到客户就是让企业与客户建立连接。那么，怎么找到自己的客户呢？

首先要明确自己的客户群体，然后想办法使用微信与其建立连接。例如，在微信里，可以通过通讯录、雷达加朋友、附近的人、漂流瓶、摇一摇、加群好友或好友互推等渠道找到自己的客户，如图 9-3 所示。还可以利用第三方网站、社交平台、百度的一些类目、QQ 等。

图 9-3　微商寻找客户的渠道

寻找客户，其实就是与原来跟我们没有关系的客户建立关系、产生关系再到形成关系的一个社交过程。其实和线下销售、业务推广、跑市场的方法一样，是从不认识到认识,从认识到谈生意,从谈生意到生意的那些事儿,最后到朋友关系的一个过程。

朋友圈也是从弱关系社交开始,刚刚建立的关系只是一种弱关系,这时候的营销推广不能操之过急,需要经过持续不断地与客户互动,才能逐步将弱关系转为强关系。

只有走进客户的心里,才能与客户产生联系,你可以这样做。

➢ 弱关系强化,走进客户的心里是核心任务!
➢ 找到客户的兴趣点,制造与他/她的接触点。
➢ 每一个接触点的产生都是一次跟客户的沟通和互动,能让客户更进一步去感知其品牌。
➢ 沟通互动。根据不同客户的喜好、年龄、区域、性别、消费能力等,将客户进行细分,针对每类客户做好价值内容的推送,尽量将骚扰信息减少到最低,最大化客户的体验。

微营销的重点是内容,而内容少不了广告。这里需要注意的是,广告不能直播,只能靠插播。这样得到的效果才会更好。

怎么达成交易,需要走进客户的心里,了解其需求。如何走进客户心里?可以通过如图9-4所示这几个方面来做。

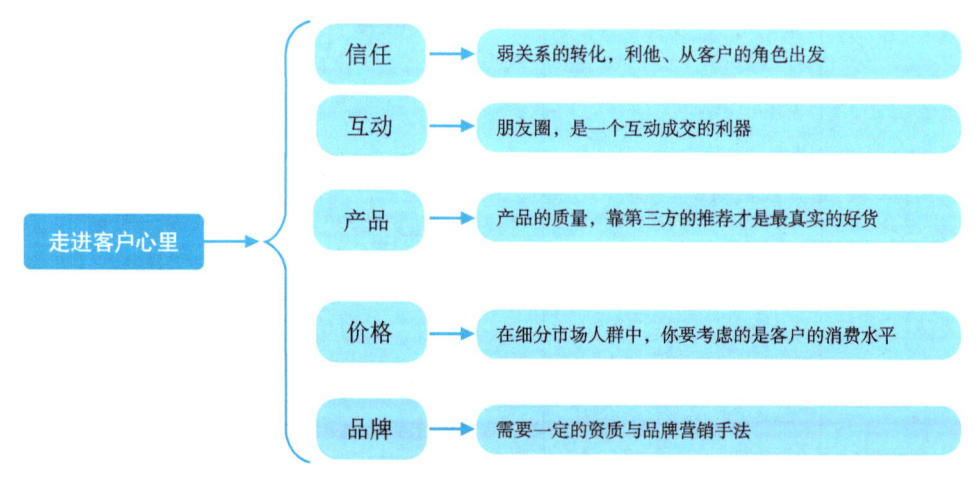

走进客户心里
- 信任 → 弱关系的转化,利他、从客户的角色出发
- 互动 → 朋友圈,是一个互动成交的利器
- 产品 → 产品的质量,靠第三方的推荐才是最真实的好货
- 价格 → 在细分市场人群中,你要考虑的是客户的消费水平
- 品牌 → 需要一定的资质与品牌营销手法

图9-4 走进客户心里

个性化服务是最好的营销,比任何手段都更容易带来成交。

与客户相处需要注意节奏感，互动交流要把握好分寸，客户也需要你的关怀；成交后，客户会对你产生依赖，并且会被你的服务所吸引住。卖家如果想要客户复购，就要提供个性化的服务。

### 9.1.6 微商调动朋友圈互动的方法

有人说，我的原创很有价值，所以适合做营销；有人说，我的产品很有价值，所以适合出来卖；有人说，我的团队很厉害，所以适合走大货；有人说，我的言语很具感染力，所以适合做老大；有人说，我的品牌很好，所以适合卖货。

最主要的还是让客户先说，当我们把软文、朋友圈广告、微博广告、营销手段等方式方法发布出去后，可以让客户先说产品如何，给我们好好评价一下，这才是营销的开始。

例如，我们走在街上，可以听到摆地摊卖货的人说："走过路过不要错过，全场打折促销、厂家倒闭、不是好货不要钱"等话，最后你会发现，这些话可能都是假的。

又例如微信朋友圈的广告，同样的道理，说得天花乱坠，大多也是在吹嘘；要让客户知道你是在卖产品，卖什么产品，怎么卖的就够了。其实营销就是针对有需求的人来开展工作。

互动，就是需求的互换。例如，我们是卖家，那需求就是把货卖出去换钱；而买家的需求是花钱买到好货。如果不互动，你就无法得知对方的需求，需求是通过互动问出来的，你可以通过提问的方式来获取。

- 您了解产品吗？
- 您了解我们吗？
- 您了解您自己吗？
- 您想要什么？
- 您有什么疑问？
- 您需要我们帮您解决什么问题？
- 您觉得您在乎价格还是在乎价值？

这样的提问只是一部分，只要你会问、懂问，你就有了互动。通过与客户的互动交流，你会获取到一些你想要的信息，再抓取主要信息进行产品营销就可以了。

对于微商来说，你加的好友，每一个都了解了吗？主动去互动过吗？主动到他朋友圈点赞评论吗？主动私信拉家常吗？如果没有，赶紧去做。其实朋友圈的好友也有需求，只不过他们在默默地看着你们刷屏、晒钱、晒货，他们不知道选什么、选哪家的。

每个人都有自己的需求，只不过你不知道而已。

客户的需求可以被现实化、量化。从客户购物心理学分析，其实很多客户对自己的需求不太了解，例如，到了冬天，客户需要买保暖的衣服来穿，但是衣服的款式有很多，这时顾客的购物心理就会被现实化、量化，究竟是买漂亮点的还是买保暖点的？是买品牌的，还是买布料好的？客户的购物心理学，需要互动才可以量化、现实化，通过互动才会得知客户的需求。

### 9.1.7 微商好客服是怎么练就的

从心理学的角度来讲，成交能否成功很大一部分取决于话语。作为一个微商，怎样的话术才能更好地成交？一个微商好客服人员是如何练就出来的呢？

> 最好是"90后""00后"。年轻人聊天总是充满活力，而且对于网络用语也非常熟悉。

> 要高颜值。现在是一个看颜值的时代，高颜值的客服人员往往能给客户好印象。

> 要会聊。与客户聊天时，要不断地通过互动来获取客户的需求，活跃气氛，所以会聊的客服人员一般成交都不会太差。

> 懂干货。作为一个微商客服人员，不仅需要了解产品的知识，还需要延伸到产品周边知识，这样客户会觉得你懂得东西特别多，自然就容易信任你。

> 要会玩。聊天需要懂得技巧，引导客户按着你的计划走。

> 懂调侃。适当的调侃有助于活跃气氛，不至于尴尬。

> 要成交。聊天归聊天，最后的目的还是得到成交上来。

> 会说昵称。例如宝宝、亲爱滴、亲、小仙女等。

学会购物心理学，能让你快速获得客户信任，最终达成交易。例如，我们自己购物时，包括逛街，总是千挑万选，还买不到好看的东西，因为我们对自己的感觉抱有怀疑，对店家导购或者客服也有些不信任。

一般导购员不管你穿她家的衣服好看还是不好看，首先就是夸奖一顿，让你觉得这件衣服就是为你量身定做的，完美地衬托出你的气质。但其实这都是她们的常用话术，不管谁来试穿都一样，所以无法形成客户信任。

当和朋友去买东西时，会询问朋友的意见，此时自己觉得不错又得到了朋友的赞同，那么这件东西基本被锁定了，这就是被信任代理，只要店家稍微夸一下，马上就能成交。

做微商也是一样的道理，要做客户的信任代理人，只要和潜在客户打成一片，充分了解客户，客户就会告诉你他的需求。

对于卖产品的人来说，客户就是上帝，所以就需要"哄"好你的客户。事实上，"哄"也得有技巧。体现在语言组织、充分利用收藏的图片和表情、对客户有黏性等方面。一切微商都是从成交开始。

每一个人都有自己的群体、圈子，如果你成交了一个客户，并且获得了信任，那么就相当于获得了他这个圈子的信任，口碑、传播、社交，就是这样来的。

一个强大的客服人员，需要很好的心理素质，并不是每一个人都可以被你"哄"好，面对任何具体的事情时，都需要稳扎稳打。

### 9.1.8 微商如何打造个性化品牌

做微商，在微信朋友圈，你需要把你的名字、来自哪里、以前做什么等信息，通过 100 字来简单介绍自己，如图 9-5 所示。

图 9-5 微商人的朋友圈

不仅仅只有朋友圈介绍，还需要通过私信介绍，加新好友介绍，不断重复的介绍，这样才可以加深好友的记忆，让你进入他人的特别记忆区。

首先，你要取个好名字，注意别加太多的符号、英文。能用自己名字解决的尽量用名字解决，不能的就用产品相关属性来解决。

其次，定好微信名之后，需要看你的微信头像，用自己的照片来当头像，会增加你的信任度，如果连头像都不敢用真实的自己，怎么被信任？所以，还是要真实点，通过人物形象可以看出一个人的诚信度。

最后，你需要告诉客户，你卖的是什么产品，产品的具体功效是什么。可以拿带标签的产品送给客户，做微商，舍得才能赚钱，送产品比发红包的广告效应更好。只有客户体验过了，你才有机会再次卖产品。

如何打造出你的个性化品牌？你需要将你的个人形象展示出来，得体的个人形象可以给客户留下良好的第一印象。如何展现你的个人形象？可以通过个人打扮、交通工具、出现场所等，这些都可以体现出你是一个什么样的人。

做电商需要高智商，做微商需要高情商！个人形象，其实是一种造势手段，这个最好不要造假。打造一个专家的形象，有气质、有内涵、有气场、有才华，你才能成功打造个性化品牌！

## 9.2 微信营销：快速引爆你的人脉

前面了解了微商模式，其实做微商的朋友，大部分是利用微信这个平台来营销，朋友圈、社群都是最常见的微信营销方式，通过发广告、发文案、分享干货，快速获得用户信任。

本节便着眼微信营销，从真实案例、实操方法等多角度切入，让卖家掌握微信营销的特点、方法、误区等，借力微信营销，找到自己的精准用户，从而在众多的竞争者中快速引爆自己的人脉。

### 9.2.1 微信营销的三大特点

现在是网络经济飞速发展的时代，微信营销是个人或者企业营销模式的一种，是伴随着微信的火热而兴起的一种网络营销的方式。微信营销，其实就是对人的营销，能把自己推销出去，那么推销产品也就不难了。现在的微商主要就是利用微信，为客户提供所需的产品，形成点对点的营销。

做微信营销，需要明白微信营销的 3 大特点是什么。

（1）区别于淘宝。首先微信不同于淘宝，它是一个封闭的平台，没有淘宝搜索、没有竞价、没有排名。如果微信没有好友，就算有再好的东西也卖不出去。所以，拿着做淘宝的思维来微信卖东西是错误的。

（2）营销手法。微信是建立在朋友圈基础之上的，一般的交易通过支付宝转账或者微信转账即可，如果没有朋友圈这层信任，则很难实现转账支付。

（3）精准为王。正因为没有搜索，没有竞价和排名，又有5000个的好友数量限制，如果你没有把加精准好友放在第一位，等好友数量满了之后，你将面临着删精准好友的可能。

### 9.2.2 利用微信端销售破零

微商如何利用微信端销售破零？首先需要让朋友明白你为什么要卖这个产品，从微信聊天到微信销售的过渡技巧如下。

（1）告知原由（你想干什么）。产品角度出发（产品的卖点）；个人的激情（跟上时代的节奏）。

（2）分享个人体验。从产品角度出发，分享使用产品之后的真实感受；跟紧时代步伐，人们最怕跟不上时代的变迁。

（3）告诉大家我想赚点钱。好产品要推荐（产品角度）；想赚钱永远不丢人（事业角度）。

给想体验的朋友送优惠，例如返现。

> 通过淘宝购买的朋友，微信返现。
> 通过微信购买的朋友，微信返现。
> 通过其他平台购买的朋友，同样也给微信返现。

返现时要求真实反馈至客户的个人微信上，这样做的好处有3点。

> 反馈个人微信会得到真实的信息。
> 这些信息可以自由处理。
> 与客户的关系更加亲近。

要想利用微信做到销售破零，那么需要了解微信发布信息的最佳时间。

（1）00:00。是一个深夜的突破（发一些思考）。

（2）07:00~08:00。上班时间看新闻（发一些热闻）。

（3）12:00~13:00。午饭后，看趣点（发段子）。

（4）14:00。发关心（刚睡醒求安慰）。

（5）16:00。发情怀（我有个奇葩的事情，谁能帮我解决，例如我想约人吃饭，不知道吃什么）。

（6）18:00~19:00。发吃饭的现场，勾引别人的胃口。

（7）20:00。发个产品（例如饭后吃水果、饭后骑行、饭后洗脸等）。

（8）22:00。问候一下大家，在干些什么。

其他的时间，你需要去点赞、互动、关心客户，不要让客户忘记你的存在。一周开展一次朋友圈点赞发红包活动，或者线下请吃饭、送产品等，做一次生意交一个朋友，不断地给客户发福利、互动，加强与客户之间的联系，增加黏度。

### 9.2.3 用微信做好客户服务

有人用微信来卖产品，一个月100万流水；有人用微信来交友，好友5000+；有人用微信来做社群，10多个500人的群；有人只是把微信当作普通的交流工具。这些都是人们用微信的目的，但是，微信你真的会玩吗？

微信其实是很好的聊天交流工具，互联网的碎片化，让微信的使用人数越来越多，很多人都有一到两个微信号，有人用它卖产品，有人用来做简单交流，但是我们不能否认，微信确实很方便。

微信最基本的功能就是聊天，并与多人群聊（见图9-6），除发送文字、视频、图片外，还可以语音聊天（见图9-7）。另外，微信还有朋友圈、支付、缴费等其他的附属功能。这些功能告诉我们，怎么能让交流变得更方便。

对于客户来说，添加你为好友，说明他们认可你，当我们以某一个客户为主时，应该如何发朋友圈？

- 1~2条的正能量。
- 1~2条产品核心功能介绍。
- 1~2条时事热点新闻。
- 1~2条关怀，最好与产品相关。
- 1~2条娱乐信息，加强与客户之间的联系。

以客户为中心的社群建立起来时，就需要考虑做成什么样的社群。例如，做成以下类型的主题社群。

- 按产品中心为主题做社群。

图 9-6 群聊天　　　　　　　　图 9-7 微信语音聊天功能

> 按地域中心为主题做社群。
> 按文化中心为主题做社群。
> 按代理中心为主题做社群。
> 按促销活动为主题做社群。

社群是维系客户关系的重要工具，也是做传播、广告等的最好渠道。微信营销的基础是维持客户的关系。建议把 99% 的时间都用来培养客户的信任度，暂时忘记销售；天天促销，不如花 29 天的时间来培养客户，用 1 天的时间做促销，效果更好。只有关系到位，卖什么产品都会有客户与你成交。

### 9.2.4 用朋友圈打造强关系

随着做微商的人越来越多，竞争也加大，所以很多微商都比较急功近利，朋友圈的广告刷屏，导致他们不但卖不出去产品，还堆积了一大堆货，跟朋友的关系也越来越远。

出现这样的情况，微商该如何改变呢？这就需要利用朋友圈来打造强关系，拉近与朋友之间的距离。

> 在朋友圈展示自己,每天分享自己的生活。
> 分享自己的收获,让别人感觉距离很近。
> 让他人相信你在做一件事情,而且要把它做好。
> 多去互动、交流、点赞,让好友知道你有好的产品推荐。

信任,最核心的是怎么做一名专业的买手,让别人信任你是专业人士,推荐的是好产品,不过前提是必须要保证产品质量没问题。

了解利用朋友圈分享东西来经营朋友关系,但是有的人会问,怎么分享才适合?文案怎么写才对朋友的胃口?分享可以让朋友更加了解你,增加曝光率,但是需要拿捏什么该分享,什么不该分享。

### 1. 分享生活、娱乐

做微商不是只会发广告,而是要学会加一点生活的内容、娱乐,这样才显得更真实,更可信。

### 2. 分享人生哲学感悟

这方面可以分享我们平时做人做事的心得、看书的读后感、对待问题自己解决后的感觉,或者是平时忙微商工作的一些实际情况等,这些都是分享的一部分。

如何分享?就是写出自己的感受。例如,今天我参加了什么微商交流会议,自己有什么想法,对自己今后的工作有什么帮助,自己应该怎么应对策略,自己参加大会的一些现场咨询等。

### 3. 分享高手的经验

作为一个做微商的资深人员,应该懂得分享自己的经验。帮助别人就是帮助自己,就要将自己的经验分享给他们,让他们从你身上学习到经验,并且获得提升,成为像你这样的人。

每个人的经验都是宝贵的,都有值得学习的地方,哪怕自己不是高手,也可以分享一些新手成长的过程,如怎么拿下第一笔交易、怎么突破业绩等。

### 4. 分享好产品

这个也是需要分享的,当我们拿到一个产品时,首先不要抱有随便发文案及图片、成交看缘分的心态，这样的方式是不可行的。

好的产品，是需要自己简单组织、简单描述的，加上实拍产品图片，最好自己能跟产品合影，这样才是最真实的分享产品。全是广告的朋友圈，不仅朋友会烦，自己也会烦，如图9-8所示。

### 5．分享时事热点

这需要大家对当下时事热点的抓取，如果不会找，建议多看新闻。具体怎么分享，千万要记住一点，朋友圈疯转的图片，尽量少发；如果发了，也需要配上自己的看法与见解，这样显得自己更有内涵。

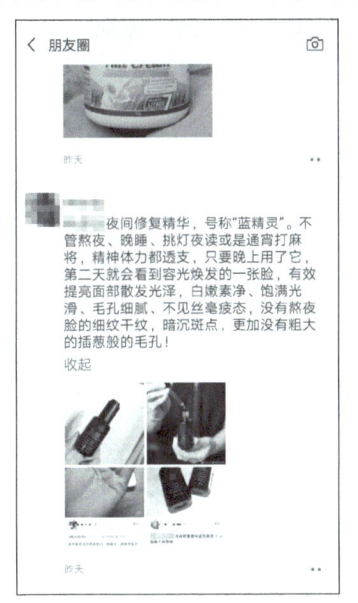

图9-8　朋友圈分享产品

用分享思维来打造自己的朋友圈，比发广告效果好得多；用分享思维来发广告，比硬广告好用；用分享思维插播广告内容，比同一文案好用；分享，其实就是我们生活的一部分，利用朋友圈分享，可打造与客户之间的强关系。

## 9.2.5　用社群圈住精准客户

前面我们讲到了社群有好几种主题，在你想做社群的时候，必须要定位社群类型，让有共鸣的人聚集在一起，不仅可以让你更方便地卖产品，而且通过交流，你可以获得更多的资源。利用社群营销，抓住你的精准客户。

有的人会不明白做社群对卖产品有什么作用，其实互联网社群的作用很多，主要包括：交流主题核心，互动平台，传播信息，价值取向，共鸣，兴趣。

而社群的形式也非常多，包括：培训群，淘宝新手群，团购、拍卖群，红包群，产品群，优惠券群，淘宝客群，清货、换货、秒杀群，旅游群，美食群，公益群，宝妈群，"90后"交流群，瘦身减肥群，讨论群，分享群，等等。通过这些社群，让许多做微商的朋友们可以快速找到自己的精准客户。例如优惠券群，如图9-9所示。

例如一个淘宝新手聚集的社群，起初的定位是微博运营、淘宝运营，但是经过一段时间的运营之后，想要更新定位，那就需要思考这个社群究竟是用来干什么的，是让新手玩好微博？还是让新手开一家能赚点小钱的淘宝店？

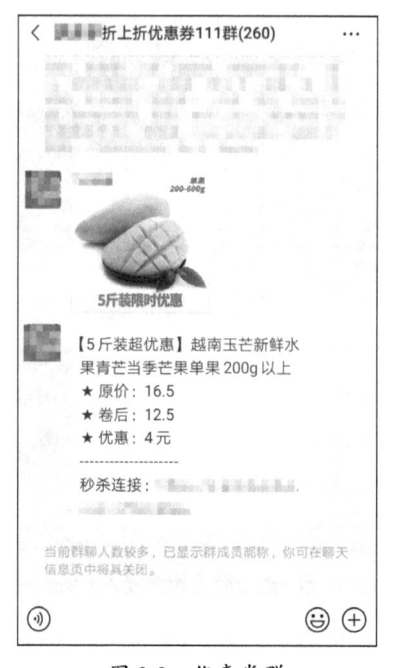

图9-9　优惠券群

要弄懂淘宝新手们的需求，对于已经在赚钱的淘宝店主来说，就可以不用加入这个社群，因为该社群是针对新手建立的。新手机淘宝宝店家们想要把店铺做大，赚点小钱，就必须要多做活动，懂投资、懂把握、懂取舍、懂内容的运营、懂社区的运营、懂感恩老客户、懂对接一切问题等。

不断地在社群里分享自己的经验，分享干货，让群里的好友能获得知识，解决他们的需求，这样他们才会牢牢地被你抓住。

做社群的好处非常多，但是经营不到位，社群也会出现下面所说的这些问题。

（1）群成员之间信息不畅，沟通成本高。这几乎是所有社群存在的问题，大家在社群里看到彼此的信息只有"地方＋职业＋名字"类似的简单格式，根本没法对彼此产生了解。如果跟每个人花一分钟时间来了解，500个人的社群就得花近十个小时，导致沟通效率很低，无法立马找到你要找的精准客户。

（2）社群运营缺乏体系化。有的社群活跃度很高，那是因为群主本身有点威望，而且愿意花很多的精力去打理，所以能够维持比较高的活跃度。但是当建立两个群，甚至更多的群时，群主就会分身乏术，此时群主会招募一些志愿者进行社群管理，这些群管们单纯地为了活跃而活跃，忘了大家聚在一起的初衷。所以，想形成一定规模的社群，就必须体系化，有一套自运行、可复制的机制。

（3）缺乏激励机制。一个优质的社群离不开3个要素：好的激励制度、内容创造者、优质群管理者。目前基本上所有的社群内容创造者是社群组织者，群成员输出优质内容也是零零星星，根本玩转不了。问题就出在没有一个激励制度，激励是要实实在在，而不是客套话。

所以针对内容创造者、群管理者、活动发起者和其他群成员，需要划分一个价值闭环，给做出贡献的人足够诱惑的激励，让大家有互动、有做出贡献的积极性。

（4）缺乏一个高效的沟通方式。微信群聊天中存在一个很大的问题，就是很难深度交流。由于这种低效的沟通方式，以及缺乏很好的组织性，所以一些有深度的人在群里面不会很活跃。

（5）以个人利益为中心，注定无法调动大家积极性。很多社群打着中心化的口号，实际上还是服务于个人的利益。例如，不让别人发广告，但是自己却在发广告。人都是自私的，如果只是为自己服务，那又如何激发所有人建设社群的积极性呢？所以，想调动大家的积极性，就必须建立一个为群成员服务的群。

## 9.2.6 微信营销的八大误区

现在的微商都是利用微信营销来推销自己的产品，微商的数量每年都在增加，但是真正赚钱的却没有这么多，为什么呢？因为是他们在做营销的过程中，没有用心地去经营客户，而是简单机械地发硬广告，让客户屏蔽、厌烦，甚至被拉黑。

在微信营销中，微商们一般都会出现如图 9-10 所示的八大误区。

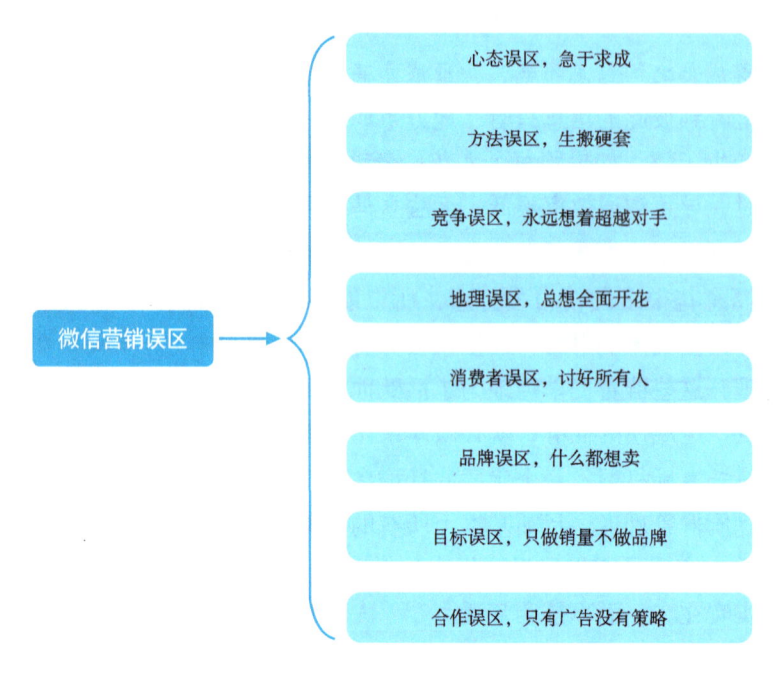

微信营销误区：
- 心态误区，急于求成
- 方法误区，生搬硬套
- 竞争误区，永远想着超越对手
- 地理误区，总想全面开花
- 消费者误区，讨好所有人
- 品牌误区，什么都想卖
- 目标误区，只做销量不做品牌
- 合作误区，只有广告没有策略

图 9-10　微信营销八大误区

## 9.3　微博营销：缔造微时代个人品牌

做微商除了微信平台，还可以利用其他的社交平台，微博就是一个很好的选择。微博不仅是一种流行的社交工具，对个人或者商家来说，它也是一种重要的营销平台。

本节便着眼于微博营销，从案例剖析、实务方法的角度介入，使卖家掌握微博营销的理念、方法、技巧，以更好地利用社交平台来打造自己的个人品牌。

### 9.3.1　清晰的头像、简单的名字

电商人士在做微博营销之前，首先要对微博有个简单的了解。虽然微博的发展时间并不长，但它给电商企业或卖家带来的营销力量却是惊人的。在互联网与移动互联网快速发展的时代，微博凭借其庞大的用户规模以及操作的便利性，逐步发展成为个人或者店铺微营销的利器，所以电商领域也能在微博上打造自己的影响力。

个人或者店铺卖家想要利用微博来销售自己的产品，首先要做到的就是诚信，除了上传真实的头像之外，还应该尽可能地完善资料的设置，只有这样，才能获得微博用户的信任。下面对微博资料的设置技巧进行具体介绍。

1. 头像

你的微博头像一定要真实，最好能够直观地体现出店铺、产品或品牌。比如，可以用品牌标识、店面或商品的照片等来作为微博的头像，这样可以让用户在搜索时对店铺或产品一目了然，便于区分其他的店铺或者产品。

例如，"春夏品牌官方微博""MAC 魅可"就是用自己的品牌 LOGO 做头像，清晰的头像让人一看就知道是卖什么产品的，如图 9-11 所示。

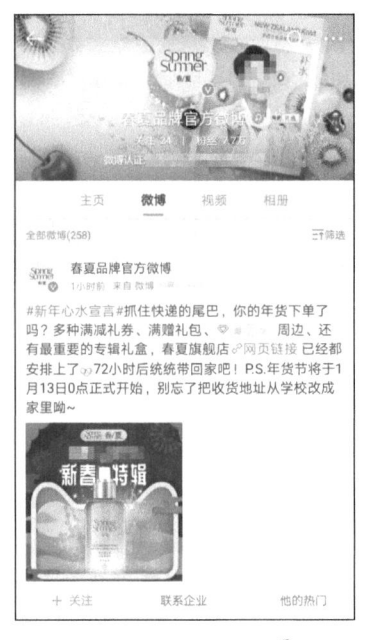

图 9-11　品牌标识的微博头像

2. 名字

在为品牌设置微博名字时，应该选择一个适合微博营销的名字，这样才能够让微博粉丝更好地记住你。因此，在设置名字时，一定要把握好原则和技巧。下面对微博名字设置的原则和技巧进行具体介绍。微博名字的设置有 4 大原则，具体内容如下。

> 字数不要超过 7 个字，最好控制在 4 个字以内。
> 在名字中要体现出品牌价值。
> 在名字中要体现出产品或服务的具体内容。
> 在名字中体现出明确的定位。

微博名字设置有两大技巧，具体如下。

> 在设置微博名字时，最好突出行业的关键词。为了获取更多被检索的机会，在符合用户搜索习惯的前提下，尽量增加关键词的密度。

> 在设置微博名字时，可以按照店铺名称来命名，或者以品牌名称来命名，例如，"森马"和 SNBL "森女部落"。如图 9-12 所示。

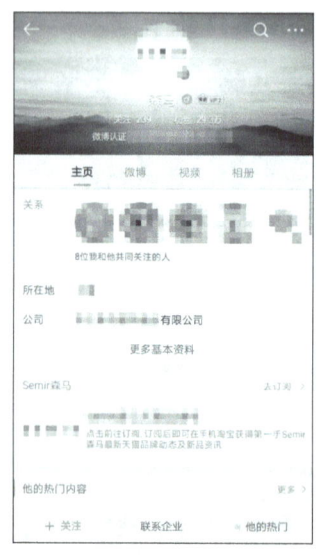

图 9-12 微博名字

总之，微博名字是展示自己的第一印象，名字的设置首先要考虑到搜索的需要，注意用户的搜索习惯。用户一般都是搜索行业或者产品，在名字中体现行业或产品可以方便用户快速地找到你。

### 9.3.2 要给自己的微博帖子定位

开通微博之后，每天都需要更新内容，发布新动态，经常活跃可以让你的粉丝常常看到你，那么对你的印象自然会非常深刻。但是帖子不是随便发的，你需要给自己所发的微博帖子定位，例如发什么类型的帖子，什么时候发合适，这都是需要技巧的。下面介绍微博发帖的内容选择。

➢ 选择140字短贴为主,这是展示量、阅读量、针对内容精简度最高的,因为这是微博的根基。选择最具影响力、传播力、变现力、吸引力的内容,并且以短文的形式表达出来,因为短文更能表达出精华所在。

➢ 选择长微博(头条文章),这是自媒体人需要表达的一些观点,也是微博官方推荐使用的签约自媒体的途径之一,玩好内容观点,对自己的聚焦专业有非常大的作用。

对微博帖子的定位,其实也就相当于对微博的定位。例如专做感情类、音乐类、美妆类、摄影类、电影类、美食类、娱乐类或时事热点类的,等等,你就专门发这类型的文章,如图9-13所示。

图9-13 微博定位

选择一个主题进行分析,再决定你的微博帖子定位。这样做的好处是,能够吸引到精准的粉丝,关注你的粉丝必定都是有着相同喜好的人,对于你的吸粉引流工作非常有帮助。

## 9.3.3 找到活粉才是最好的传播

微博粉丝量的多少可以反映出一个博主的人气,但是,现在微博上有很多人会买一些僵尸粉来冲粉丝数量,如果一个微博号里面的粉丝都是僵尸粉或者是活跃度非常低的粉丝,那么对后期的引流工作来说是非常不利的。

粉丝活跃度低不利于信息的传播。看起来有几十万甚至是上百万的粉丝的大号，如果每个帖子却没有多少评论数、点赞数与转发数，缺少曝光率与展现量，那么这个帖子也就没有太大作用。所以，找到你的活粉才有利于信息的传播，才能更好地推荐你的产品。

微博营销是一种基于信任的用户自主传播营销手段。当你在发布微博营销信息时，只有了解用户的兴趣并且取得用户的信任，才能够让用户愿意帮你转发、评论，进而使信息产生较大的传播效果与营销效果，如图9-14所示。

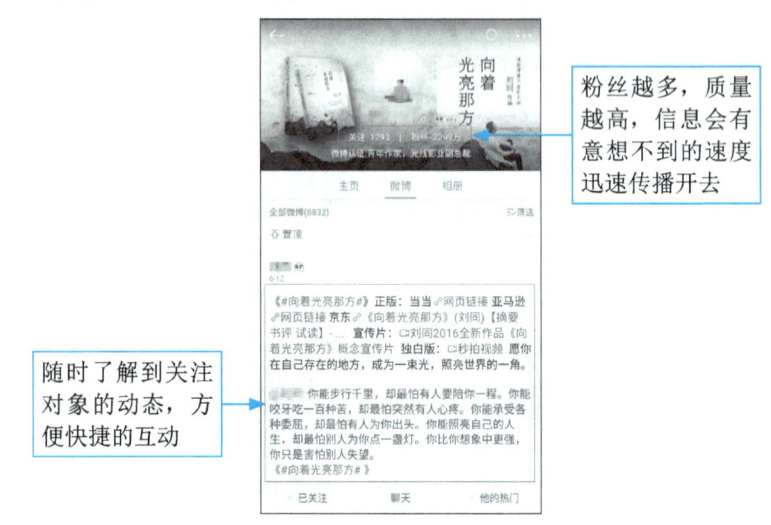

图 9-14 微博粉丝的营销力量

微博所处的不同阶段主要体现在微博的粉丝量上。要想提高粉丝量，首先要对自身微博进行管理，这是因为微博的每个账号都最多只能加2000个关注。在粉丝还没达到1000的时候，你就应该诚信互粉，当粉丝到了1000的时候，你就应该开始清理关注的人了，即把那些粉丝量少的清理掉，只留下精准的活粉。

想要找到活粉，你可以先通过发帖来试验一下，例如，发布一些原创的、有趣的、高质量的内容，不要发布一些没用的。通过这些帖子，你会吸引到一些相同爱好的人，他们对你的内容感兴趣，自然就会关注你，成为你的粉丝，这就是活粉。

你只要这样坚持下去，粉丝量就会不断增长。当然，要想进一步提高粉丝量，还应该掌握以下几点技巧。

➢ 坚持原创，多发布一些原创的微博，以吸引更多志同道合的粉丝关注。

- 经常更新微博，多发布一些有内容的信息，不要半途而废。
- 多组织活动吸引更多的粉丝加入，以提升微博的传播力。
- 多与粉丝进行互动，积极@别人并对其进行回复、转发、评论、点赞等。
- 积极向知名微博投稿，利用微博积极推广自己，增加粉丝的关注与支持。

除了发内容吸引活粉之外，还可以通过以下的途径来找到你的活粉。

- 多关注一些大V，必要时可以多转发专业大V的帖子。
- 做好互粉工作，你关注我，同时我也会关注你。

### 9.3.4 如何让你关注的人知道你

在微博上，我们一般都会关注一些自己比较感兴趣的人，例如明星、微博达人、工作室、摄影师、自媒体人等。关注了这么多人，如何才能让他们知道你的存在呢？想要让你关注的人同时也知道你的存在，你可以这么做。

- 活跃起来，如果自己还不能写原创，那就选择互动、转发。要有态度的转发，就像与朋友对话那样，该怎么说就怎么说，转发的时候说出自己要表达的意思。
- 私信，例如，我是新人，看到你的微博内容我非常感兴趣，想跟您学习，介绍自己是做什么的，等等，像发名片那样，如图9-15所示。
- 多评论，提高点赞数，让自己的评论上热评榜，这样被他看到的机会也大一些，如图9-16所示。
- 在大V的互粉帖下面勤快地关注别人并打招呼，例如在某某大V互粉帖下写"关注你，期待互粉"。
- 每天坚持互动30个好友，哪怕他没有关注你。
- 每天关注100人，哪怕他当时没有回复你，有可学习的干货你就持续关注。
- 多转发你关注的人的微博。
- 你在发微博的时候可以多@他，让他知道你，对你眼熟。
- 经常给你关注的人点赞。

通过这些方法，可以让你关注的人知道你的存在，从而达到互粉的效果。只有多在微博上逛，你才能积累粉丝，提高粉丝的质量与数量。

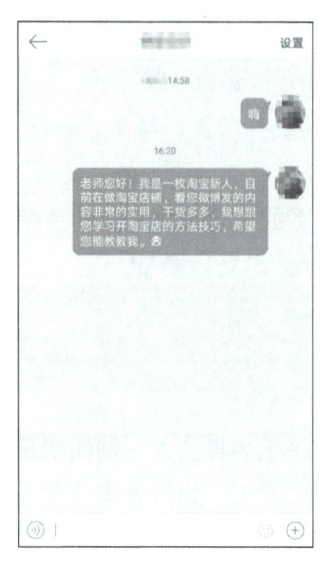

图 9-15　微博私信　　　　　　图 9-16　微博热评

### 9.3.5　微博帖子的设计与坚持原创

随着微博进入自媒体的红利时期，加上微信端朋友圈的暴力刷屏被好友屏蔽，进入微博这个平台的朋友会越来越多。在众多的博主之中，如何才能让自己迅速被用户记住？这就要求你的微博帖子要精心设计，还有就是坚持自己的原创内容。

虽然，微博的帖子被要求控制在 140 字以内，短小精悍，但是，要写好一篇 140 字以内的帖子也不是那么容易的。就微博营销来说，140 字既要包括产品或服务的所有内容，也要吸引用户以达到营销推广的目的，其难度可想而知。对微博的帖子进行撰写是有一定技巧的，只要真正地掌握好了这些基本的技巧，写好一篇微博帖子是不成问题的。下面对撰写微博帖子的设计技巧进行简单介绍。

**1．内容清楚，表达方式新颖**

在撰写微博帖子内容的时候，一定要将所有的信息表达清楚，还需要注意文字表达的话语口气。一般来说，微博帖子的话语口气不要太生硬，否则只会将软文写成硬广告，使用户产生反感。如果有必要的话，可以借助图像、音频或视频来配合帖子中的文字描述，如图 9-17 所示。

图9-17　微博帖子的表达方式

### 2．构思巧妙，具有创意性

你所发布的微博帖子一定要具有创意性。撰写微博帖子之前拥有一个巧妙的构思，才能够使帖子更好地吸引用户。而且发布的微博营销的帖子一定要让用户感觉到既有趣好玩又有利可图，只有抓住用户的这种心理，才能吸引更多的用户参与进来，回答相关问题并且帮忙转发。

除了学到微博帖子的设计技巧，坚持原创也非常重要。很多人在做微博营销时，很难做到内容自己原创，一般都是复制别人的文案，这么做的话，用户看你帖子的可能性就比较小，因为内容毫无新意，且跟别人的文案雷同，那么别人肯定会去看热度更高一点的文章，这样根本就没什么流量进来。

这就说明了坚持原创的重要性。每天坚持有那么一条原创帖，哪怕就一句话，能力强者可以多写包括视频的长文，都能让你收获颇丰，把微博的陌生人变熟人。如果能做到三七开最好（30%原创，70%互粉），因为信息只有传播才有价值，而传播需要靠共鸣之人来形成，做营销就是做传播，做价值的传播。

### 9.3.6　热门话题提升微博的价值

我们在逛微博时，会看到许多人发的微博内容中，都会带有#××××#这样的标识，这个标识就是我们所说的微博热门话题。热门话题是微博中最吸引用户关注的地方,一般当下出现了什么时事热点,都会有对应的微博热门话题出现。

例如在微博热搜榜单上,查看热门的话题榜,可以看到热门话题排行榜,单击"#经常戴耳机患噪音性耳聋#",如图9-18所示。

图9-18 微博热门话题

微博里有那么多热点话题,关于怎么使用话题来提高阅读量,我认为需要先了解微博话题的以下几个方面。

(1)话题的时效性。哪个时间段用什么话题很关键,因为微博实时热搜榜每10分钟更新一次。

(2)话题的热点性。每一个话题都有一个主持人,看他的粉丝基础如何,话题的关注粉丝如何。

(3)官方的推荐性。官方每天都有主推话题,关注新浪相关微博便可知道。

(4)与热搜的相通性。看热门搜索是否出现这个话题,这样搜索引擎便会给你带来很大流量。

(5)媒体性。是否有相关媒体报道,这个得去关注你聚焦的媒体才知道。

(6)炒作性。相关事件的炒作,最后都是有目的的,这点需要挖掘。

如果是自己建立的话题，该如何营销？我认为营销一个话题需要达到如图 9-19 所示的几点要求。

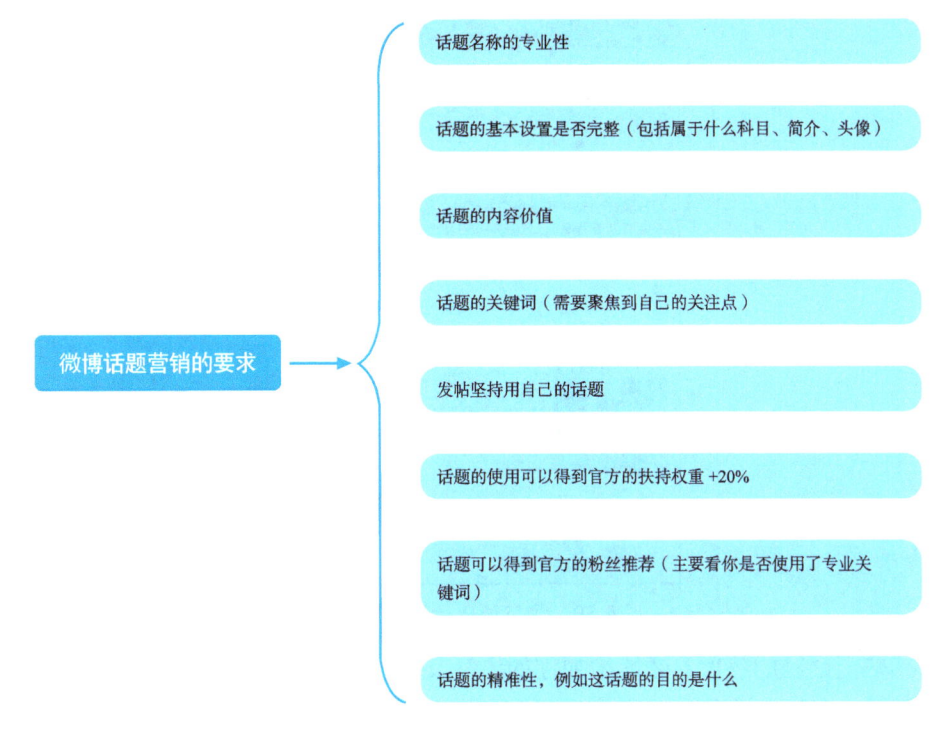

微博话题营销的要求：
- 话题名称的专业性
- 话题的基本设置是否完整（包括属于什么科目、简介、头像）
- 话题的内容价值
- 话题的关键词（需要聚焦到自己的关注点）
- 发帖坚持用自己的话题
- 话题的使用可以得到官方的扶持权重 +20%
- 话题可以得到官方的粉丝推荐（主要看你是否使用了专业关键词）
- 话题的精准性，例如这话题的目的是什么

图 9-19　微博话题营销的要求

自己创建了微博话题之后该如何经营呢？可以通过内容聚焦、内容专业、内容价值、内容表达、使用频率、黏性如何、认领主持、内容扩散、是否大咖跟踪、粉丝支持人数等方面进行。

有效地利用微博热门话题，进行营销推广，能让你的帖子更具价值。但是热门话题并不是在所有的时间段中热度都很高，它具有时效性。例如某一个热门话题，在刚出来的时候，大家都会讨论，但过了几个小时或者是一天后，热度就降下来了。

所以，在发帖子时，最好是抓住热门话题参与机会最高的时机，这样带有话题标识的帖子才会在短时间内推送给更多的活跃用户，如图 9-20 所示。

话题的使用很关键，适当时候可以得到精准的扶持，还能体现个人价值观，充分使用可以提高阅读量。

图 9-20 热门话题标识的帖子

蹭热门话题的热度，还能增加你的人气及粉丝数量。经常发一些带有热门话题的帖子，可以让你的微博内容展现在更多人的面前，获得更多人的认可，提升微博的价值的同时也可以提升个人价值。

### 9.3.7 提供的产品一定要靠谱

微博是个表达个人意见以及想法的很好的社交平台，也是一个很好做推广的平台，个人或者店铺都可以借用微博来向广大用户推荐自己的产品，推广自己的品牌。有些卖家会在微博上来推广自己的产品，在发布的微博内容中会放店铺链接，或者是产品链接，以此来增加店铺的流量，如图 9-21 所示。

但是，你所推荐的产品质量一定要靠谱，并且值得用户再次购买，因为微博是一个活跃用户非常多的平台，你推荐的产品也许会展现在千万人面前，所以，不要推荐假冒劣质产品。

靠谱的产品会让更多的人前来购买，认可产品质量的人会自发地转发你的微博，让更多人看到你的产品，如此累积下去，卖家就不用担心店铺没有流量、没有销量了，因此产品的质量非常重要。

第 9 章 借力微商：社交平台上的电商应用

图 9-21 微博推荐产品

### 9.3.8 用微博橱窗发布商品标签

大家都知道，现在微博在推广微博橱窗，也就是说，微博将是一个集社交和购物为一体的平台。微博的社交媒体属性与信息属性无缝衔接，为不少卖货的小卖家带来无数的机会。

微博橱窗在个人微博主页就可以看到，单击"更多"按钮，就可以看到该博主的微博橱窗商品数量，以及商品类型，如图 9-22 所示。

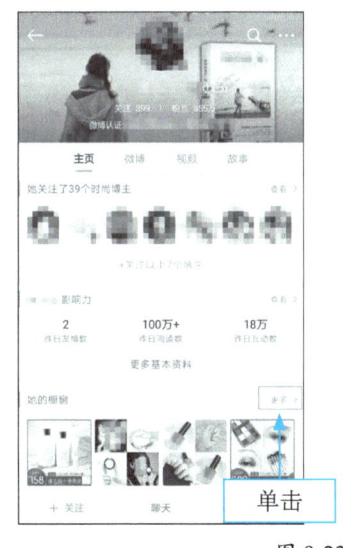

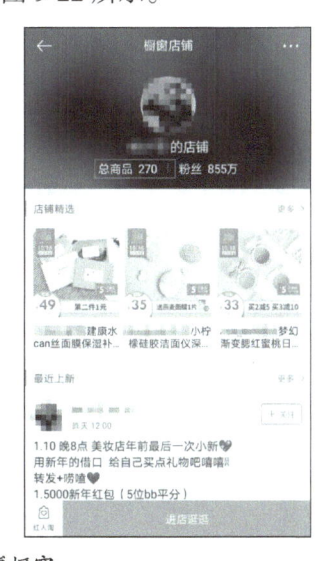

图 9-22 微博橱窗

首先，来了解一下微博橱窗的功能，它包括了商品展示、商品分享、商品评论、商品管理、商品图片云存储、数据统计、商品数据同步等功能。其次，再来了解下微电商达人的认证要求。

> 粉丝超过 1000 人。

> 眼光独到、品味一流，并且热衷于微博分享。

> 有在售商品或善于推荐优质商品（发过橱窗也可以）。

最后，作为一个新号，如何实现从 0 到 1 000 粉的目标呢？下面给读者介绍实操步骤。

（1）搜索微博互粉群。一定要是 1 000 人的互粉群，例如明星粉丝群、微博大咖粉群、兴趣群、价值群等。最好是去名人、大咖的微博主页，在下方的导航栏中单击"聊天"按钮，就会出现该名人相关的粉丝群，建议加 10 个群左右，如图 9-23 所示。

图 9-23　微博互粉群

（2）第一天完成 10 个群的加入。一天内完成 150 个互粉（互粉的对象：粉丝与关注相差不多的；粉丝量与你的差不多；微博互转帖较多的；常在线的），一个小时限量 30 个，再发一个微博橱窗产品。

（3）第二天继续互粉。互粉之后，发橱窗产品；按照这样的进度，大概 10 天左右就能完成 1 000 粉丝量。

与人互粉完，累积了一定量的粉丝之后，可以申请微博达人，让自己的微博变得更有价值。微博申请达人的流程如下。

> 关注"微电商攻略"微博。
> 私聊：达人申请入口。
> 点开入口：填写姓名、电话、支付宝账号。
> 上传微博橱窗商品的发帖截图，三张（可以是自己的，可以是别人的）。
> 填写推荐人。

这里需要注意的是发帖截图，很多人因为没有做好这一块，而没有申请成功。截图一定要满足下面几个条件。

> 发到微博的帖子。
> 该帖子是带微博橱窗商品链接的。
> 该帖子还附带产品图片（比如平时微博发帖带图片，这里就是带该产品的图片，最好是九张图）。

注意申请达人后不要轻易更改自己的微博名字，不然会被取消达人认证；而且不要轻易更改自己的支付宝账号，因为这是有补贴的。做完这一系列的认证流程之后，卖家可以利用微博橱窗来发布自己的商品，客户看到就能通过微博帖子的链接进到淘宝店铺购买商品，如图9-24所示。

图9-24 利用微博橱窗发布商品

# 第 10 章

# 新零售电商：重新构建人、货、场

电商的快速发展，让市场逐渐达到饱和状态，行业竞争压力不断加大，依靠纯电商的发展方法在未来越走越难，在这种趋势下，出现了"新零售"的全新电商模式。新零售的到来，重新构建了人、货、场，通过对线上/线下结合现代物流进行深度融合的这种新零售模式，让企业成功转型，来适应新零售时代的变化。

本章系统、详细地讲述了电商行业现状带来的新变化，以及各大企业进行新零售的尝试和新玩法，并配以丰富、典型的应用案例来进行说明。

电商变局：行业痛点和趋势解读
新零售时代，企业如何重构商业模式
零售新物种：未来零售的新玩法

## 10.1 电商变局：行业痛点和趋势解读

随着电商行业的不断更新发展，进入电商行业的人也越来越多，淘宝店铺的发展举步维艰，行业痛点也越来越明显，如用户体验的缺失、竞争压力大、推广费用高等，而这些痛点，会让电商行业迎来一个变局。

本节便着眼于电商行业变化，从实务方法、案例剖析等多个角度切入，使卖家深刻了解电商的新玩法，以及如何面对一个新的电商时代，让卖家们掌握行业新趋势，从而在众多的竞争者中崭露头角！

### 10.1.1 淘宝越来越难做了

随着2015年天猫招商新规的出台，定向招商商家入驻门槛提高，采取新思路，对服饰、化妆品、珠宝配饰、家用电器、鞋类箱包、3C数码、母婴、居家日用、户外运动等13个大类目定向招商。由于调整了招商标准，提高了准入门槛，也就意味着普通商家入驻天猫将越来越难，导致现在的电商人都说淘宝越来越难做了。

之所以淘宝越来越难做，是因为在互联网时代，电商的发展非常快速，市场已逐渐趋于饱和状态。在互联网发展时期，以下两个现象导致了网购平台的出现。

➢ 传统线下模式的不足，导致淘宝免费开商铺模式出现，很多商家纷纷前来参与，想从中分一杯羹。

➢ 随着移动智能手机的出现，更多的人喜欢在网络上购物，其中有一部分人是为了节省时间，足不出户就可以买到自己需要的商品。

随着淘宝商家数量的增多，竞争日益激烈，如价格竞争、商品类型的竞争等，如图10-1所示。

卖家们在进入淘宝时，都会想到有竞争压力，并且跟同行之间的竞争较量非常激烈。店铺运营者通过报名各种平台活动，以及店铺推广的活动，例如，免费用、半价出售、红包雨、各种优惠券、购物津贴等，想方设法地为店铺吸引流量，积累用户来打造自己的品牌，发展店铺。

但是，通过实施这些竞争手段，店铺能获利吗？仅价格战就让一部分卖家望而却步，为什么？因为打价格战的店铺如果没有一定的经济实力，很难持续下去，而那些小卖家们根本无法支撑下去，最后公司裁员，甚至面临倒闭。

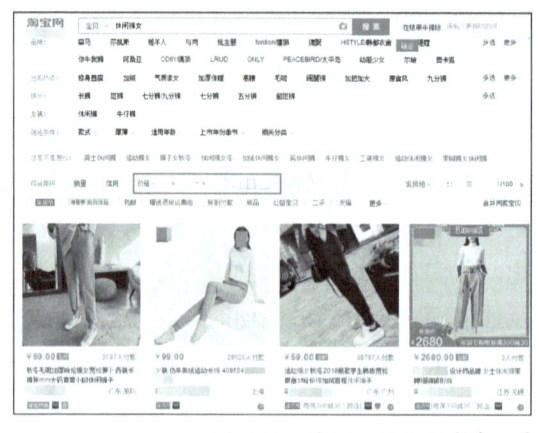

图 10-1　淘宝上的价格竞争、商品竞争

在电商经济形势严峻的情况下,卖家又不得不参与价格战,原因有以下几点。

(1)流量的驱使。通过做活动降价,有机会获得更多的流量,增加销量,在利益的驱使下,卖家自然会为了流量而去降价。

(2)同行的紧逼。例如,两家店铺卖同一种商品,而且质量相同,一家店铺价格低,另一家价格略高,那么很显然,用户都会去价格低的那家,这就导致价格稍高的那家店铺既没有流量,也没有销量。在同行的步步紧逼之下,不得不降低价格。

(3)平台的诱惑。平台的促销活动,可以为店铺带来流量,也能增加更多的展现,在这种诱惑之下,卖家自然会参加。但是一味地促销,为了与同行竞争而引发不良价格战,是不值得提倡的。所以,卖家需要另寻其他方法,来扩大自己的竞争优势。

在淘宝越来越难做的时候,卖家就越是要寻找机会,寻找新的出路。过去的淘宝,店铺商品种类齐全,类似于"杂货店";而现在的淘宝,专注小而美,旨在打造自己的个人品牌;而未来的淘宝发展,则是专注于提升用户购物体验。未来电商的发展机会可能在以下这些地方。

➢ 在社交平台发展快速的时代,人人皆可做微商,需注重社群营销。

➢ 纯电商模式最终会被淘汰,需要线上、线下相结合。

➢ 用户的消费观念在变化,逐渐转为理性消费。

➢ 新商业模式的出现,将给传统企业带来大变动。

## 10.1.2 电商 2.0 玩法变了

电商 2.0 是互联网的下一个热点和支撑，说明电商正在进入一个新发展阶段。在未来会有更多的发展机会，以及新的玩法，电商已经从消费互联网时代转向了产业互联网时代。电商的玩法随着电商 2.0 时代的到来，也有了一些变动，这个变动体现在以下两个方面。

> 营销方面从纯卖商品为主转向以广告为主。
> 价格方面从注重价格取胜（低价）逐渐过渡到注重用户的购物体验。说明未来商品不是卖家经营的主要重点，而是怎么提升用户的购物体验，从而打造良好的口碑。

电商 2.0 有下面两个核心点。

> 网络营销的产品定位，卖什么产品以及卖给什么人。
> 网络营销的渠道定位，通过哪些渠道来做营销推广。

电商 2.0 的到来，带动了很多新的引流方法，如直播、微分销、跨境电商、站内、站外等方式。

电商 2.0 的两个关键变化：移动电商、社交电商。电商 2.0 主要以这两个电商模式为主，而且移动电商与社交电商也是现在电商发展的趋势。在移动互联网的时代，大部分传统电商企业、传统的互联网公司都在朝移动互联网靠拢，原因是现在的用户越来越倾向于使用移动端来购物、社交。

所以说，电商人士要适应电商 2.0 带来的变化，掌握新的玩法，注重提升用户体验，利用各种社交平台来开展电商营销模式。

## 10.1.3 新零售时代到来了

电商 2.0 的变化，使得新零售的时代随之而来，不管是电商还是线下，零售行业都在经历巨大的变革，走入了新的阶段，那就是从零售到"新零售"。这不仅仅是一个字的差别，背后涉及更多新的商业场景、应用技术、供应链以及消费关系。

以互联网为依托，在人工智能与大数据的结合下，把用户的购物体验放在第一位，通过线上与线下相结合的新的商业模式，这说明新零售的时代到来了。

依托互联网的纯电商模式已经成为了过去式，淘宝上的低价商品已经不是用户购物的重点，用户现在更注重购物体验，以及商品所带来的价值。另外，远距离的运输造成了物流成本的增加，让很多卖家纷纷改变自己的商业模式。

新零售是对线上消费、线下体验以及与现代物流的深度融合。那么新零售体现在哪些地方呢？例如现在出现的共享单车、共享汽车、外卖和滴滴打车、无人门店、智慧导购店等。

## 10.2 新零售时代，企业如何重构商业模式

在新零售的冲击之下，企业为了顺应时代的变化，也要改变自己的商业模式，未来的电子商务平台会逐渐消失，将以线上、线下打通的形式，再结合物流，共同打造崭新的新零售时代。本节重点讲述新零售，从案例解析、实务方法等多角度切入，让企业深刻了解新零售的理念，以及新零售的玩法，帮助企业重构商业模式。

### 10.2.1 新技术的出现，塑造更多的新消费场景

随着消费升级和各种新技术的出现，零售行业被深深影响了，因此不管是线上还是线下的零售企业，都需要利用"新零售"模式和各种新技术来应对消费升级，满足新消费需求。

那么，新零售究竟是什么？答案并不是统一的，每个人都有自己的看法，目前并没有一个标准的说法。

说法1：新零售是一种全新的商业体系，可以满足各种新的消费需求。

说法2：新零售是"新瓶装旧酒"，其实就是O2O的一个升级版本。

说法3：新零售就是采用各种数字化技术的新工具，来让线上和线下进一步深度融合在一起。

说法4：新零售就是以消费者为中心，全面打通会员、支付、库存以及服务等方面的数据，构建一个"线上＋线下＋物流"的商业体系。

说法5：新零售＝新需求＋新技术。

不管是哪种说法，都可以看到"消费升级""新技术""线上/线下""大数据"等关键词。因此，可以说新零售就是在消费升级的时代趋势下，利用大数据、云计算等各种新技术来打通线上、线下，打造高效物流，创新整个零售业产业链，从而发起的一场商业变革。同时，新零售加速了实体零售企业与互联网的融合与渗透，未来单纯的零售行业将不复存在，而是一个相融共生的新商业生态系统。

随着各种新技术的出现，塑造出了更多的新消费场景，什么是新消费场景呢？"场"就是指购物环境，具体一点可以说是门店。对于门店的管理，零售商既要考虑到大的布局，也要考虑到小的环境。

所谓大的布局，就是指门店的地理位置，门店要在人流集中的地方，这样才可以为门店吸引足够多的客流，但通常在人流聚集的商业中心地区，门店都十分多，要如何从其他门店中争取用户是一个重点。

而小的环境，指的便是店内的场地、环境的规划，商品的摆放，再有就是让用户如何在店内逛得舒服、买得轻松，这是一个重点。

例如，饿了么推出"e点便利"，入局"无人货架"市场，该平台主要提供饮料、酸奶以及小零食等商品，甚至还可以扩展到熟食生鲜等产品类型，用户可以使用支付宝或者微信扫码付款，以此来满足用户更多元化、多时段、多品类的需求，如图10-2所示。

图10-2 饿了么推出"e点便利"

同时，借助阿里巴巴强大的物流体系，在配送和后端供应链方面，可以保障产品及时的更新和维护。

"e点便利"通过占领办公室的消费场景，抓住了白领人群的消费需求，为线下用户提供了更好的服务和体验。

## 10.2.2 全面打通线上云平台、线下实体O2O链条

新零售的出现，标志着纯靠线上店铺来发展电商的时代已经过去，在未来，将会以线上云平台、线下实体店全面打通的形式来发展电子商务，形成一个线上、线下一体化的O2O链条，为用户提供覆盖全渠道的消费体验。

只有线上、线下和物流结合在一起才会有新零售的产生。马云在2016年10月的阿里云栖大会上的演讲中第一次提出了新零售，"未来的十年、二十年，没有电子商务这一说，只有新零售"。

所以，未来的时间里，新零售才是电商发展的新方向，企业可以建立自己的线上云平台，让用户在线上消费，线下实体店体验，完成商业模式的升级。商家需要同时对接线上店铺与线下实体店、加盟店或合作店，打通各零售渠道，为用户提供满意的服务。

例如苏宁云商，苏宁是国内大型的商业零售企业，线下有自己的实体店，在线上也入驻了天猫店铺，另外还有企业官网，如图 10-3 和图 10-4 所示。

图 10-3 "苏宁易购"实体店

苏宁易购官方旗舰店　　　　苏宁易购官网

图 10-4 "苏宁易购"线上云平台

苏宁依托线上/线下多渠道相融合的优势，为用户提供更好的购物体验和令人满意的服务。苏宁易购强化线上店铺与线下实体店的同步发展，不断提升网络市场的份额。

随着人们生活水平的不断提高，物质要求也逐渐提高，用户的需求也在不断变化，新零售是电商时代发展的必然趋势，新零售将带给人们更多的惊喜以及更方便、快捷的美好生活体验。

### 10.2.3 升级改造生产、流通与销售业态结构

新零售是以互联网为依托，通过利用大数据、人工智能等一些先进的技术手段、方法，来对商品的生产、流通以及销售过程进行升级改造，进一步重塑业态结构与生态圈，这些升级改造也可以说是新零售对"货"的重建。

"货"就是指货物、商品。零售行业对货物的管理大致有寻货、进货、补货、定价这几个环节，这些环节一同构成了零售货物流通的流水线，在这样的一个流水线中，对货物管理的效率和成果是至关重要的，因为零售商是需要通过了解这条流水线中的数据来做出决策的。

如果让每一件货物都有二维码作为标识，那对货物的管理无疑会更加轻松，整个流水线环节中，二维码可以方便商户记录和分类货物信息。而在商品的销售中，商户也可以通过用户的扫码信息统计到市场数据，从而去分析用户的消费趋势，进而对之后的销售方向进行决策，也可以据此打造爆款商品。

通过"货"的重新构建和升级改造，企业可以更方便地对商品进行管理，与传统零售行业相比，新零售对"货"的重建，其优势在于通过整个线上、线下融合，利用先进的技术，对商品进行更全面、更高效的管理，为企业节省了大量的人力、物力成本。

### 10.2.4 深入融合商品配送与现代物流技术

打通了线上/线下渠道，企业还需要将商品配送与现代物流深入融合。随着新零售的发展越来越完善，电商平台将会逐步消失，强大的物流系统可以将线上云平台与线下的销售门店或生产商完整地结合在一起，从而消灭库存，减少囤货量。

例如，京东X事业部推出的智慧物流实验室，就是一个由机器人、人工智能算法和数据感知网络打造的全流程智能无人仓，将商品的入库、存储、包装和分拣等工作全部交给机器人来处理，如图10-5所示。

刘强东曾说："未来，零售的基础设施将变得极其可塑化、智能化和系统化，推动'无界零售'时代的到来，实现成本、效率、体验的升级。"

在物流配送方面，京东推出的配送机器人，已经在中国人民大学顺利完成首

单配送任务，如图 10-6 所示。京东以人工智能为核心打造的智慧物流体系，不但可以提升物流效率，同时还能够让用户的购物体验得到很大程度的改善，重塑整个物流行业的新格局。

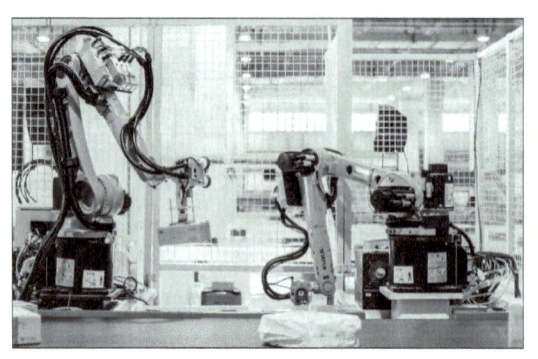

图 10-5　京东无人货仓　　　　　　图 10-6　京东配送机器人

### 10.2.5　重塑实体门店经营逻辑，逆袭电商

互联网的发展带动了电商网店的兴起，再加上移动互联网的普及，改变了用户的购物习惯，对实体店的经营造成了很大的冲击。随着新零售时代的到来，未来将不会依靠纯电商经营，所以许多电商企业又开始往线下实体店发展，重塑实体店的经营逻辑，结合线上/线下渠道发展企业。

线下实体店的新零售运营模式通常包括旗舰店、社区店、会员店或者企业内部店等。首先，实体店需要对自己进行重新定位，并尽快弥补线上短板，实现双线融合来配合人们的消费行为。

同时，实体店还应该加强和突出消费体验，推进自营比例，并以数据驱动来从容应对消费市场和用户的变化。

例如，王府井成立全渠道中心，建设数据渠道的新零售能力，目的就是紧紧围绕以用户需求为核心，强化用户经营能力。目前，王府井有百货、超市、奥莱综合体和购物中心四大业态，但所有跨渠道的营销都由全渠道中心统一管理，如线上/线下互动的营销，会员和用户权益体系的管理等，并且成为了拥有线上自建零售渠道的全渠道零售商。

王府井新零售转型战略可以用"一个模式""四大任务"来形容，如图 10-7 所示。

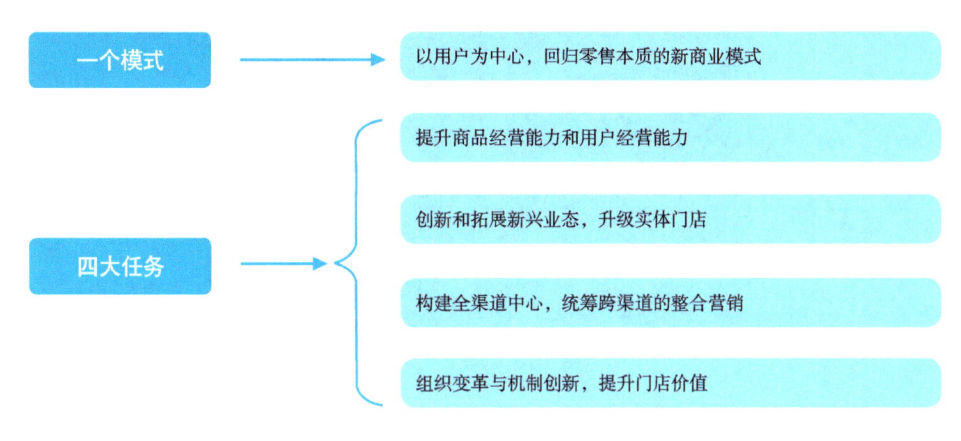

```
一个模式 ──→ 以用户为中心，回归零售本质的新商业模式

         ┌── 提升商品经营能力和用户经营能力
         │
         ├── 创新和拓展新兴业态，升级实体门店
四大任务 ─┤
         ├── 构建全渠道中心，统筹跨渠道的整合营销
         │
         └── 组织变革与机制创新，提升门店价值
```

图 10-7　王府井的新零售转型战略

## 10.3　零售新物种：未来零售的新玩法

新零售成为了继共享单车后的线上加线下高频消费新风口，许多电商巨头纷纷转做线下实体店，让线上/线下渠道相结合，为适应新零售带来的变化做了许多试验。本节便整理了一些新零售的新玩法和案例，看看他们是如何玩转新零售的。

### 10.3.1　线下的天猫：淘宝便利店

如今，人们在购物时，已经不再是简单的购买商品的行为，商品的功能性价值也不再那么突出，人们更在乎的是体验型价值。尤其是在同质化现象和竞争愈发严重的现有情况下，为了顺应用户的变化，很多实体商家努力打造具备较高吸客能力的主题特色，来吸引用户前往。

例如，线下的天猫实体店——淘宝便利店，其实天猫超市早已在线上做了布局，但由于配送范围有限，只提供同城的配送服务，所以存在着时间以及区域限制，并且对于线下的布局也还不充足，此时淘宝便利店就进入了人们的视线。

淘宝便利店，是一个区域一个便利店，致力于打造一小时送达极致上门服务，给用户更好的服务及体验，如图10-8所示。

淘宝便利店的购物方式分为两种：第一种，用户在线下单，淘宝便利店保证在1小时内送达用户；第二种，用户直接在线下实体门店购买商品。

图 10-8　淘宝便利店

既然淘宝开设了线下的便利店，那么线上的入口又从哪里进？如果用户所在的区域开设了淘宝便利店，便可以直接通过"手机淘宝"首页进入，或者通过商品分类→生活服务类→便利店，便可以选择下单购买；如果该区域暂时没有开设淘宝便利店，那么首页就没有这个入口显示。

### 10.3.2　WeStore：微信的新零售跨界

如今各大企业都在尝试着发展线下实体店，如前面说到的阿里巴巴线下的天猫实体店——淘宝便利店。作为阿里巴巴最大的竞争者，腾讯也不甘示弱，如火如荼地发展自己的线下实体店，即 WeStore。它是微信首家官方品牌形象店，于 2017 年 8 月 28 日正式在广州开业。

WeStore 作为微信在新零售的首次实践，不仅是小程序官方线下购物的体验店，同时也是微信品牌的"代言人"，整体的风格设计时尚简洁，充满着浓浓的文艺气息。以前只对腾讯公司的员工和访客开放，但在 2018 年 5 月 30 日，WeStore 小程序上线了，全国各地的用户都可以通过小程序来购买商品。

用户在微信中搜索公众号，进入公众号之后单击"进入店铺"，会看到有 WeStore 小程序以及周边店，打开周边店，即可购买微信周边产品；另外，通过微信搜索 WeStore，还会看到一个 WeStoreCafe 小程序，用户可以通过小程序来购买咖啡、果茶、果汁、休闲零食等商品，如图 10-9 所示。但前提是需要自己取货，其外卖功能只限于腾讯员工使用。

店内主要由展览厅、品牌周边、咖啡厅这 3 部分组成。主要出售微信最新的周边产品，是基于微信文化所打造的系列周边产品，包括微信气泡、微信红包、语音条对话、小黄脸表情等一些被人们熟知的微信经典元素，如图 10-10 所示。

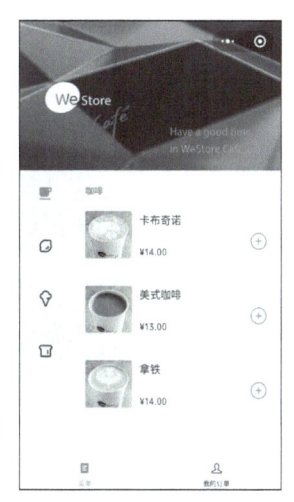

图 10-9　微信 WeStore 公众号"周边商店"及 WeStoreCafe 小程序

图 10-10　微信 WeStore 实体店

其购买流程是，用户通过扫店内商品二维码，跟平常一样使用微信支付结账，需等待店员捡货完成，收到提货服务通知之后，再凭取货二维码提取自己购买的商品，非常的轻松快捷。

微信通过开设新零售实体店，给用户提供良好的购物体验，吸引了一大批忠实粉丝，不仅能达到宣传企业形象和文化的目的，还可以通过推出周边产品来吸引用户，从而加深用户黏度，让用户深层次地了解微信文化。

### 10.3.3　盒马鲜生：精品超市的"网红"

"盒马鲜生"是依据新消费环境来重构新消费价值观的水果生鲜新零售门店，以数据和技术驱动打造社区化的一站式新零售体验中心，用科技和人情味带给人们"鲜美生活"，如图 10-11 所示。

图 10-11 阿里巴巴"盒马鲜生"

"盒马鲜生"的门店大部分都开在人流聚集的居民区，而且只能用支付宝付款，这样可以很好地收集用户的消费行为大数据，从而为用户做出个性化的消费建议。

"盒马鲜生"是阿里巴巴为探索新零售而创造的一种新型超市业态，也是阿里巴巴新零售的"第一样本"。"盒马鲜生"集优质生鲜、餐饮为一体，吸引众多用户光顾阿里巴巴所经营的实体门店，可以说是精品超市的"网红"。

"盒马鲜生"运用了大数据、移动互联网、智能物联网以及自动化等创新技术，再加上各种先进的设备，来优化和匹配"人、货、场"三者之间的关系，不管是供应链，还是仓储和配送，都有一套完整的物流体系。

"盒马鲜生"的购物方式分为两种：第一种是用户可以在线上 APP 下单，享受配送上门的服务；第二种是线下到店购买。"盒马鲜生"的最大特点就是快速配送：门店附近 3 公里范围内，30 分钟送货上门，非常的方便快捷。

### 10.3.4 无人门店：亚马逊和阿里巴巴的零售"黑科技"

随着新零售时代的到来，各大电商企业都在火热地布局线下零售市场，新技术的出现，人工智能的发展，催生出了更多的新消费场景，例如无人门店。

在 2017 年 7 月 8 日杭州的淘宝购物节上，阿里巴巴正式推出了"淘咖啡"无人超市，如图 10-12 所示；2018 年 1 月 22 日，亚马逊推出的 Amazon Go 无人便利店正式向公众开放，如图 10-13 所示。

无人门店，没有收银员，也不需要排长队结账，用户买完东西就能直接走。为什么这么便捷？就是因为其购物流程特别简单。

图 10-12 "淘咖啡"无人超市　　图 10-13 Amazon Go 无人便利店

"淘咖啡"的购物流程如下。

（1）进店。用户第一次进店需要打开"手机淘宝"，通过扫描店门口的二维码，同时还需要确认用户服务协议、隐私保护声明、支付宝代扣协议等一些条款并完成身份认证，才可获得电子入场券；然后通过闸机，开始进店购物，进店之后用户都不用再掏出手机了。

（2）挑选商品。在"淘咖啡"里，用户可以随便拿任何一件商品，或者去餐饮区点单，直到用户离店，这跟平常的购物并没什么太大区别。

（3）支付。在用户离店前，会通过两道门，第一道门（结算门）在感应到用户的离店需求时，会自动开启；通过第一道门时，进入结算流程，系统会提示正在结算；几秒钟之后，第二道门开启，结算完毕。

Amazon Go 的购物流程如下。

（1）下载 APP。在走进 Amazon Go 之前，需要先下载 Amazon Go APP，并注册登录账户，该软件会自动生成二维码，用户可通过扫码进店购物。

（2）购物环节。亚马逊通过用户"取货"的动作来判断你购买了哪些商品，便利店内所使用的商品标签不似平常商品上的条形码，而是一种独有的"点状标签"，这种标签会更利于摄像头识别。

（3）离店环节。用户在挑选完自己所需的商品后，支付时不需要动手操作，店内的传感器会根据用户的有效购物行为来计算消费情况，并在其亚马逊账户上自动结账收费，用户在离开店门后的几分钟内，即可获得账单。

被称为零售"黑科技"的无人门店，其"即买即走"的购物方式颠覆了传统超市、传统便利店的运营模式，帮助企业提升经营效率，降低运营成本，同时也为用户带来了全新的购物体验以及支付体验。

### 10.3.5 软件硬件化:"三只松鼠"投食店

目前许多电商巨头纷纷开设自己的线下实体店,而作为全国最大的休闲零食企业之一的"三只松鼠"自然也不例外,"三只松鼠"是一家以坚果、干果、花茶等休闲零食产品的研发、包装、销售为主的自有品牌的现代化新型企业。2016年9月30日,"三只松鼠"就在芜湖开设了第一家投食店,经过不断的探索,"三只松鼠"也逐渐开设了更多的投食店。

"三只松鼠"投食店的主要特色是,给用户营造一种森林风的感觉,首先在门店的装修上营造出一种森林风,门口会摆放树干以及"三只松鼠"的公仔玩偶,独具特色;并且在入口处会有工作人员给你准备购物袋,喊一声"主人",给用户带来不一样的购物体验。"三只松鼠"投食店的店内分以下几大区域。

(1)水+轻食区域。也就是提供奶茶、轻食等产品。

(2)休闲娱乐区域。既周边产品区,用户在这里不仅可以选择购物,还可以和玩偶互动以及看动画片。

(3)产品陈列区域。这里就是放置产品的地方,在装修上,也是以森林风为主,放置零食的货柜以木质为主,店内摆放了各式各样的零食,如图10-14所示。

图10-14 "三只松鼠"投食店

实体店与网点的购物体验不同,在实体店,由于能看到实物,用户能直观地感受到商品的质量,反而更容易引起购物欲望。三只松鼠不仅卖零食,还销售周边产品，例如背包、玩偶等，通过这些超萌的周边产品，来吸引用户的眼球，促使用户购买。

三只松鼠"投食店"强调的不是买卖交易，而是注重与用户的互动以及带给用户的体验。在服务的过程中为"主人"带来不一样的娱乐化体验，并且营造出轻松愉快的购物氛围。"三只松鼠"把一个虚拟的网络品牌打造成了可以在现实中呈现给用户的一个作品，加强了与用户之间的联系。

### 10.3.6 智慧门店：卡西欧的云转型

智慧门店主要通过融合大数据、智能硬件和软件的配合，来实现门店的互联网化、数据化、电子化，彻底解决商家和用户的交易管理问题，提升门店的运营效率和产品销量。企业可以通过智慧门店的形式来实现新零售的云转型。

例如，卡西欧在某个实体店铺内打造了一个"虚拟表墙"，其中集合了AI、传感器、红外线等多种技术。用户在店铺内可以通过"虚拟表墙"更好地进行互动，能够在上面选购卡西欧的所有产品，而且还能实现现场H5分享，如图10-15所示。

图10-15 卡西欧某实体店的"虚拟表墙"

此外，这个"虚拟表墙"还与天猫平台实现了无缝链接，打通了线上平台和线下实体店的数据，不仅可以扩展实体店铺的商品种类，而且还能够追踪用户数据，实现精准营销。据悉，在店铺中添加该高科技风格的"虚拟表墙"后，门店销量增长了两三倍。

## 读 者 服 务

读者在阅读本书的过程中如果遇到问题,可以关注"有艺"公众号,通过公众号中的"读者反馈"功能与我们取得联系。此外,通过关注"有艺"公众号,您还可以获取艺术教程、艺术素材、新书资讯、书单推荐、优惠活动等相关信息。

扫一扫关注"有艺"

**投稿、团购合作:** 请发邮件至 art@phei.com.cn。